FRITZ ZINTL

AUSDAUER-TRAINING

FRITZ ZINTL

AUSDAUER-TRAINING

GRUNDLAGEN, METHODEN, TRAININGSSTEUERUNG

BLV SPORTWISSEN

Die Deutsche Bibliothek – CIP-Einheitsaufnahme

Zintl, Fritz
Ausdauertraining : Grundlagen, Methoden, Trainingssteuerung / Fritz Zintl. – 3., überarb. Aufl., Neuausg. – München ; Wien ; Zürich : BLV, 1994
(BLV-Sportwissen)
ISBN 3-405-14744-1

Bildnachweis

Umschlag: Presse-Foto Baumann
Seite 2/3: Reinhard
Grafiken: Kartographie Huber
Umschlaggestaltung: Julius Negele
Layout/Herstellung: Friedrich Wilhelm Bonhagen

BLV Verlagsgesellschaft mbH
München Wien Zürich
80797 München

BLV Sportwissen

Neuausgabe (3., überarbeitete Auflage)

Gesamtherstellung: Pustet, Regensburg

Gedruckt auf chlorfrei gebleichtem Papier

Printed in Germany · ISBN 3-405-14744-1

Abkürzungen verwendeter Maßeinheiten

- **kcal** = Kilokalorie, **kJ** = Kilojoule; beides Maßeinheiten für Arbeit, Energie, Wärme (1 kcal = 4,185 kJ)
- **mÄq/l** = Milliäquivalent pro Liter; ältere Maßeinheit für Stoffmengenkonzentration
- **mg %** = Milligrammprozent (1 mg% = 10 mg/l); Maß für Massenkonzentration
- **mol** = Mol (Stoffmenge in Gramm, die das Molekulargewicht angibt); Maßeinheit für die Stoffmenge
  Untereinheiten dazu: mmol = Millimol (1 Tausendstel Mol), µmol = Mikromol (1 Millionstel Mol), pmol = Pikomol (1 Billionstel Mol)
- **mmol/l** = Millimol pro Liter; Maß für Stoffmengenkonzentration
- **U/l** = Units pro Liter; Maßeinheit für Enzymaktivität
- **val** = Grammäquivalent; Äquivalentgewicht, das sich bei Teilung von Mol durch die Wertigkeit des betreffenden Ions ergibt
- **W** = Watt; Maßeinheit für Leistung

Inhalt

Vorwort

Seit dem Erscheinen der 1. Auflage (1988) dieses »Ausdauertrainings« sind zum Thema Ausdauer zahlreiche Veröffentlichungen erschienen, die einerseits das theoretische Grundlagenwissen erweitert haben und andererseits die Weiterentwicklung in der Trainingspraxis einzelner Sportarten aufzeigen. Insgesamt zeichnet sich dabei eine *Tendenz zur Spezialisierung* ab. Die aus sportartbezogenen Untersuchungen gewonnenen Ergebnisse haben engen Gültigkeitsbereich. In der leistungssportlichen Trainingspraxis muß – aus zwingenden Gründen für weitere Leistungssteigerungen – die komplexe Leistungsstruktur der Ausdauerdisziplinen stärker berücksichtigt und somit den Komponenten Kraft, Schnelligkeit und Bewegungstechnik ein höherer Stellenrang eingeräumt werden. Damit werden in der Trainingsmethodik die Unterschiede zwischen den Ausdauersportarten deutlicher. Im Gesundheits-Ausdauertraining zeichnet sich eine Richtung ab, die sich auf »energieorientierte« Ausdauerbelastungen stützt, d.h. dem Energieverbrauch ohne besondere Intensitätsvorgabe entsprechend Bedeutung zukommen läßt.
Unter diesen Entwicklungstendenzen läßt sich ein Konzept, das die *sportmotorische Fähigkeit Ausdauer* komplex erfassen möchte, nur noch mit Einschränkungen aufrechterhalten. Wie schon im Vorwort zur 1. Auflage betont wurde, lassen sich genaue Angaben zur Steuerung des Trainings nur noch in monographischen Bearbeitungen wie z. B. »800-m-Lauftraining« oder »50-km-Skilanglauftraining« oder »Straßenradsporttraining« realisieren. Dies war von Anfang an nicht das Anliegen dieses Buches.
Es wird auch weiterhin versucht, einerseits *übergreifende Aspekte* herauszustellen und andererseits die *Vielfalt der Ausdauersportarten* und ihres Trainings nicht zu übersehen. Letzteres kann nur in exemplarischer Weise geschehen. Es liegt außerdem in der Natur dieses Vorgehens, daß verschiedentlich Kompromißlösungen genügen müssen.
»Ausdauertraining« wendet sich mit seiner Thematik an *Sportlehrer* und *Sportstudierende,* die üblicherweise in das Ausdauertraining allgemein, d. h. sportartunspezifisch, eingewiesen werden, und an *Trainer* und *Übungsleiter,* die an Grundsätzlichem und am Hintergrundwissen des Ausdauertrainings interessiert sind. Primär soll ja der Zusammenhang zwischen trainingspraktischen Gepflogenheiten und den theoretischen Grundlagen aufgezeigt werden.

Fritz Zintl

1 Einführung in die Terminologie der Trainingslehre

Obwohl die Trainingslehre sich immer mehr zu einer sportwissenschaftlichen Disziplin mausert, mangelt es ihr bislang an einer einheitlichen und vor allem genauen Fachsprache, die eigentlich Voraussetzung für eine fachmännische Verständigung ist. Viele Ausdrücke sind noch ungenau und mehrdeutig. Die Gründe dafür sind einmal darin zu suchen, daß in dieses Wissensgebiet Erfahrungen von Sportpraktikern einerseits und Ergebnisse sportwissenschaftlicher Untersuchungen andererseits eingeflossen sind. Zudem haben verschiedene Wissenschaften (z. B. Medizin, Biomechanik, Psychologie) Beiträge für die Trainingslehre geleistet und dabei natürlich meist ihre Fachbegriffe miteingebracht. Es ist heute leider noch immer der Fall, daß Sachdiskussionen – vor allem zwischen Trainingspraktikern und Trainingstheoretikern – mangels einer gemeinsamen Verständigungsbasis scheitern oder zumindest nur umständlich in Gang kommen. Um Verständigungsschwierigkeiten innerhalb dieses Buches möglichst von vornherein nicht aufkommen zu lassen, wird in einer Art tabellarischer Übersicht auf die Terminologie eingegangen, auf die in den folgenden Kapiteln zurückgegriffen wird.

Grundbegriffe der Trainingslehre

Training = planmäßiger Prozeß, der eine Zustandsänderung (Optimierung oder Stabilisierung oder Reduzierung) der komplexen (konditionellen, bewegungstechnischen, taktischen, psychischen) sportlichen Leistungsfähigkeit beabsichtigt bzw. mit sich bringt.
Trainingssteuerung = die Abstimmung aller kurz- und längerfristigen Maßnahmen des Trainingsprozesses im Hinblick auf das geplante Erreichen der sportlichen Form (= optimale Leistungsfähigkeit + Leistungsbereitschaft).
Dabei werden im Rahmen der *Periodisierung* (= längerfristige Zeitabschnitte) und *Zyklisierung* (= mittel- und kurzfristige Zeitabschnitte) des Trainingsprozesses folgende Untergliederungen unterschieden:

Vorbereitungsperiode (VP), ***Wettkampfperiode*** (WP), ***Übergangsperiode*** (ÜP) als mehrwöchige bis mehrmonatige Zeitabschnitte des Trainingsjahres,
Makrozyklus (MAZ) = a) Zeitabschnitt, der VP und WP umfaßt, oder
b) Zeitraum von 4–6 Wochen; mit MEZ identisch.
Mesozyklus (MEZ) = im allgemeinen Zeitraum von 4–6 Wochen.
Mikrozyklus (MIZ) = Zeitraum von 5–10 Tagen, meist 1 Woche.
Trainingseinheit (TE) = kleinster Zeitraum in der Zyklisierung.

Die weiteren Begriffe lassen sich gemäß ihrer Herkunft in didaktisch *orientierte* und *biologisch orientierte* aufteilen.

Die *didaktisch orientierten* Begriffe haben Eingang gefunden über die Sportdidaktik, die Wissenschaft vom Lehren und Lernen im Sportunterricht. Dazu gehören:

Trainingsziel = Zielsetzung des Trainings.

Je nach Grad der Verallgemeinerung kann ein Trainingsziel unterschiedlich formuliert sein:

- *Übergeordnete Ziele (Grobziele)* auf oberster Entscheidungsebene sind z. B. Hochleistungssport, Fitneß, Gesundheit oder auch im Rahmen des Leistungssports die Plazierung unter den ersten drei bei den nächsten Meisterschaften.
- *Teilziele (Feinziele)* auf mittlerer Ebene sind meist konkrete Angaben im Rahmen der Komponenten der sportlichen Leistung wie z. B. Verbesserung der Marathon-Ausdauerfähigkeit oder der Lauftechnik im Skilanglauf-Diagonalschritt.
- *Zielfaktoren (Feinstziele)* auf unterster Entscheidungsebene sind direkt ins Training übertragbar (operationalisierbar). Meist handelt es sich um Konditionselemente, Formen der Bewegungstechnik oder um bestimmte Taktikvarianten. (Beispiele: Verbesserung der Laufgeschwindigkeit an der anaeroben Schwelle oder Feinstform des Skilanglauf-Diagonalschritts mit optimaler Ausprägung aller Bewegungsphasen.)

  Gelegentlich ist auch noch eine Aufgliederung nach *psychomotorischen, kognitiven* und *affektiven* Lernzielen (MATWEJEW 1972) anzutreffen.

Trainingsart = Ausrichtung des Trainings auf die Komponenten der sportlichen Leistung *(Kondition, Technik, Taktik)* und deren Elemente. Demgemäß sind hier Bezeichnungen wie Konditions-, Technik-, Taktik-, Ausdauer-, Schnelligkeits-, mentales, observatives, Verteidigungs- und Angriffstraining einzuordnen.

Trainingsinhalt (Trainingsübung) = Tätigkeit, die im Training ausgeübt wird, um die Trainingsziele zu erreichen. Die sinnvollste Unterteilung ist die nach der Bewegungsstruktur im Vergleich zur Disziplinbewegung:

- *Allgemein entwickelnde Übungen* sind mit der disziplinspezifischen Bewegung in Umfang und Dynamik nicht verwandt. Z. B. beidbeinige Strecksprünge aus der Hockstellung im Vergleich zur Schlittschuhschritt-Beinarbeit im Skilanglauf.
- *Spezialübungen (Imitationsübungen)* enthalten einzelne Elemente der Disziplinbewegung und stimmen darin annähernd auch in der Dynamik überein. Z. B. einbeinige Schrittwechselsprünge nach schräg vorwärts im Vergleich zur Skatingtechnik des Skilanglaufs.
- *Wettkampfübungen* sind im Gesamtbewegungsablauf zumindest annähernd mit der Zieltechnik identisch. Z. B. Schlittschuhschritt-Technik mit dem Skiroller.

  In manchen Sportdisziplinen wird nach dem Grad der Übereinstimmung mit der Wettkampfübung hinsichtlich Bewegungsstruktur oder Belastungsstruktur differenzierter als vorher unterschieden: *allgemeine Koordinationsübungen, spezielle Technikübungen* bzw. *allgemeine Konditionsübungen, spezielle Kon-*

ditionsübungen bzw. *komplexe Spezialübungen* (mit hohem Verwandtschaftsgrad in beiden Bereichen).

Trainingsform = Verbindung von Trainingsinhalt mit einer bestimmten Belastungsmethode. Z. B. *Intervall-Hügelläufe* als leichtathletischer Lauf oder auch Skilanglauf-Diagonalschritt bergauf in Verbindung mit der intensiven Kurzzeit-Intervallmethode (15–30 Sek. Belastungsdauer).

Trainingsmittel = Gerät oder Maßnahme, die den Trainingsablauf unterstützt. Übersichtshalber kann die Vielzahl der zum Einsatz kommenden Mittel noch gegliedert werden in solche *organisatorischer* Art (z. B. Aufstellungsformen, Spuranlagen), *informativer* Art (z. B. Bewegungserklärungen, audiovisuelle Medien) und *gerätemäßiger* Art (z. B. Gewichtswesten, Hanteln, Schwimmflossen).

Trainingsmethode = planmäßiges Verfahren, das gemäß dem Trainingsziel die Trainingsinhalte, Trainingsmittel und die Belastungsweise festlegt. Eigenständige *Grundmethoden* haben sich vor allem im Konditionsbereich herauskristallisiert *(Dauer-, Intervall-, Wiederholungs-, Kontrollmethode).* Innerhalb dieser gibt es viele Varianten (z. B. Pyramidenmethode im Krafttraining, Mittelzeit-Intervallmethode oder variable Dauermethode im Ausdauertraining). Im Techniktraining sind von grundsätzlicher Art die *Ganzheitsmethode,* die *Teilmethode* und die *Ganz-Teil-Ganz-Methode.*

Trainingsstufe (Trainingsabschnitt) = zeitlicher Abschnitt im langfristigen (mehrjährigen) Trainingsaufbau. Nach allgemeiner Zielsetzung werden *Grundlagen- (= Anfänger-), Aufbau- (= Fortschrittenen-)* und *Hochleistungstraining (= Könner-)* unterschieden. Erfahrungsgemäß erstreckt sich bis zum Erreichen eines Spitzenleistungsniveaus jede Stufe auf ca. 3–4 Jahre.

Wegen der Bedeutung des Übergangs vom Aufbau- zum Hochleistungstraining wird heute verschiedentlich auch in 4 Stufen unterschieden: *Grundlagen-, Aufbau-, Anschluß-* und *Hochleistungstraining.*

Trainingsklasse = alters- bzw. entwicklungsstufenangepaßter Trainingsabschnitt, der den biologisch-motorischen Entwicklungsstand und das geistig-seelische Niveau bei der Auswahl von Trainingszielen, Trainingsinhalten und Trainingsmethoden berücksichtigt. Demnach werden *Kinder-, Jugend-* und *Erwachsenentraining* unterschieden. Eine Zuordnung von Trainingsstufen und Trainingsklassen (Grundlagentraining = Kindertraining, Aufbautraining = Jugendtraining, Hochleistungstraining = Erwachsenentraining) ist nicht korrekt. Nur in wenigen Sportarten trifft dies inhaltlich zu.

Biologisch orientierte Begriffe haben Eingang gefunden, da Training biologisch betrachtet nichts anderes als ein Reagieren des menschlichen Organismus nach einer *Ursache-Wirkungs-Kette* ist (Abb. 1). Zentrale Bedeutung in diesem Ursache-Wirkungs-Komplex haben *Belastung* und *Anpassung.*

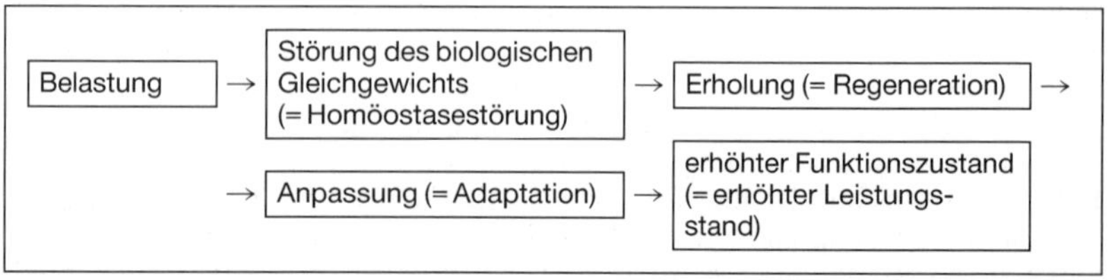

Abbildung 1
Training als biologische Ursache-Wirkungs-Kette.

Trainingsbelastung = Gesamtheit der auf den Organismus einwirkenden Belastungsreize. Gewöhnlich wird zwischen *äußerer* und *innerer* Belastung unterschieden. Die äußere Belastung wird über die *Belastungskomponenten* (siehe dort) durch Angaben zu Wegstrecken, Übungswiederholungen, Zeiten etc. quantitativ erfaßt. Die *innere Belastung (= Beanspruchung)* stellt die biologische Reaktion der Organsysteme auf die äußere Belastung dar. Sie kann vor allem mit physiologischen und biochemischen Parametern (z. B. Herzfrequenz, Blutlaktatwerte, Serum-Harnstoffwerte) deutlich gemacht werden.
Trainingsanpassung (Adaption) = die funktionelle und morphologische Veränderung der Organsysteme auf wirksame Belastungsreize. Sie vollzieht sich stufenweise (NEUMANN/SCHÜLER 1989). Bis zu einer relativ stabilen Veränderung werden folgende Stufen durchlaufen: *Stabilisierung des momentanen Funktionszustands, Optimierung dieses Zustands über gewisse Vorhalteregulationen, Veränderung der Struktur des Funktionssystems, Stabilisierung dieser veränderten Struktur.* Dies erfordert einen biologisch vorgegebenen Zeitrahmen von 4–6 Wochen. Langfristig äußert sich die Adaption gewöhnlich zweifach: in einer *Vergrößerung der Leistungsreserven* (damit auch der Leistungskapazität) und in der Fähigkeit zu einer *stärkeren willentlichen Ausschöpfung* der Leistungsreserven. Letzteres soll bei hochtrainierten Athleten bis zu 90–95% der Leistungskapazität möglich sein, während für Untrainierte dieser Grenzbereich mit ca. 70% angesetzt wird (Abb. 2).

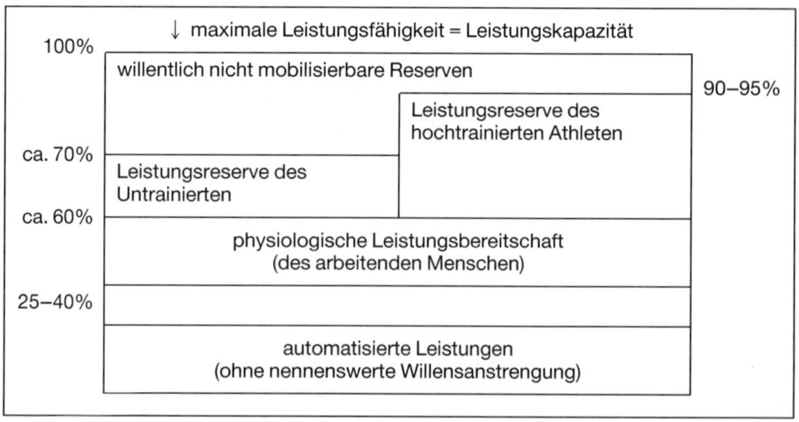

Abbildung 2
Schema der verschiedenen Leistungsbereiche (nach Angaben von DE MARÉES 1992 und HOLLMANN/HETTINGER 1990).
Die sog. Leistungsreserven oberhalb der physiologischen Leistungsbereitschaft sind nur mit höchster Willensanstrengung zu erschließen. Bei Untrainierten liegt die Obergrenze dafür (= Mobilisationsschwelle) relativ niedrig (ca. 70%). Der Hochleistungssportler hat durch jahrelanges Training meist seine Mobilisationsschwelle weiter vorgeschoben. Der verbleibende Rest der potentiellen Leistungskapazität kann nur durch Ausnahmesituationen (z. B. Todesangst, Drogen, Doping) erschlossen werden.

Belastungskomponenten (Belastungsnormative, Belastungsmerkmale) = maßgebende Größen für die Festlegung (Dosierung) der Trainingsbelastung. Es sind dies *Belastungs(Reiz-)intensität, -dauer, -dichte, -umfang* und *Belastungshäufigkeit.* Sie beeinflussen sich gegenseitig (Umfang und Intensität z. B. gegensinnig), was bei Änderung einer Komponente stets zu beachten ist.
Belastungsintensität (Trainingsintensität) = Stärke des einzelnen Belastungsreizes bzw. die Leistung als Arbeit in der Zeiteinheit. Sie wird im Ausdauerbereich durch die Fortbewegungsgeschwindigkeit, Herzfrequenz pro Minute oder durch Blutlaktatwerte erfaßt. Aussagefähig sind auch Rangskalen (Tab. 1), wenn für die einzelnen Intensitätsstufen subjektive Erfahrungswerte vorliegen.

Tabelle 1 Rangskala für die Belastungs-Intensitäten.

	Kraft Prozent der Maximalkraft	Schnellkraft Prozent des maximalen Impulses	Schnelligkeit Prozent der maximalen Bewegungsschnelligkeit	Ausdauer Prozent der maximalen Sauerstoffaufnahme bzw. der maximalen Herzfrequenz (Hf)	
maximal	100–90	100–90	100–95	100–95	100–90
submaximal	90–80	unter 90	95–85	95–85	90–80
mittel	80–70	–	–	85–70	80–70
leicht	70–50	–	–	70–55	70–50
gering	50–30	–	–	<55	<50

Belastungsdauer (Reizdauer) = Zeitdauer eines Einzelreizes oder einer Übungsserie. Sie wird durch Zeitangaben (Sekunden, Minuten, Stunden) oder durch Wiederholungszahlen erfaßt.
Belastungsdichte (Reizdichte) = Zeitspanne zwischen den einzelnen Belastungsreizen, mit der der Wechsel zwischen Belastung und Erholung reguliert wird. Es wird damit auch eine Aussage über die *Pausenlänge* zwischen den Belastungsreizen getroffen. Grundsätzlich gibt es *zwei Funktionen* der Belastungspausen:

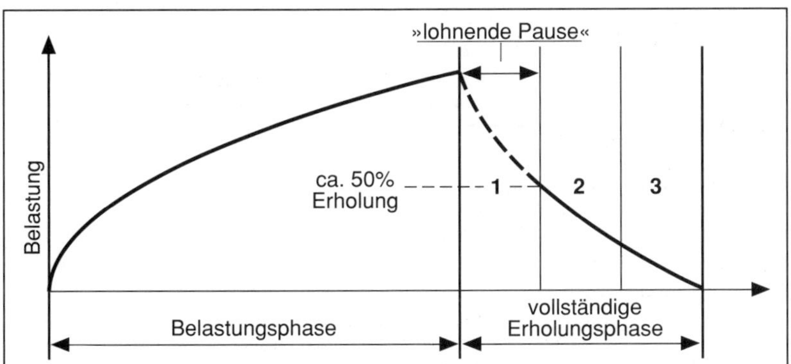

Abbildung 3 Schematische Darstellung der vollständigen und »lohnenden« Pause anhand der exponentiellen Erholungskurve und Drittelung der Erholungszeit (in Anlehnung an SCHMOLINSKY 1973).

Abbau der Ermüdung bei *vollständiger* Pause und weiterer Ablauf von Anpassungsvorgängen bei *unvollständiger (= lohnender)* Pause (Abb. 3).
Im Rahmen des Ausdauertrainings wird die *lohnende Pause* mittels *Pulsmessung* bestimmt. Sie geht zu Ende, wenn nach maximaler bis submaximaler Belastung die Pulsfrequenz von ca. 120 pro Minute unterschritten wird. Bei vollständiger Pause werden (bei passivem Verhalten) nahezu die Ruhewerte erreicht.
Belastungsumfang (Trainingsumfang, Reizumfang) = Gesamtmenge an Belastungsreizen in einer Trainingseinheit oder auch über längere Trainingsabschnitte (Mikro- und Makrozyklen). Meßgrößen sind im Ausdauerbereich entweder die zurückgelegten Trainingsstrecken (Kilometer) oder die effektive Gesamtbelastungszeit (Sekunden, Minuten, Stunden).
Trainingshäufigkeit = Anzahl der Trainingseinheiten, meist auf den Mikrozyklus (1 Woche) bezogen.

Trainingsprinzipien

Trainingsprinzipien (-grundsätze, -maxime) sind ***übergeordnete Handlungsanweisungen*** für den Trainingsprozeß, Orientierungsgrundlagen mit hoher Allgemeingültigkeit. Es sind keine Gesetzesaussagen im strengen Sinne. Sie stützen sich auf trainingspraktische Erfahrungswerte und teilweise auf wissenschaftlich untermauerte Fakten.
Es existiert bislang noch kein allgemein akzeptiertes Gliederungssystem, weshalb in der Literatur namentlich und zahlenmäßig die unterschiedlichsten Lösungen anzutreffen sind. HARRE (1982) gliedert z. B. in *didaktische* Prinzipien (Bewußtheit, Planmäßigkeit und Systematik, Anschaulichkeit, Faßlichkeit), die für das Lehren und Lernen von Bedeutung sind, und in die »primär von den *Anforderungen an die Trainingsbelastung* abgeleiteten« (Steigerung der Belastungsanforderungen, kontinuierliche Belastungsanforderung, zyklische Gestaltung). Bei MARTIN et. al. (1991) findet man gar 25 Trainingsgrundsätze, die gruppiert sind in *pädagogische Prinzipien* (8), *Prinzipien zum Aufbau und zur Organisation des Trainings* (8) und *Prinzipien der inhaltlich-methodischen Gestaltung* (9).
Für die hier getroffene Reduktion der Auswahl (Tab. 2) waren 2 Gesichtspunkte maßgebend: der Zusammenhang zu einem *biologischen Hintergrund* und der Charakter möglichst *hoher Allgemeingültigkeit.*
Die pädagogisch orientierten Grundsätze werden nicht weiter behandelt. Die Darstellung der übrigen erfolgt hier nur so kurz wie unbedingt notwendig.

Prinzip des wirksamen Belastungsreizes
Dieser Grundsatz sagt aus, daß der Trainingsreiz eine bestimmte *Intensitätsschwelle* überschreiten muß, um überhaupt eine Anpassungsreaktion auszulösen, d. h. um trainingswirksam zu sein. Biologischer Hintergrund ist die *Reizstufenregel* (häufig auch als Arndt-Schulz-Regel bezeichnet, was historisch nicht korrekt ist), nach der im Hinblick auf funktionelle und morphologische Anpassungsänderungen *unterschwellige* (= unter der wirksamen Reizschwelle), *überschwellig schwache, überschwellig starke* und *zu starke* Reize unterschieden werden. Unter-

Tabelle 2 Übersicht zu den Trainingsprinzipien und zugehörigen biologischen Gesetzmäßigkeiten/Einflußfaktoren.

Bedeutung für das Geschehen	Trainingsprinzip (P)	Biologischer Einflußfaktor
Auslösung der Anpassung	P. des wirksamen Belastungsreizes	Reizstufenregel
	P. der progressiven Belastungssteigerung ● allmählich ● sprunghaft	parabolischer Kurvenverlauf des Adaptationsprozesses
	P. der Variation der Trainingsbelastung	Reizstufenregel
Sicherung der Anpassung	P. der optimalen Gestaltung von Belastung und Erholung	Superkompensation, Heterochronizität der Adaptation
	P. der Wiederholung und Kontinuität	Deadaptation
	P. der Periodisierung und Zyklisierung	Phasencharakter des Adaptationsverlaufs
Spezifische Steuerung der Anpassung	P. der Individualität und Altersgemäßheit	individuelle Adaptationsfähigkeit
	P. der zunehmenden Spezialisierung	spezifische Adaptation
	P. der regulierenden Wechselwirkung einzelner Trainingselemente	Wechselwirkung von spezifischer und unspezifischer Adaptation

schwellige Reize bleiben wirkungslos, überschwellig schwache erhalten das Funktionsniveau, überschwellig starke (= optimale) lösen physiologische und anatomische Änderungen aus; zu starke Reize schädigen die Funktion. Der Stellenwert des Belastungsreizes hängt vom Leistungszustand des Sportlers ab. Im *aeroben Ausdauerstraining* wird die trainingswirksame Schwelle bei einer *50%igen Inanspruchnahme* der maximalen Herz-Kreislauf-Leistung gesehen. Diese entspricht bei Untrainierten einer Belastungsintensität von *ca. 130 Herzfrequenzen pro Minute* (HF/min).

Prinzip der progressiven Belastungssteigerung
Wenn Trainingsbelastungen über eine längere Zeitdauer gleich bleiben, hat sich der Organismus so angepaßt, daß dieselben Belastungsreize nicht mehr überschwellig stark wirken oder sogar unterschwellig werden. Jedenfalls rufen sie keine weitere Leistungssteigerung hervor. Die Konsequenz daraus ist eine fortschreitende Steigerung der Trainingsbelastung in gewissen Zeitabständen. Je nach biologischem Alter, Trainingsalter und Entwicklungsniveau der entsprechenden sportmotorischen Fähigkeit kann diese Belastungsteigerung *allmählich* oder *sprunghaft* geschehen. Die Steigerung in kleinen Schritten (allmählich) ist

immer sinnvoll, solange über diese Art noch eine Leistungsverbesserung erreicht wird. Die möglichen unangenehmen Begleitumstände von Belastungssprüngen (erhöhte Schädigungsmöglichkeit, Leistungsinstabilität) können damit zurückgedrängt werden. Ein sprunghafter Belastungsanstieg wird jedoch bei hohem Trainingszustand notwendig, wenn die geringen Erhöhungen der äußeren Belastung keine Änderung der inneren Belastung mehr nach sich ziehen. Eine beträchtliche und damit abrupte Erhöhung der Anforderungen zwingt den Organismus zu weiteren Anpassungsvorgängen. Voraussetzung dazu ist allerdings eine bereits gut entwickelte Leistungsfähigkeit. Um Stabilität des dann erhöhten Adaptionszustandes zu erreichen, sind längere Zeitspannen notwendig als beim kleinstufigen Fortschreiten.

Möglichkeiten der *progressiven* Belastungssteigerung sind gegeben über *Änderung der Belastungskomponenten,* durch *höhere koordinative Ansprüche,* durch die *Zahl der Wettkämpfe.* Langfristig ist die Änderung der Belastungskomponenten in folgender Reihenfolge sinnvoll: Erhöhung der Trainingshäufigkeit (Trainingseinheiten pro Woche), Erhöhung des Trainingsumfangs innerhalb der Trainingseinheit, Verkürzung der Pausen, Erhöhung der Trainingsintensität.

Biologisch ist der Inhalt dieses Prinzips mit der Tatsache zu begründen, daß die biologische *Adaptation nicht linearen,* sondern *parabolischen Kurvenverlauf* zeigt (Abb. 4), weil der Organismus bei hohem Anpassungszustand geringere Antwortreaktionen von sich gibt als vorher. Für die Entwicklung des Trainings- bzw. Leistungszustands stellt sich als Resultat ein immer weiteres »Aufscheren« zwischen Belastungskurve und Trainingszustandskurve heraus (Abb. 5).

Prinzip der Variation der Trainingsbelastung

Im Rahmen wirksamer Trainingsbelastungen darf die Rolle des *sympathischen vegetativen Nervensystems (Sympathikus)* nicht übersehen werden. Der *Sympathikus* versetzt den Körper in den Zustand hoher Leistungsbereitschaft, was notwendige Voraussetzung für wirksame Trainingsbelastungen ist. Ständig

Abbildung 4
Parabelförmige Verlaufskurve der Trainingszustands-Entwicklung.

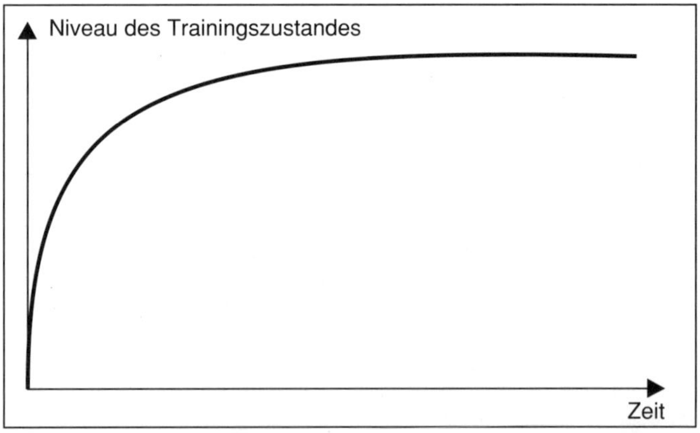

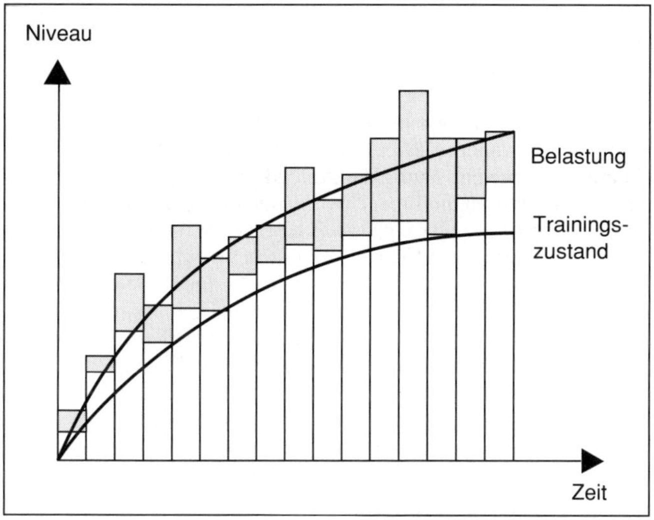

Abbildung 5 Zunehmende Divergenz zwischen Belastungsniveau und Trainingszustandsniveau im Laufe eines mehrjährigen Trainings.

Tabelle 3 Wirkungen der vegetativen Nerven, die den ergotropen Effekt des Sympathicus und den trophotropen Effekt des Parasympathicus widerspiegeln.

	Wirkung des Sympathicus	Wirkung des Parasympathicus
Herz		
– Frequenz	beschleunigt	verlangsamt
– Kontraktionskraft	erhöht	vermindert
– Sauerstoffverbrauch	erhöht	vermindert
Lunge		
– Bronchien	erweitert	verengt
Darm		
– Peristaltik	gehemmt	gefördert
– Durchblutung	gehemmt	
Harnblase		
– Entleerung	gehemmt	ermöglicht

gleichbleibende Trainingbelastungen bewirken wegen der Belastungsmonotonie eine Abnahme des *ergotropen (leistungssteigernden) Effekts* (Tab. 3) und führen damit zu einer Stagnation in der Trainingswirkung. Durch Änderung der Belastungscharakteristik *(= Unterbrechung der Belastungsmonotonie)* kann wieder eine wirkungsvolle vegetative Stimulationlage erreicht werden. Im praktischen Trainingsgeschehen hat sich die Variation nicht nur auf Intensität und Umfang, sondern auch auf die Bewegungsdynamik, die Übungsauswahl und Pausengestaltung zu beziehen.

Das Prinzip der Variation spielt eine wesentliche Rolle im Hochleistungstraining, weil dort im Zuge der notwendigen Spezialisierung mit eingeengter Trainingsmethodik das Eintreten von Leistungsbarrieren gewissermaßen vorprogrammiert ist. Änderungen der Trainingsbelastung innerhalb einer gewissen Bandbreite der Abweichungen sind möglich und wirkungsvoll.

Prinzip der optimalen Gestaltung von Belastung und Erholung
Dieser Grundsatz berücksichtigt die Tatsache, daß nach einer wirkungsvollen Trainingsbelastung (Trainingseinheit) eine gewisse Zeit der Wiederherstellung notwendig ist, um eine erneute gleichgeartete Belastung (nächste Trainingseinheit) bei günstigen Voraussetzungen durchführen zu können. Belastung und Erholung sind gewissermaßen als Einheit zu betrachten. Als biologische Grundlage wird das von JAKOWLEW (1977) beschriebene *Phänomen der Superkompensation* angeführt, das in erster Linie das *Zeitverhalten der Wiederherstellungsprozesse* nach entsprechender Belastung wiedergibt: Im phasenhaften Ablauf des Belastungs-Erholungs-Verhaltens kommt es zu einer *überschießenden Wiederherstellung* und danach zum Absinken in Form einer gedämpften Schwingung bis zum Ausgangsniveau (Abb. 6). Dabei kann sich neben einem ersten Superkompensationsgipfel noch ein zweiter, allerdings niedrigerer zeigen. Dem Superkompensationsmodell entsprechend ist für die optimale Gestaltung von Belastung und Erholung die *nächste Belastung in der Superkompensationsphase* anzusetzen (Abb. 7). Dies bedeutet (nach JAKOWLEW) jedoch nicht, daß in der praktischen Umsetzung innerhalb einer Trainingseinheit und auch in der zeitlichen Anordnung der Trainingseinheiten immer danach zu verfahren ist. Im Rahmen der grundsätzlichen Gültigkeit dieses Superkompensationsphänomens sind zwischenzeitlich auch Lösungen mit *stabilisierender Wirkung* (Abb. 8) und nach dem Schema der *»summierten Wirksamkeit«* (MATWEJEW 1972, 87; Abb. 10) kein Widerspruch, zumal sich die Trainingswirkungen erst nach mehrfacher Wiederholung der Belastungen einstellen. *Größe und Dauer der Superkompensation* sind

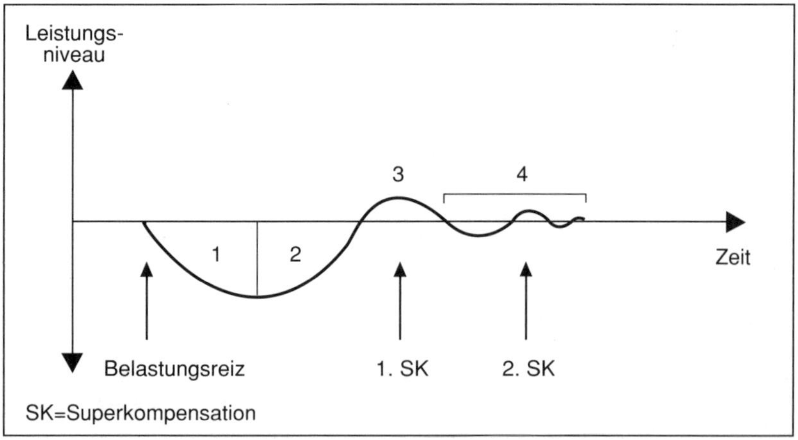

Abbildung 6
Superkompensation (SK). Phasen der Veränderung der Leistungsfähigkeit. 1 = Phase der Abnahme, 2 = Phase der Wiederherstellung (Kompensation), 3 = Phase der Superkompensation (Überkompensation), 4 = Phase des Auspendelns (Reversion).

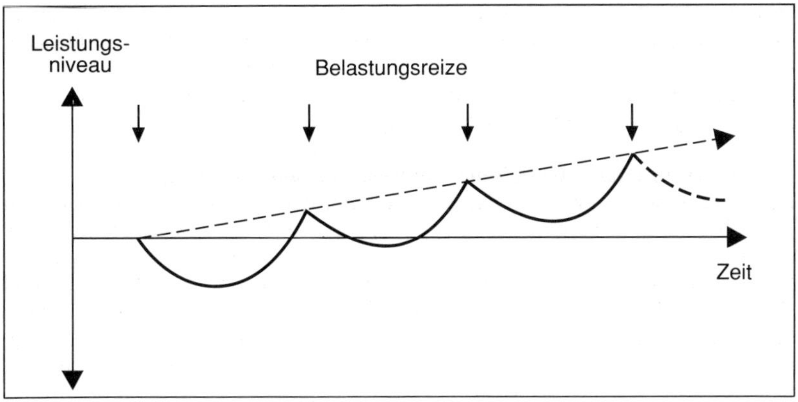

Abbildung 7
Verbesserung der Leistungsfähigkeit durch optimal gesetzte Belastungen.

außerdem abhängig von *Intensität und Umfang der vorausgegangenen Belastung.* Mit Zunahme des Leistungsniveaus (Anpassungsniveaus) wird der Superkompensationseffekt auch immer geringer. Die logische Folge ist, daß sich die Überkompensation trotz progressiver Belastungssteigerung einmal nicht mehr einstellt.
Das Modell der Superkompensation als Erklärungstheorie für Anpassungsprozesse nach Trainingsbelastungen wurde in jüngerer Vergangenheit mit verschiedenen Begründungen (MARTIN et al. 1991, 92; MADER 1990, 41) in Frage gestellt. Wenn den Begründungen auch zuzustimmen ist, so ist dennoch festzuhalten, daß das Zeitverhalten des Jakowlew-Schemas tatsächlich existiert (MADER 1990, 42), was hier in Zusammenhang mit dem besprochenen Trainingsprinzip von Bedeutung ist. Die Begründung der aktiven Adaptation muß allerdings mit einem anderen Systemmodell erfolgen.

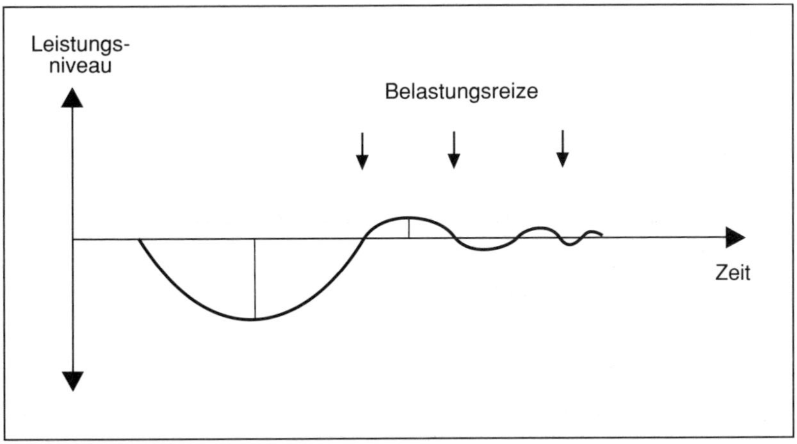

Abbildung 8
Belastungszeitpunkte, die lediglich dem Erhalt des vorhandenen Leistungsniveaus dienen.

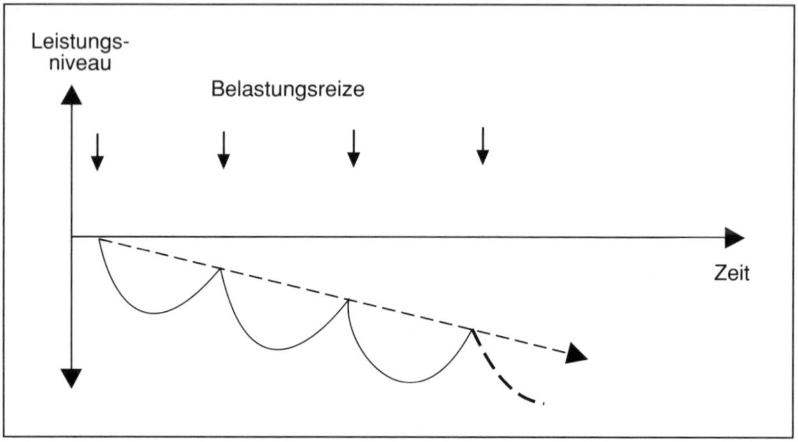

Abbildung 9
Verfrühte Belastungszeitpunkte, die auf längere Sicht zu einer Abnahme des Leistungsniveaus führen.

Da die *Wiederherstellung* der verschiedenen Energiespeicher bzw. biologischen Beanspruchungsbereiche einen *unterschiedlichen Zeitverlauf* zeigt (Abb. 11), ist dieser *Heterochronismus* (= Verschiedenzeitigkeit) *der Regeneration* nach Belastung im angesprochenen Trainingsprinzip neben der Superkompensation mit zu beachten. Abb. 12 zeigt als Beispiel die Verhältnisse hinsichtlich der Glykogenreserven, die bei Ausdauerbelastungen ja eine bedeutende Rolle spielen können. Zeitlich länger (5–7 Tage) dauern die Regenerationszeiten, wenn z. B. der Elektrolyt- und Hormonhaushalt durch die Belastung stark beansprucht wurde oder Mitochondrieneiweiße in Mitleidenschaft gezogen worden sind. In der Trainingspraxis ist es nicht einfach, die richtige Zeitdauer des Erholungsintervalls und die entsprechende Meßgröße für die Optimierung dieser Zeitspanne zu finden, da außer der vorausgegangenen Belastung auch die individuelle Anpassungsfähig-

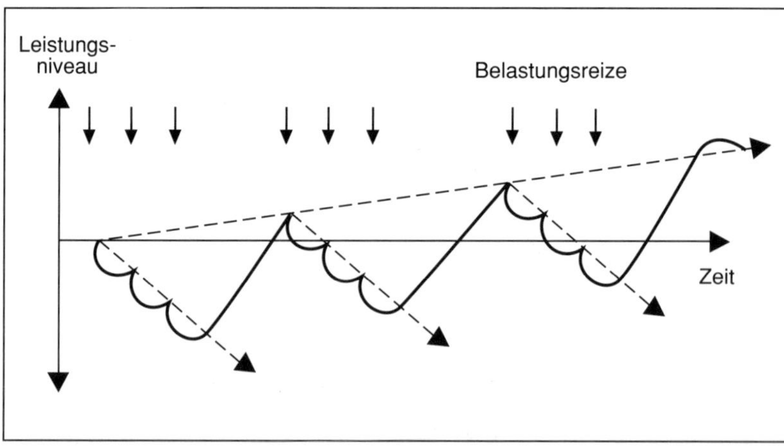

Abbildung 10
Belastungszeitpunkte nach dem Gesichtspunkt der »summierten Wirksamkeit«.

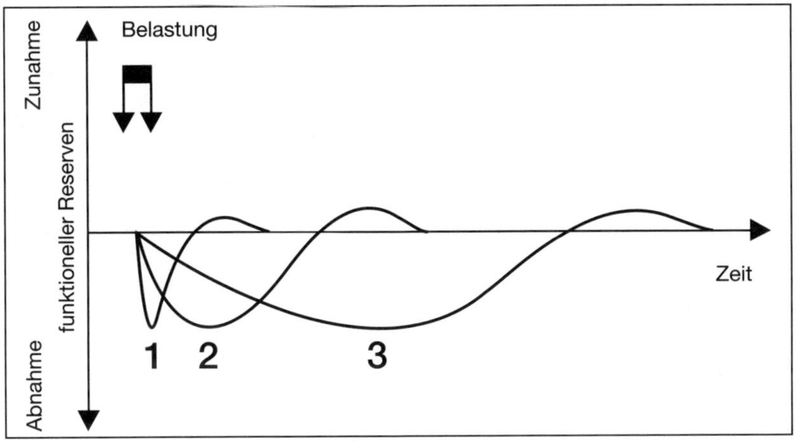

Abbildung 11
Heterochronizität der Regeneration. Unterschiedliche Zeitkonstanten der Rückkehr funktioneller Größen zur Norm (nach FINDEISEN et al. 1980, 212)
1 = kurzdauernde Wiederherstellung (Sekunden – Minuten, z. B. ATP und KrP);
2 = Wiederherstellung mittlerer Dauer (wenige bis viele Stunden, z. B. Glykogen);
3 = langfristige Wiederherstellung (zwei bis mehrere Tage; z. B. Enzyme, Strukturproteine).

keit, die Ernährung und sonstige trainingsbegleitende Maßnahmen Einflußfaktoren auf den Zeitverlauf sind. Letztlich führen neben dem theoretischen Wissen nur Erfahrung und Beobachtung der individuellen Verhältnisse zu konkreten Ergebnissen. Tab. 72, S. 189 gibt einige orientierende Hinweise. Dabei ist zu beachten, daß die Regenerationszeiten außer von der typischen Belastung auch noch von der vorausgegangenen Erholung und der Aufsummierung des Belastungsumfangs (z. B. Mikrozyklus) abhängig sind.

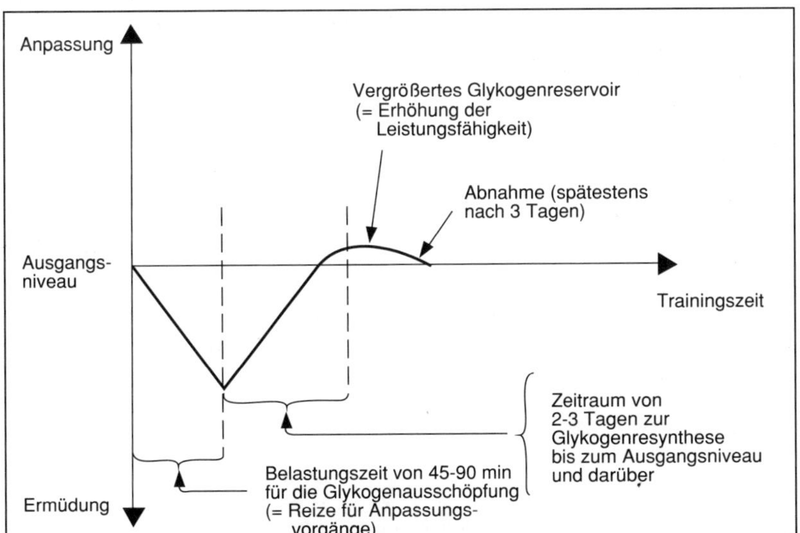

Abbildung 12
Veranschaulichungsschema des zeitlichen Ablaufs der Glykogenspeicher-Superkompensation (modifiziert nach JAKOWLEW 1977).

Prinzip der Wiederholung und Dauerhaftigkeit (Kontinuität)
Zum Erreichen einer optimalen Anpassung ist es notwendig, *mehrfach die Belastung zu wiederholen,* da für eine stabile Anpassung der Organismus zunächst eine Reihe von akuten *Umstellungen* einzelner Funktionssysteme durchlaufen muß. Die endgültige *Adaptation* ist erst erreicht, wenn über die Anreicherung von Substraten (= energiereiche Stoffe) hinaus auch in anderen Funktionssystemen (z. B. Enzymsystem, Hormonsystem) Umstellungen erfolgten und vor allem auch das Zentralnervensystem als die Führungsinstanz von Bewegungsleistungen sich angepaßt hat. Es ist bekannt, daß sich die metabolischen und auch enzymatischen Umstellungsvorgänge relativ schnell vollziehen (2–3 Wochen) und für strukturelle (morphologische) Änderungen längere Zeitspannen (mindestens 4–6 Wochen) anzusetzen sind. Die steuernden und regelnden Strukturen des Zentralnervensystems benötigen die längste Anpassungszeit (Monate).
Für die 4 Stufen einer relativ stabilen Anpassung (s. S. 12) ist z. B. schon eine *Zeitspanne von 4–6 Wochen* mit regelmäßigen Trainingsbelastungen erforderlich. Für eine langfristige Anpassung auf hohem Niveau bedarf es eines *mehrfachen Durchlaufs solcher 4–6-Wochenphasen.*

Prinzip der Periodisierung und Zyklisierung
Ein Sportler kann nicht ganzjährig im Hochleistungszustand sein, da er sich damit im Grenzbereich seiner individuellen Belastbarkeit befindet. Sehr leicht ist damit die Gefahr verbunden, daß die *anabole (= aufbauende* Stoffwechsellage) Gesamtsituation in eine *katabole* (= *abbauende*) übergeht. Aus biologischen Gründen ist also ein Belastungswechsel notwendig. Der *Phasencharakter des Adaptationsverlaufs* mit Steigungs-, Stabilisierungs- und Reduktionsphasen (Abb. 13) verlangt sowohl langfristig nach Einteilung des Trainingsjahres in *aufbauende, stabilisierende* und *reduzierende Belastungsperioden* (Vorbereitungs-, Wettkampf-, Übergangsperiode) als auch mittelfristig im Rahmen der Makrozyklen einen Wechsel von *belastungssteigernden, belastungserhaltenden* und *belastungsreduzierenden Mikrozyklen.* Dadurch können einerseits Belastungsüberforderungen vermieden und andererseits höhere Leistungsspitzen zu bestimmten Zeiten erreicht werden.

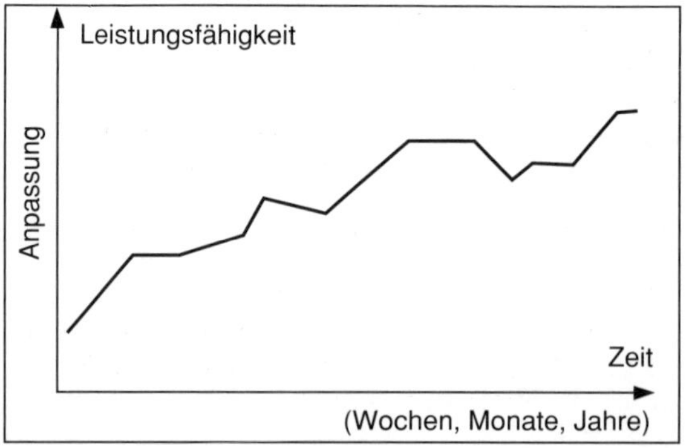

Abbildung 13
Schematischer Kurvenverlauf des biologischen Anpassungsprozesses mit unregelmäßigen Steigungs-, Stabilisierungs- und Reduktionsphasen des Leistungsniveaus.

Prinzip der Individualität und Altersgemäßheit (Entwicklungsgemäßheit)
Da sportliche Leistung immer von mehreren Einflußfaktoren bestimmt wird, können identische Leistungsresultate aus unterschiedlich gewichteten Einzelfähigkeiten erwachsen. Deshalb ist es wesentlich, für eine optimale Leistungsentwicklung die persönlichen Gegebenheiten des Sportlers zu berücksichtigen. Es handelt sich in erster Linie um die stark anlagebedingten körperlichen Fähigkeiten (sportmotorische Begabung, Konstitutionstyp, Trainierbarkeit) und die mehr umweltbeeinflußten geistig-seelischen Eigenschaften (u. a. Temperament, Motivation, Intellekt). Letztlich unterliegen diese Persönlichkeitsmerkmale der biologischen Entwicklung, d. h. dem biologischen Alter. Die sogenannten *sensitiven Phasen* für konditionelle und koordinative Fähigkeiten als Zeitabschnitte erhöhter Anpassungsfähigkeit (= Trainierbarkeit) sind dafür ein gutes Beispiel. Somit ist es naheliegend, Individualität und Altersgemäßheit in einem Trainingsgrundsatz zusammenzufassen. Biologisch ist das Prinzip zu begründen mit der individuellen Anpassungsfähigkeit (= Adaptabilität), derzufolge bei quantitativ und qualitativ gleichwertigen Belastungsreizen die Individuen eine unterschiedliche Reizverarbeitung zeigen. In der Wechselwirkung von Organismus und Umwelt zeigen die entsprechenden Erbanlagen eben eine eigene Entfaltung (= Genexpression).

Prinzip der zunehmenden Spezialisierung
In Abhängigkeit von der Spezifität der Belastungsreize unterscheidet man *unspezifische* und *spezifische* Anpassungen des Organismus. Die spezifische Adaptation erstreckt sich in starkem Maße auf die unmittelbar beanspruchten Organsysteme und äußert sich mehr eingeschränkt (lokal) wie z. B. in der Skelettmuskulatur und im zugehörigen Versorgungs- und Steuersystem. Die unterschiedliche spezielle Ausdauer (= spezifische Adaptation) von Langstreckenläufern, Skilangläufern, Straßenradfahrern und Langstreckenschwimmern liegt deshalb primär in der vom Bewegungsablauf geprägten Funktionsmuskulatur begründet, in zweiter Linie erst in der Sauerstoffaufnahme und Herzfunktion. Die nahezu übereinstimmenden Ausprägungen in den letztgenannten Bereichen ergeben die gemeinsame *Grundlagenausdauer (= unspezifische Adaptation)*. Die Entwicklung zu einem hohen Leistungsniveau in bestimmten Fähigkeitsbereichen erfordert nun – auf der Basis unspezifischer Anpassungen – spezifische Adaptationen und damit tätigkeitsspezifische Belastungsreize.
Im Trainingsgeschehen bedeutet dies insgesamt

a) innerhalb der *Trainingsstufen* (Grundlagentraining, Aufbautraining, Leistungstraining) einen zunehmenden Anteil des speziellen Trainings gegenüber dem allgemeinen Training,
b) im Verhältnis *Konditions-, Technik-, Taktik-* und *intellektuellem Training* eine zunehmend sportartbezogene Ausrichtung,
c) eine *Vorrangigkeit* des Trainings der *leistungsbestimmenden konditionellen Fähigkeit* und *technomotorischen Fertigkeit* im Rahmen der übrigen optimierenden Trainingsmaßnahmen (z. B. im Hindernislauf das Training der Mittelzeitausdauer und Hürdentechnik neben der Grundlagenausdauer, Sprungkraft und Beweglichkeit).

Prinzip der regulierenden Wechselwirkung der einzelnen Trainingselemente
Angesprochen ist hier die dosierte Abstimmung des Trainings der verschiedenen konditionellen Fähigkeiten und des Verhältnisses von Konditions- und Techniktraining. Für die Entwicklung zur individuellen sportartspezifischen Höchstleistung ist dies ein wesentlicher Grundsatz, da die verschiedenen Elemente des Trainings sich positiv und negativ beeinflussen können.
Hintergrund ist wiederum die *unspezifische* und *spezifische* Reaktion des Organismus auf unterschiedliche Belastungsreize und ihre Wechselwirkungen. Die unspezifischen Anpassungen erstrecken sich nicht wie die spezifischen Anpassungen primär auf den durch die Bewegungstätigkeit geforderten Nerv-Muskel-Bereich, sondern in erster Linie auf die »Zuträgersysteme«. Damit finden sie vorwiegend in den *vegetativ-nerval* und *hormonell gesteuerten Organen* und deren Regulationszentren (Herzkreislauf, Atmung, Stoffwechsel) ihren Niederschlag.
Diese unspezifische, mehr übergreifende Anpassung gewährleistet – nach vorheriger spezifischer Anpassung – erst den richtigen Funktionsablauf der zusammenarbeitenden Systeme auf höherem Leistungsniveau. Man darf nicht übersehen, daß bei spezifischer Anpassung die hochgradige Ausbildung eines Systems in der Regel auf Kosten anderer Bereiche abläuft.
Aus der dargelegten Wechselwirkung von spezifischer und allgemeiner Adaptation wird deutlich, daß zum Erreichen und zum Erhalt eines hohen sportlichen Leistungsniveaus *spezielle und allgemeine Trainingsbelastungen im Wechsel* notwendig sind. Im Ausdauerbereich ist diese regulierende Wechselwirkung vor allem in den Disziplinen der Kurzzeit-, Mittelzeit-, Kraft- und Schnelligkeitsausdauer von Bedeutung.
Das in der Umgangssprache als *Abhärtung* bezeichnete Phänomen (medizinisch: positive Kreuzadaptation), das sich als eine allgemeine Steigerung der organischen Widerstandskraft infolge eines dosierten Ausdauertrainings zeigt, ist ein gutes Beispiel für unspezifische Anpassung.

Die genannten **Trainingsprinzipien** stehen nicht so isoliert nebeneinander, wie sie der Übersicht wegen dargestellt worden sind. Sie überschneiden sich inhaltlich, ergänzen sich und schließen sich teilweise auch gegenseitig aus. Sie sind deshalb nicht alle gleichzeitig anwendbar. Es muß vielmehr immer geprüft werden, welche Prinzipien wann in Abstimmung mit der zutreffenden Trainingsstufe, Trainingsklasse und dem jeweiligen Periodisierungsabschnitt praktisch umzusetzen sind.
An dieser Stelle sei auch ausdrücklich darauf hingewiesen, daß die formulierten Grundsätze nicht als überflüssiger theoretischer Hintergrund des Trainingsgeschehens zu betrachten sind, sondern eigentlich große Praxisrelevanz haben. Erfahrungsgemäß sind nämlich Maßnahmen der praktischen Trainingssteuerung, die der Trainer ergreift, nichts anderes als die Umsetzung einzelner Trainingsprinzipien.

2 Charakterisierung der konditionellen Fähigkeit Ausdauer

Der Begriff **Ausdauer** wird heute in der einschlägigen Literatur (Trainingslehre, Sportpädagogik, Sportmedizin) sehr weit gefaßt. Die Bandbreite dessen, was unter Ausdauer verstanden wird, ist sehr groß. Das eine Extrem stellt z. B. die Ultra-Langzeitausdauer des 100-km-Läufers dar, als anderes Extrem wäre etwa die Kurzzeitausdauer des 400-m-Läufers zu nennen.
Teilweise enthalten die verschiedenen Definitionen der Ausdauer einen Hinweis auf die Belastungsintensität in Verbindung mit einer »langen« Dauer, teilweise wird allein auf die Belastungsdauer als ein wesentliches Kriterium verwiesen. Gemeinsam ist den meisten Definitionen der Begriff *»Widerstand gegen Ermüdung bzw.* **Ermüdungswiderstandsfähigkeit***«*.
Ermüdung, definiert als *vorübergehende (reversible) Minderung der Leistungsfähigkeit,* steht in entscheidendem Zusammenhang mit der Ausdauer, da letztlich das Aufrechterhalten eines gewissen Krafteinsatzes bzw. einer gewissen Schnelligkeit (= Belastungsintensität) durch das Auftreten von Ermüdungserscheinungen begrenzt ist.

Formen der Ermüdung

Beim sportlichen Leistungsvollzug kann Ermüdung in unterschiedlicher Gestalt auftreten. Die Ermüdung eines Marathonläufers ist eine andere als die eines Sprinters oder Sportschützen. Prinzipiell kann man unterscheiden:

- *physische (= körperliche) Ermüdung* als reversible Herabsetzung der Skelettmuskelfunktion,
- *mentale (= geistige) Ermüdung* als vorübergehendes Nachlassen der Konzentrationsfähigkeit,
- *sensorische (= Sinnes-)Ermüdung* als vorübergehende Einschränkung der Sinneswahrnehmung (vor allem optisch, akustisch, taktil),
- *motorische (= Koordinations-)Ermüdung* als vorübergehende Reduktion der Aussendung von Bewegungsimpulsen durch das Zentralnervensystem,
- *motivationale (= Antriebs-)Ermüdung* als Nachlassen der willens- bzw. gefühlsbedingten Antriebserregung für sportliche Leistungen.

Die Regulationsmechanismen des menschlichen Organismus erstrecken sich bei Belastung nämlich sowohl auf Organsysteme, die vorranging der Energiebereitstellung, und auf solche, die vorrangig der Entstehung und Steuerung der Bewegung dienen. Wenn im Rahmen von Ausdauertraining natürlich in erster Linie die körperliche Ermüdung gesehen wird, sollte Ermüdungswiderstandsfähigkeit auch unter den anderen Aspekten nicht außer acht gelassen werden. Beispielsweise sei hier an die Bewegungsmonotonie erinnert.

Gerade im Leistungssport ist es nicht selten, daß die *nervöse (= geistige, sensorische, emotionale)* Ermüdung vor der *physischen (= muskulären)* Ermüdung zur Abnahme der Leistung führt. Die genannten Formen der Ermüdung treten nicht absolut isoliert, sondern meist in Kombination auf, da die Ursachen für die Ermüdung in verschiedene Richtungen wirken.

Als mögliche **Ermüdungsursachen** sollten – im Hinblick auf die Zielsetzungen des Ausdauertrainings – festgehalten werden:

- *Verarmung der Energiereserven* (z. B. Kreatinphosphat, Glykogen),
- *Anhäufung von Stoffwechselzwischen- und -endsubstanzen* (z. B. Laktat, Harnstoff),
- *Hemmung der Enzymaktivität* durch Übersäuerung oder Konzentrationsänderungen der Enzyme,
- *Elektrolytverschiebung* (z. B. Kalium und Calcium an der Zellmembran),
- *Verarmung von Hormonen* bei ständig starker Beanspruchung (z. B. Adrenalin und Noradrenalin als Transmittersubstanz, Dopamin im Zentralnervensystem),
- *Veränderung an Zellorganellen* (z. B. Mitochondrien) und am Zellkern,
- *Hemmprozesse im Zentralnervensystem* wegen monotoner Belastungen (Überforderung durch Unterforderung),
- *Regulationsänderungen im zellulären Bereich* auf der Ebene einzelner Organsysteme und bezüglich der integrierenden Steuerzentrale.

Aufgrund dieser Ermüdungsursachen zeigen sich *subjektive* und *objektive Ermüdungssymptome* (Tab. 4), die für die Einschätzung bzw. Beurteilung des Ermüdungsgrades herangezogen werden. Es darf jedoch nicht übersehen werden, daß vor allem bei Feststellung des Abfalls der körperlichen Leistungsfähigkeit Übung, Gewandtheit und Motivation starke Einflußgrößen auf das Endergebnis darstellen.

Tabelle 4 Symptome der Ermüdung (abgeändert nach FINDEISEN et al. 1980, 242).

Subjektive Zeichen der Ermüdung	objektiv erfaßbare Zeichen der Ermüdung
– Augenflimmern – Ohrensausen – Atemnot – Übelkeit – Abgeschlagenheit – Apathie gegen äußere Reize – Muskelschmerz	– verminderte sportliche Leistung – Nachlassen der Muskelkraft, verlängerte Refraktärzeit, Ansteigen der Reizschwelle, verminderte Reflexantworten, Muskelzittern, Koordinationsstörungen – Elektrolytverschiebungen, Laktatanstieg, pH-Änderungen, Glykogenverarmung, Hormonspiegeländerung u. a. – Veränderung der Hirnstromaktivität (EEG) – Leistungsminderung bei Arbeitsversuchen, Konzentrations- und Aufmerksamkeitsminderung, Verschlechterung der Wahrnehmungsfähigkeit

Aufgaben der Ausdauer

Im sportlichen Geschehen hat Ausdauer verschiedene Aufgaben zu erfüllen. Die Eigenart der Sportart ist darin maßgeblich bestimmend. Von Bedeutung sind vor allem, ob *zyklische* oder *azyklische* Bewegungsabläufe, *kontinuierliche* oder *intervallartige* Belastungen, hohe oder niedrige *Krafteinsätze* bzw. *Bewegungsgeschwindigkeiten* vorliegen und ob hohe oder geringe *Konzentration* erforderlich ist. Unter diesem Blickwinkel wird wiederum deutlich, daß es eigentlich einen einheitlichen Ausdauerbegriff nicht geben kann, da die Spezifik der Belastung eben *mehrere Ausprägungsformen* **(= Ausdauertypen)** schafft.
Im Überblick lassen sich folgende *Funktionen der Ausdauer* herausstellen:

- Möglichst langes *Aufrechterhalten einer optimalen Belastungsintensität* über die vorgegebene Belastungsdauer (z. B. in vielen zyklischen Ausdauersportarten).
- *Geringhalten unumgänglicher Intensitätsverluste* bei längeren Belastungen (z. B. bei Stundenläufen, Marathonläufen),
- *Erhöhung der Belastungsverträglichkeit* bei umfangreichem Belastungspensum im Training und in Wettkämpfen, bei einer unbestimmten Vielzahl von Einzelhandlungen (z. B. Mehrkampf, Spielturnier, Kampfsportarten),
- *Beschleunigung der Wiederherstellung* nach Belastung (in Training und Wettkampf),
- *Stabilisierung der sportlichen Technik* und *Konzentrationsfähigkeit* bei technisch komplizierten Sportarten (z. B. Wasserspringen, Eiskunstlauf bzw. Sportschießen, Bogenschießen).

Ausdauer als Element der Kondition

Vor allem unter dem Aspekt des Trainings darf Ausdauer nicht als unabhängige konditionelle Fähigkeit gesehen werden. Sportliche Belastungen sind immer komplexer Natur, sie ergreifen mehrere Organsysteme des menschlichen Körpers. Elementare konditionelle Fähigkeiten lassen sich deshalb im Training kaum isoliert erfassen. Der folgende *Konditionsbegriff* und die Strukturierung der Kondition (Abb. 14) zeigen, daß enge Verflechtungen mit den anderen Konditionselementen vorliegen.

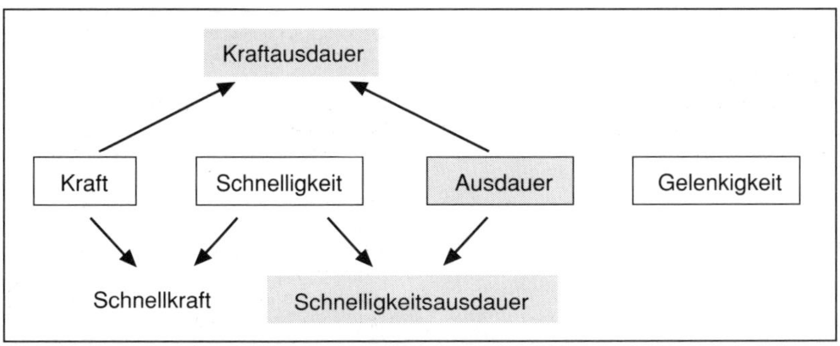

Abbildung 14 Kondition als Summe aus elementaren und komplexen konditionellen Fähigkeiten (Ausdauerfähigkeiten hervorgehoben).

Kondition =	die gewichtete Summe aller leistungsbestimmenden physischen Fähigkeiten und ihre Realisierung durch Persönlichkeitsmerkmale (z. B. Wille, Emotion, Temperament)

Definition der Ausdauer

Werden die in den vorhergehenden drei Abschnitten ausgesprochenen Gedanken berücksichtigt, so wird deutlich, daß Ausdauer einerseits mit *Leistung, Ermüdung* und *Wiederherstellung* zusammenhängt und andererseits Ausdauer einen *energetischen, koordinativen, biochemischen* und *psychologischen* Aspekt hat.
In dem Bemühen – trotz vorliegender gegenteiliger Gesichtspunkte – einen *komplexen Begriff von Ausdauer* zu gewinnen, kann definiert werden:

Ausdauer = die Fähigkeit,
physisch und *psychisch* lange einer *Belastung zu widerstehen,* deren Intensität und Dauer letztlich zu einer unüberwindbaren (manifesten) Ermüdung (= Leistungseinbuße) führt,
und/oder
sich nach physischen und psychischen Belastungen *rasch zu regenerieren.*

Knapp ausgedrückt:

Ausdauer = Ermüdungswiderstandsfähigkeit + rasche Wiederherstellungsfähigkeit

Weiterreichende Präzisierungen der Definition erfordern die Berücksichtigung der verschiedenen *Erscheinungsformen* der Ausdauer. Diese werden im folgenden Kapitel behandelt.

3 Strukturierung der Ausdauer

Einteilungsmöglichkeiten

In der trainingswissenschaftlichen und sportmedizinischen Literatur wird Ausdauer nach verschiedenen Kriterien unterteilt. Demzufolge existiert eine *Vielzahl von Ausdauerarten (Ausdauerformen),* die in Tab. 5, S. 30, zusammengestellt sind.
Alle diese Gliederungsgesichtspunkte und Ausdauerformen haben je nach Problemstellung, mit der man die konditionelle Fähigkeit Ausdauer betrachtet (z. B. sportmedizinische Untersuchung, Trainingsmethodik), ihre Berechtigung. Nicht alle existierenden Begriffe sind aus der Sicht des praktischen Trainings relevant; sie sollten jedoch bekannt sein, da sie mitunter für die genaue Erfassung bzw. Erklärung der für die Praxis wesentlichen Ausdauerarten erforderlich sind. Im folgenden erfahren sie deshalb eine kurze Erläuterung.

Gliederungsschema der Sportmedizin

Nach HOLLMANN/HETTINGER (1980, 304) werden für eine Gliederung der Ausdauer 3 Kriterien herangezogen.

1 Nach dem *Größenumfang der eingesetzten Muskulatur* wird in ***lokale*** und ***allgemeine Ausdauer*** getrennt. Die Angabe der Größenordnung von *1/7–1/6 (ca. 15%) der gesamten Skelettmuskulatur* als Differenzierungsgröße beruht auf der festgestellten Tatsache, daß *unterhalb dieser Größe* das kardiopulmonale System als Sauerstofftransporteur bei dynamischer Arbeitsweise keine Rolle für die Leistungsfähigkeit spielt. Leistungsbegrenzend für die lokale Ausdauer werden vielmehr Faktoren der beanspruchten Muskeln, wie z. B. die Kapillarisierung, der Myoglobingehalt, der aerobe bzw. anaerobe Enzymbesatz, die Größe der Phosphat- und Glykogenspeicher. Bei Einsatz von *mehr als ca. 15% der Skelettmuskulatur* – also bei allgemeiner Ausdauer – ist die Leistungsfähigkeit bei dynamischer Arbeitsweise vor allem von der Kapazität des kardiopulmonalen Systems, vom Stoffwechsel und der disziplinspezifischen Koordination bestimmt.
Die Muskelmenge von weniger als 1/7–1/6 entspricht in etwa der Muskulatur einer Extremität. Lokale Ausdauerbeanspruchungen liegen z. B. vor bei einarmigen Curls (= Armbeugen) oder bei einbeinigem Fahrradkurbeltreten.
Die *lokale Ausdauer* ist die konditionelle Fähigkeit, die durch Training am stärksten zu verbessern ist. Nach HOLLMANN/HETTINGER (1980, 346) kann dies mehrere 100% bis 1000% gegenüber dem Ausgangswert ausmachen (zum

Vergleich: allgemeine aerobe Ausdauer ca. 40%, Maximalkraft ca. 40%, Schnelligkeit ca. 15–20%).
Anmerkung: Für die Gliederung der Ausdauer nach Saziorski (Tab. 5) konnte keine erklärende Begründung gefunden werden.

Tabelle 5 Strukturierung der Ausdauer nach verschiedenen Einteilungskriterien.

Kriterium	Name	Charakteristik	Quelle, Autor
Umfang der beanspruchten Muskulatur	– lokale A. – regionale A. – globale A.	< ⅓ der Muskulatur ⅓–⅔ der Muskulatur > ⅔ der Muskulatur	Saziorski
Umfang der beanspruchten Muskulatur	– lokale A. – allgemeine A.	< ⅙–⅐ der Muskulatur > ⅙–⅐ der Muskulatur	Hollmann/ Hettinger
Art der vorrangigen Energiebereitstellung	– aerobe A.	bei ausreichendem Sauerstoffangebot	Hollmann/ Hettinger
Art der vorrangigen Energiebereitstellung	– anaerobe A.	ohne Sauerstoffbeteiligung	Hollmann/ Hettinger
Arbeitsweise der Skelettmuskulatur	– dynamische A. – statische A.	bei kontinuierlichem Wechsel von Spannung u. Entspannung bei Dauerspannung	Hollmann/ Hettinger
Zeitdauer der Beanspruchung bei höchstmöglicher Belastungsintensität	– Kurzzeit-A. – Mittelzeit-A. – Langzeit-A. I – Langzeit-A. II – Langzeit-A. III – Langzeit-A. IV	35 s– 2 min 2 min–10 min 10 min–35 min 35 min–90 min 90 min–6 h über 6 h	Harre/ Pfeifer
Zusammenhang mit anderen konditionellen Fähigkeiten bzw. Belastungssituationen	– Kraftausdauer – Schnellkraft-A. – Schnelligkeits-A. – Sprintausdauer – Spiel-/Kampf-A. – Mehrkampfausdauer	80–30%iger Maximalkraftanteil explosive Bewegungsausführung submaximale Geschwindigkeiten maximale Geschwindigkeiten variable Belastungsphasen hohe Belastungsdichte bzw. wechselseitige Beeinflussung	Nett, Matwejew
Bedeutung für sportartspezifisches Leistungsvermögen	– Grundlagen-A.* (allg. A.)	Basisvermögen für verschiedene sportl. Bewegungstätigkeiten	Saziorski, Nabatnikowa, Martin
Bedeutung für sportartspezifisches Leistungsvermögen	– spezielle A.	Anpassung an die Beanspruchungsstruktur einer A.-Disziplin	Saziorski, Nabatnikowa, Martin

* Grundlagenausdauer wird nach Nabatnikowa auch als ein Teil der spezifischen Ausdauer gesehen. Sie bereitet die wettkampfspezifische Ausdauer vor.

2 Nach der vorrangigen *Art der Engergiebereitstellung* wird in ***aerobe*** und ***anaerobe Ausdauer*** unterteilt. In reiner Form kommen sie in der Wettkampfpraxis äußerst selten vor (Tab. 6).
Bei **aerober Ausdauer** (aerob = sauerstoffabhängig) steht genügend Sauerstoff zur *oxidativen Verbrennung von Glykogen und Fettsäuren* zur Verfügung. In einer Vielzahl von Reaktionsschritten werden die Energiespeicher zu den energetisch nicht weiter brauchbaren Endprodukten Wasser und Kohlendioxid abgebaut. Diese Endprodukte werden vom Körper ausgeschieden (Oxidationswasser z. B. über Urin und Schweiß, Kohlendioxid über die Abatmung). Bei einer Belastungsintensität mit aerober Energiebereitstellung liegt ein

Tabelle 6 Prozentuale Anteile aerober und anaerober Energiegewinnung auf den leichtathletischen Wettkampfstrecken;
oben: Pauschalangaben (nach SUSLOW 1971, 23)
Mitte: bezüglich persönlicher Bestleistungen im mittleren Leistungsniveau (nach SAZIORSKI 1972, 75)
unten: bei Weltrekordleistungen (nach MATTHEWS 1990, 265; PERONNET/THIBAULT 1989; LEGER et al. 1986)
Aus dem Vergleich wird deutlich, wie mit steigendem Leistungsniveau im Bereich der Kurz- und Mittelzeitausdauer (400–3000 m) die aerobe Leistungsfähigkeit von immer größerer Bedeutung für die Endleistung wird.

	100 m	200 m	400 m	800 m	1000 m	1500 m	5000 m	10 000 m	Marathon
aerob	5	10	25	45	50	65	90	95	99
anaerob	95	90	75	55	50	35	10	4	1

Strecke m	Zeit (min)	m/s	O_2-Verbrauch (%)	O_2-Schuld (%)	Milchsäuregehalt im Blut
100	0:11.2	8.92	4	96	132 mg% = 14.65 mmol/l
200	0:23.6	8.47	6	94	198 mg% = 21.98 mmol/l
400	0:51.8	7.72	8	92	227 mg% = 25.20 mmol/l
800	1:56.1	6.89	23	77	211 mg% = 23.42 mmol/l
1 500	3:58.1	6.29	49	51	163 mg% = 18.09 mmol/l
5 000	16:10.1	5.15	73	27	109 mg% = 12.10 mmol/l
10 000	33:13.6	5.07	87	13	64 mg% = 7.10 mmol/l

Strecke m	Zeit (min)	m/s	aerob %	anaerob ges. %	anaerob alakt. %	lakt. %
100	0:09.83	10.17	8	92	70	22
200	0:19.75	10.12	14	86	40	46
400	0:43.29	9.24	30	70	10	60
800	1:41.73	7.86	57	43	5	38
1500	3:29.46	7.16	76	24	2	22
3000	7:29.45	6.67	88	12	–	12
5000	12:58.39	6.42	93	7	–	7
10000	27:08.23	6.14	97	3	–	3
42195	126:50	5.58	99	1	–	–

Sauerstoff-steady-state vor. Sauerstoffaufnahme und Sauerstoffverbrauch sind im Gleichgewicht. Wegen einer verzögerten Anpassung des Atmungs- und Herz-Kreislauf-Systems stellt sich die volle Funktion erst nach 2–4 Minuten ein. Der verzögerte Anstieg der Sauerstoffaufnahme bringt ein *Sauerstoffdefizit* mit sich. Nach der Belastung wird dieses durch die *Sauerstoffmehraufnahme* (= »Sauerstoffschuld«) wieder abgetragen.

Die allgemeine aeroben Ausdauer wird unterteilt in:

- **aerobe Kurzzeitausdauer** (3–10 Minuten),
- **aerobe Mittelzeitausdauer** (10–30 Minuten),
- **aerobe Langzeitausdauer** (über 30 Minuten).

Das Unterteilungskriterium ist der *mögliche prozentuale Anteil der maximalen Sauerstoffaufnahme* während der Belastungszeit. Ein Ausdauertrainierter kann bis zu 10 Minuten 100%, bis 30 Minuten etwa 90–95%, über 30 Minuten hinaus nur weniger als 90% seiner maximalen Sauerstoffaufnahme einsetzen. Weltbeste Marathonläufer können ca. 80–85% ihrer maximalen Sauerstoffaufnahme über 2 Stunden Dauer, ca. 70% über 3–4 Stunden Belastungsdauer beanspruchen (HOLLMANN/HETTINGER 1980, 350).

Infolge der hohen Reizintensität bei *aerober Kurzzeit- und Mittelzeitausdauer* reichen die aerob ablaufenden Stoffwechselvorgänge allein zur Gewinnung der nötigen Energie nicht aus. Es wird *zusätzlich auch Energie auf anaerobem Weg* freigesetzt, was mit entsprechend hohen Laktatwerten verbunden ist. Darauf weisen auch die energetischen Verhältnisse bei leichtathletischen Laufergebnissen (z. B. 1500 m–10000 m) hin (Tab. 6, S. 31).

Anaerobe Ausdauer liegt vor, wenn die Sauerstoffzufuhr zur oxidativen Verbrennung unzureichend ist und Stoffwechselvorgänge, die *ohne Beteiligung von Sauerstoff* ablaufen (anaerob = anoxidativ), eine wesentliche Rolle spielen. Im Mittelpunkt der anaeroben Energiewandlung steht die *anaerobe Glykolyse, der Weg des Zuckerabbaus zur Milchsäure* (Laktat = Salz der Milchsäure). Der anaerobe Weg der Energiebereitstellung wird immer dann beschritten, wenn ein hoher Energiebedarf durch die aerobe Oxidation nicht mehr gedeckt werden kann. Die anhaltende Milchsäurebildung führt zur *»Übersäuerung« des Muskels.* In der Muskelzelle werden viele biologische Reaktionen gebremst, weshalb die hohen Belastungsintensitäten abgebrochen bzw. wesentlich gedrosselt werden müssen. Das Laktat gelangt durch die Muskelzellwand ins Blut und wird über den Kreislauf verteilt. Leber, Niere, Herzmuskel und die ruhende Skelettmuskulatur nehmen das Laktat auf und verarbeiten es (wie der Herzmuskel) weiter zu Kohlendioxid und Wasser oder bauen es zum Ausgangsprodukt Glykogen wieder auf (Leber, Niere, ruhende Muskulatur). Die *Sauerstoffmehraufnahme nach der Belastung* dient einmal dem Wiederauffüllen der Kreatinphosphatspeicher (= *alaktazide Sauerstoffschuld*) und dem oxidativen Abbau des gebildeten Laktats (= laktazide Sauerstoffschuld). Darüber hinaus ist ein vergrößerter Sauerstoffbedarf noch vorhanden wegen der erhöhten Herzmuskel- und Atemmuskeltätigkeit und wegen der Wiederauffüllung der Sauerstoffspeicher (Myoglobin).

Die *allgemeine anaerobe Ausdauer* (speziell bei dynamischer Arbeitsweise) wird nach HOLLMANN/HETTINGER unterteilt in

- **anaerobe Kurzzeitausdauer** (10–20 Sekunden),
- **anaerobe Mittelzeitausdauer** (20–60 Sekunden),
- **anaerobe Langzeitausdauer** (60–120 Sekunden).

Für diese Unterteilung ist das *Anteilsverhältnis von alaktazider und laktazider Energiebereitstellung* maßgebend. Anaerobe Kurzzeitausdauerbeanspruchungen werden überwiegend (über 80%) vom alaktaziden Anteil unterhalten, anaerobe Mittelzeitausdauerbeanspruchungen überwiegend vom laktaziden (über 70%) und anaerobe Langzeitausdauerbeanspruchungen auch zunehmend von der aeroben Glucoseoxidation, wobei der anaerobe Gesamtanteil durchweg überwiegt (über 60%). Siehe auch S. 42ff.

3 Nach der *Arbeitsweise der Skelettmuskulatur* wird zwischen ***dynamischer*** und ***statischer Ausdauer*** unterschieden. Letztendlich läuft der Unterschied auf die Art der Energiebereitstellung hinaus, da mit zunehmendem statischen Arbeitsanteil der Muskelinnendruck die Blutzufuhr – und damit die Sauerstoffzufuhr – in den Kapillargefäßen drosselt. Bei *statischer* Arbeitsweise wird *ab ca. 15%* der maximalen Muskelspannung die *Durchblutung bereits behindert,* ab ca. *50%* kommt es zum *vollen Durchblutungsstopp*. Damit wird die Energiebereitstellung immer mehr anaerob (Tab. 7). Bei dynamischer Arbeitsweise ist selbst bei höheren Belastungsintensitäten durch den Wechsel von Spannung und Entspannung (Pumpwirkung der Muskulatur, vor allem für den venösen Rückstrom) die Durchblutung länger gesichert und ein höherer aerober Anteil gewährleistet.

Die *statische Ausdauerleistung* wird außer von der *Durchblutung* (Antransport von Sauerstoff, Abtransport von Stoffwechselschlacken) auch durch die *nervale Ermüdung* begrenzt (Hemmimpulse des Zentralnervensystems, Erschöpfung der Transmittersubstanzen). Dies scheint der primäre Grund für die höhere Ermüdbarkeit bei statischen Ausdauerleistungen zu sein.

Trotz Herzfrequenzerhöhungen, die sich bei statischen Ausdauerbelastungen zeigen, liegt weder eine Wirkung auf das Herz-Kreislauf-System vor, noch kann die statische Ausdauerleistung über das Herz-Kreislauf-System verbessert werden.

Verbesserungen der statischen Ausdauer (aerober und anaerober Art) sind in erster Linie durch *Vergrößerung der maximalen statischen Kraft* zu erreichen, da damit die Reizschwelle hinaufgeschoben wird, jenseits derer das anaerobe

Tabelle 7 Energiebereitstellung in Abhängigkeit von der Arbeitsweise der Skelettmuskulatur.

Arbeitsweise	Muskelspannung in % der maximalen Spannung			
statisch	–15%	15–30%	30–50%	>50%
dynamisch	–25/30%	30–50%	50–70%	>70%
	Energiebereitstellung			
	↓ aerob	↓ dominant aerob	↓ dominant anaerob	↓ anaerob

Abbildung 15
Schema der verschiedenen Formen von Ausdauerleistungsfähigkeit (nach HOLLMANN/HETTINGER 1980, 304).

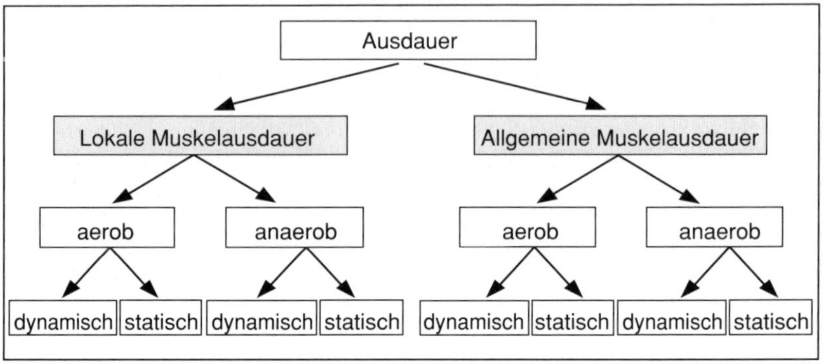

Stoffwechselgeschehen einsetzt. Statisches Kraftausdauertraining ist deshalb auch methodisch mehr eine Angelegenheit des Krafttrainings.

Verbindet man die *drei Einteilungskriterien (Muskelmasse, Energiebereitstellung, Arbeitsweise)*, so führen die Kombinationsmöglichkeiten zum **Einteilungsschema der Ausdauer nach** HOLLMANN/HETTINGER (Abb. 15).

In der Sportpraxis werden in umgangssprachlicher Benennung die Kombinationen mit vorwiegend anaerober Energiebereitstellung als *Stehvermögen* und die vorwiegend aeroben als *Dauerleistungsvermögen* bezeichnet.

Kurzzeitausdauer (KZA), Mittelzeitausdauer (MZA), Langzeitausdauer (LZA)

Bei manchen Autoren (HARRE 1982, 157; KEUL 1975, 632) wird die Klassifizierung der Ausdauer aus der Sicht der konkreten Wettkampfanforderungen und damit nach der *Wettkampfdauer* (Tab. 5, S. 30) vorgenommen. Zur Begründung wird der Gedanke eingebracht, daß die physischen und psychischen Anforderungen an die Ausdauer primär von der zeitlichen Belastungsdauer abhängig sind. Daß dabei die jeweils höchstmögliche Belastungsintensität vorliegen muß, darf nicht übersehen werden. Nur dann liegen auch *typische Stoffwechselverhältnisse* (aerobe/anaerobe Mischungsverhältnisse) für die entsprechenden Zeitspannen vor.

Die Untersuchungen dazu wurden bei leichtathletischen Läufen durchgeführt, weshalb die Ergebnisse auch nur für die Laufbelastungen zutreffen. Die Übertragung auf andere Sportarten ist nur bedingt möglich.

Unterschiede in den Zeitangaben für die Abgrenzung von KZA, MZA und LZA (Tab. 8) und in den prozentualen aeroben bzw. anaeroben Anteilen (Tab. 6, S. 31) sind darauf zurückzuführen, daß einerseits die Stoffwechselverhältnisse nach verschiedenen Untersuchungsmethoden (über die Sauerstoffschuld oder über den Kalorienverbrauch) festgestellt und andererseits verschiedene absolute Laufleistungen untersucht wurden.

Mit der unteren zeitlichen Abgrenzung der KZA (45 Sekunden bzw. 20 Sekunden) wird auch die *Abgrenzung der Ausdauerdisziplinen zu anderen Disziplinen*

Tabelle 8 Zeitliche Abgrenzung von KZA, MZA, LZA bei verschiedenen Autoren.*

Autor	KZA	MZA	LZA
Harre (1971)	45 s–2 min	3 min–8 min	>8 min
Keul (1975)	20 s–1 min	1 min–8 min	>8 min
Harre (1979)	45 s–2 min	2 min–10 min	I 10 min–35 min II 35 min–90 min III >90 min
Harre (1982)	45 s–2 min	2 min–11 min	I 11 min–30 min II 30 min–90 min III >90 min

* Die Zeiteinteilung von Hollmann/Hettinger (1980) ist hier nicht vergleichbar, da sie sich getrennt auf den anaeroben und den aeroben Bereich bezieht (s. S. 32 und 33).

(Schnelligkeits-, Schnellkraft-, Kraftdisziplinen) angesprochen. Vom Bereich der Ausdauer im engeren Sinne ausgeschlossen wird auf alle Fälle die sogenannte *Sprintausdauer,* d. h. der zeitliche Belastungsbereich, in dem die anaerob-alaktazide Energiegewinnung eine leistungsbestimmende Komponente darstellt (z. B. beim 100- und 200-m-Sprint, 500-m-Eisschnelllauf, 500-m-Radsprint).

Pauschal kann zur Charakterisierung der drei Ausdauerformen durch die Stoffwechselverhältnisse festgestellt werden:

- **KZA: überwiegend (80–60%) anaerobe Energiebereitstellung**
- **MZA: anaerobe und aerobe Energiebereitstellung im ausgewogenen Verhältnis (60:40 bis 40:60)**
- **LZA: überwiegend bis ausschließlich aerobe Energiebereitstellung (60 bis 100%).**

Ausdauerfähigkeiten in Abhängigkeit vorherrschender Einflußfaktoren

Die folgenden Begriffe sind entstanden unter dem Aspekt des jeweiligen *konditionellen* oder *situativen* Haupteinflußfaktors auf die Ermüdungswiderstandsfähigkeit. Hierher gehören zunächst die Begriffe aus der Wechselwirkung der Ausdauer mit den konditionellen Fähigkeiten Kraft und Schnelligkeit.

Kraftausdauer = *Ermüdungswiderstandsfähigkeit bei Belastungen mit erheblichen Kraftanforderungen.*

Als komplexe Erscheinungsform der Ausdauer bietet sie ein breites Spektrum, innerhalb dem zwischen dynamischer und statischer Kraftausdauer, Maximalkraft- und Schnellkraftausdauer bei zyklischen und azyklischen Übungen zu differenzieren ist (Thies/Schnabel 1986, 91). Gewöhnlich wird bei »erheblichen« Kraftanforderungen an *Krafteinsätze von ca. 80 bis 30%* der Maximalkraft gedacht. Nach Saziorski et al. (1970) lassen sich Verbesserungen der Ausdauerkomponenten in diesem Bereich durch Verbesserung der Maximalkraft erreichen. Nach Harre (Abb. 16, S. 36) äußert sich Kraftausdauer und Schnellkraftausdauer in erster Linie als *Kurzzeitausdauer* und *Mittelzeitausdauer.* Aber auch in der LZA kann Kraftausdauer (= aerobe KA) in Erscheinung treten.

Aus trainingsmethodischen Gründen wird nach dem Kriterium *»Größe des Krafteinsatzes«* auch unterteilt in:

- **Maximalkraftausdauer** (auch: hochintensive Kraftausdauer): über 75% der Maximalkraft bei statischer und dynamischer Arbeitsweise.
- **(Submaximale) Kraftausdauer** (auch: mittelintensive Kraftausdauer): 75–50% der Maximalkraft bei dynamischer Arbeit, bis 30% bei statischer Arbeit.
- **(Aerobe) Kraftausdauer** (auch: Ausdauerkraft): 50–30% der Maximalkraft bei dynamischer Arbeitsweise.

In dieser Gliederung (nach Kraftgröße und Arbeitsweise) sind indirekt auch die unterschiedlichen Stoffwechselvorgänge und damit typischen Zeitverhältnisse für Kraftausdauerleistungen berührt.

In der Trainingspraxis wird dabei das Training der Maximalkraftausdauer belastungsmethodisch mehr als eine Angelegenheit des Krafttrainings, das Training der submaximalen und aeroben Kraftausdauer als ein Teilbereich des Ausdauertrainings gesehen.

Schnelligkeitsausdauer = *Ermüdungswiderstandsfähigkeit bei Belastungen mit submaximaler bis maximaler Geschwindigkeit und überwiegend anaerober Energiebereitstellung* (HARRE 1982, 159).

Abbildung 16 Wechselbeziehungen zwischen den einzelnen Ausdauerfähigkeiten (in Anlehnung an HARRE 1976, 148, aus WEINECK 1986, 164).

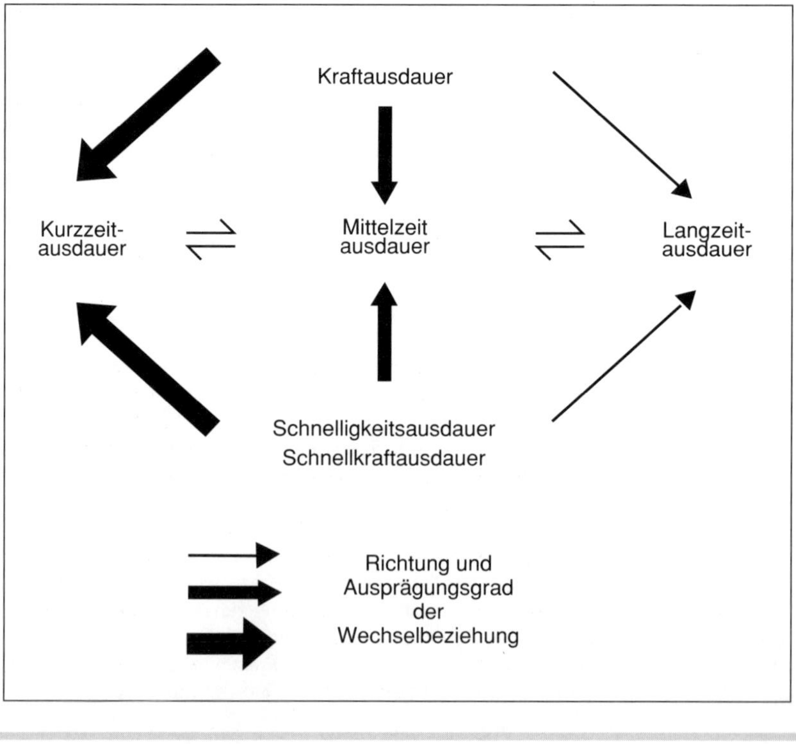

Für die zyklische Schnelligkeit bedeutet dies geringe Verluste in der Fortbewegungsgeschwindigkeit, für die azyklische Schnelligkeit (z. B. im Boxen, in Spielen) wiederholt hohe Kontraktionsgeschwindigkeiten trotz langer Gesamtbelastungsdauer.

> Im *maximalen Geschwindigkeitsbereich* ist *Schnelligkeitsausdauer mit Sprintausdauer identisch.* Im *submaximalen Intensitätsbereich* ist *Schnelligkeitsausdauer mit Kurzzeitausdauer* gleichzusetzen bzw. stellt eine leistungsbestimmende *Komponente der Mittelzeitausdauer* dar.

Zwei Bezeichnungen sind entstanden unter dem Aspekt der typischen Belastungssituation:
Spiel-/Kampfausdauer = *Ermüdungswiderstandsfähigkeit, die in Sportspiel- und Kampfsportarten den Leistungsabfall in den nicht standardisierten und extrem variablen Belastungssituationen niedrig hält.*
Die Anforderungen an diese Ausdauerfähigkeit sind gekennzeichnet durch sich wiederholende *kurze Phasen maximaler Belastungsintensität, Pausen mit relativer Erholung* und *hohem Belastungsumfang* in der Gesamtaktivität. Dies beansprucht physisch sowohl die anaerobe wie die aerobe Kapazität in einem bestimmten Ausmaß und dazu die sensorische und emotionelle Ermüdungswiderstandsfähigkeit.
Mehrkampfausdauer = *Fähigkeit, in den Einzeldisziplinen des Mehrkampfs die gesonderten Einzelleistungen trotz höherer Belastungsdichte und wechselseitiger Beeinflussung ohne nennenswerten Leistungsverlust zu erbringen* (sinngemäß nach Matwejew 1981, 186). Eine weitergehende Erklärung darüber, in welchen Bereichen des Organismus sich dies niederschlägt, wird nicht gegeben.
Die Bezeichnung **intermittierende Belastungen** (Åstrand 1993, 22) weist ebenfalls auf die vorher erwähnte Spiel-/Kampfausdauer hin. Sie sind im Ausdauerbereich neben *intervallartigen* und *Dauerbelastungen* auch zu berücksichtigen.

Grundlagenausdauer und spezielle Ausdauer

In der Verwendung und Interpretation des Begriffspaares *Grundlagenausdauer / spezielle Ausdauer* herrscht in der Literatur keine einheitliche Meinung vor. Es zeigen sich von der Zielsetzung her (Abb. 17, S. 38) *zwei Auffassungen,* die allerdings in der Umschreibung (Charakterisierung) der beiden Fähigkeiten wiederum Gemeinsamkeiten aufweisen. Ausgewählte Umschreibungen verschiedener Autoren sollen dies aufzeigen:

Grundlagenausdauer = die *sportartunabhängige Ermüdungswiderstandsfähigkeit* bei Langzeitbelastungen unter Einsatz großer Muskelgruppen. Sie betrifft sowohl die aerobe als auch anaerobe Ausdauerkomponente, wobei allerdings die aerobe im Vordergrund steht (Jonath 1986, 118). Hier wird eine Auffassung vertreten, die gemäß unserer Systematik (s. S. 39 u. 80) sowohl allgemeine als auch spezifische Grundlagenausdauer beinhaltet.

Abbildung 17
Schematische Darstellung der unterschiedlichen Auffassung (a, b) von Grundlagenausdauer und spezieller Ausdauer.

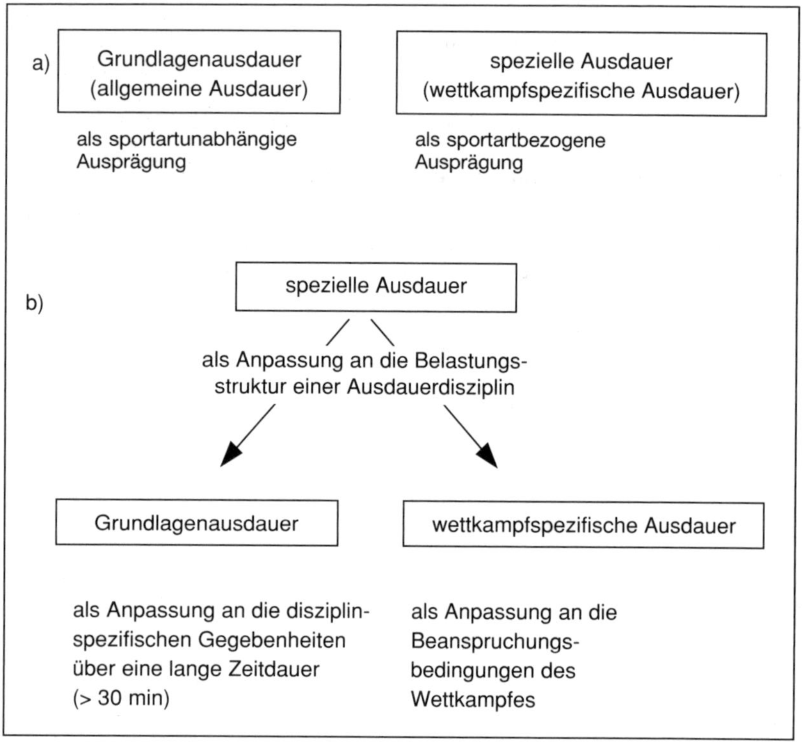

Grundlagenausdauer = die Fähigkeit, eine beliebige Belastung, die viele Muskelgruppen erfaßt und die *mit einer speziellen Leistung in einem optimalen Zusammenhang* steht, über eine lange Zeit hin auszuführen (NABATNIKOWA 1974, 15 und MARTIN 1977, 127).

Spezielle Ausdauer = die Anpassungsfähigkeit an die unter *wettkampfmäßigem* Einsatz gegebene *Belastungsstruktur* einer *Ausdauersportart/-disziplin.* Sie ist somit von den Besonderheiten der Sportart und vom Leistungsniveau bestimmt (JONATH 1986, 33).

Spezielle Ausdauer = Fähigkeit, ein hohes Leistungsniveau unter den *zeitlichen Bedingungen der sportlichen Spezialisierung* zu erreichen. Es geht um das Einhalten-Können einer optimalen Intensität während der Ausführungszeit. Sie ist ein Komplex wettkampforientierter Faktoren (spezielle aerobe Ausdauer, spezielle Kraft- und Schnelligkeitsausdauer, Ökonomie von Technik und Taktik, psychische Eigenschaften).

Zur weiteren Heraushebung des Unterschieds zwischen Grundlagenausdauer und spezieller Ausdauer wird auch betont, daß *Grundlagenausdauer* zwischen den Sportdisziplinen *positiv übertragbar* ist (= *relativ hoher Transfer*), obwohl es nach NABATNIKOWA »keine Art der Ausdauer gibt, die den Sportler befähigen würde, gleichermaßen ausdauernd bei unterschiedlichen Formen der Bewegungstätigkeit aufzutreten«. Die *spezielle Ausdauer* (hohen Niveaus) dagegen ist *gar nicht bzw. nur bedingt übertragbar* (vgl. Läufer–Schwimmer, Radfahrer–Läufer). Sie ist jedoch nur auf der Basis der Grundlagenausdauer zu entwickeln.

Zusammenfassung zur Strukturierung der Ausdauer

Die Literatursichtung zeigt wiederum (siehe auch S. 27), daß es in Anbetracht der Vielzahl von Ausdauerarten (-formen, -fähigkeiten) **die Ausdauer** nicht gibt, sondern der sportpraktische Gesamtkomplex Ausdauer nur über mehrere Ausdauerfähigkeiten zu erfassen ist.
Aus der Sicht der Trainingsmethodik kann nach unserer Auffassung jedoch die große Zahl von Begriffen auf ein notwendiges Maß eingeschränkt werden. Es erscheint sinnvoll, innerhalb einer systematischen Gliederung nach 2 grundsätzlichen **Arten der Ausdauer** und in weiterer Differenzierung nach **Ausdauertypen** zu unterscheiden. Tab. 9 gibt dazu eine Übersicht. Nähere Erläuterungen dazu erfolgen nach Darlegung biologischer Grundlagen im Kapitel 5, S. 80 ff.

Tabelle 9 Übersicht zu den Arten und Typen der Ausdauer

Arten	**Grundlagenausdauer** (GLA)	**spezielle Ausdauer** (spA)
Merkmal	Basischarakter für Gesundheit, Fitneß und für die Entwicklung anderer sportmotorischer Fähigkeiten	disziplinspezifische Belastungsstruktur in den Ausdauersportarten; optimales Verhältnis von Belastungsintensität und Belastungsdauer
Typen	– **allgemeine Grundlagenausdauer** = übungsneutrale Grundausdauer des Gesundheits- und Fitneßbereichs – **spezifische Grundlagenausdauer** = übungsgebundene Basisausdauer der Ausdauerdisziplinen – **azyklische Grundlagenausdauer** = Basisausdauer für die unregelmäßig wechselnde (= azykl.) Beanspruchung in den Spiel- und Kampfsportarten	– **Kurzzeitausdauer*** (35 s–2 min) – **Mittelzeitausdauer*** (2–10 min) – **Langzeitausdauer I**** (10–35 min) – **Langzeitausdauer II**** (35–90 min) – **Langzeitausdauer III**** (90 min–6 h) – **Langzeitausdauer IV** (>6 h)

* der Kurz- und Mittelzeitausdauer sind inhaltlich die Begriffe ***Schnelligkeitsausdauer*** (mit submaximalen Geschwindigkeiten), ***Schnellkraftausdauer*** und ***submaximale Kraftausdauer*** zuzuordnen.
** in den Langzeitausdauertypen tritt ***aerobe Kraftausdauer*** in Erscheinung.

4 Sportbiologische Grundlagen zum Komplex Ausdauer

Ausdauerleistungen haben – wie alle sportlichen Leistungen – ihren Ausgangspunkt in einer Motivation, stützen sich auf eine Reihe organismischer Versorgungssysteme als Zwischenglieder und haben ihren Endpunkt in der Skelettmuskulatur als dem motorischen Antriebssystem. Demnach sind für die Ausdauerleistungsfähigkeit eine ganze Reihe von Organsystemen mitbestimmend. Selbstverständlich liegt das Schwergewicht auf den Systemen, die für die Mobilisation der Energiesubstrate und die Sauerstoffversorgung zuständig sind. Es kommen aber auch weitere für überdurchschnittliche Ermüdungswiderstandsfähigkeit zum Tragen. Insgesamt sind bei Ausdauerleistungen folgende **Organsysteme** gefordert:

- *Skelettmuskulatur*
- *Herz-Kreislauf-System* einschließlich *Blut*
- *Atemsystem*
- *zentrales* und *peripheres animalisches Nervensystem*
- *vegetatives Nervensystem*
- *Hormonsystem*
- *passiver Bewegungsapparat.*

Die wesentlichen funktionellen Teilbereiche werden im folgenden besprochen.

Energiebereitstellung in der Muskelzelle

Energiespeicher

Die Muskelzelle verfügt über verschiedene Substrate, aus denen die Energie für die Muskelkontraktion gewonnen wird (Tab. 10). Während die energiereichen **Phosphate** nur im Muskel gespeichert sind, finden sich **Glykogen** und **Fette** auch in anderen Depots.

Glykogen ist in der Leber gespeichert. Das ***Leberglykogen*** (normal 75–90 g) dient in erster Linie der *Konstanthaltung des* ***Blutzuckerspiegels*** (75–95 mg%) und trägt damit zur Aufrechterhaltung der *Funktionsfähigkeit des Zentralnervensystems* bei. Das Zentralnervensystem ist auf ständige Glucosezufuhr aus dem Blut angewiesen. Nahezu 60% des von der Leber abgegebenen Zuckers an das Blut dienen dem Gehirnstoffwechsel (HOLLMANN/HETTINGER 1980, 94). Ein Blutzuckerspiegelabfall auf unter 70 mg% kann bereits koordinative Störungen nach sich ziehen. Trotzdem kann bei submaximaler, bis zur Erschöpfung gehender Arbeit (z. B. im LZA-Bereich) die ***Glucoseaufnahme des Muskels*** aus dem durchströmenden Blut – und damit das Leberglykogen – eine bedeutende Rolle spielen.

Tabelle 10 Energiespeicher der Muskelzelle.

	Substrat	Menge in Phosphatresten (-P) pro kg Muskel	maximale Einsatzdauer
1. Speicher	ATP Adenosintriphosphat	ca. 6 mmol	(theoretisch) 2–3 s
2. Speicher	KrP Kreatinphosphat	ca. 20–25 mmol	–
	Phosphatspeicher insgesamt (Phosphagen)	ca. 30 mmol	7 s–10 s (20 s)
3. Speicher	Glykogen (Glucose)	ca. 270 mmol	(anaerober Abbau) 45 s–90 s
		ca. 3000 mmol	(aerober Abbau) 45–90 min
4. Speicher	Triglyzeride (Fette)	ca. 50 000 mmol	mehrere Stunden

Fette (Triglyzeride) haben ihr Hauptdepot im *Unterhautfettgewebe.* Dort kommt es zur Fettmobilisation durch die belastungsbedingte Freisetzung von Katecholaminen (Adrenalin und Noradrenalin) und durch das Wachstumshormon (STH). Über das Blut gelangen die Fette zur Muskelzelle. Die Fette werden bei *energetisch mäßigen Anforderungen* (langsame Bewegungen, geringe Krafteinsätze) und bei bereits *stark geschwundenen Glykogenreserven* genutzt. Der Fettspeicher (Gesamtfettreservoir) ist praktisch unerschöpflich (Tab. 11).
Eiweiße spielen im allgemeinen im *Baustoffwechsel*, weniger im Betriebsstoffwechsel, eine Rolle, da unter normalen Umständen nur ein sehr geringer Prozentsatz der körpereigenen Eiweiße energetisch verwertet wird. Bei lang andauernden Belastungen (LZA III und IV) ist aber die *Gluconeogenese* relativ stark im Gange. Die Zunahmen von ***Harnstoff*** und Kreatinin im Blutserum beweisen dies. Bei diesem Prozeß wird *Glucose bzw. Glykogen aus Fetten* (und zwar aus dem Glyzerol der Fette) *und Eiweißen* (und zwar aus gewissen Aminosäuren) hergestellt. Auf diese Weise kann es im Extremfall (z. B. bei tagelangem Aufenthalt in extremen Höhen) zum Abbau von Muskeleiweißen kommen. Normalerweise wird der Aminosäurepool in Anspruch genommen.

Tabelle 11 Kaloriengehalt der verschiedenen Energiespeicher im Menschen (ca. 75 kg) (nach ÅSTRAND).

Energiereiche Phosphate (ATP, KP)	ca. 5 kcal (21 kJ)
Kohlenhydrate (Glykogen)	ca. 1 200 kcal (5 000 kJ)
Fett	ca. 50 000 kcal (210 000 kJ)

Zentrale Rolle der ATP-Spaltung

Wird zur *Kontraktion der Muskelfaser* Energie benötigt, so kann diese nur durch die *Abspaltung eines Phosphatrestes aus ATP* bereitgestellt werden (Abb. 18). Die freiwerdende Energie beträgt bei Standardbedingungen in wäßriger Lösung ca. 7 kcal (ca. 30 kJ)/mol ATP. In Zellen werden Werte bis 9 kcal/mol erreicht. Darauf sind die abweichenden Angaben in der Literatur zurückzuführen. Die Reaktion wird in ihrer Schnelligkeit durch das Enzym Myosin-ATPase bestimmt.

Das Verhältnis von ATP zu ADP, d. h. der Quotient $\frac{\text{ATP}}{\text{ADP}}$ steuert maßgeblich den weiteren Energiestoffwechsel (Abb. 19). Alle *anderen energieliefernden Prozesse* (Abbau von KrP, Glykogen, Fetten, Abb. 20) können nicht direkt der Kontraktion dienen, sondern werden für den ständig laufenden *Wiederaufbau (Resynthese) von ATP* eingesetzt. Die ATP-Resynthese erfordert nämlich Energiezufuhr. Das während einer Einzelzuckung (100 ms) gespaltene ATP ist nach 30 ms resynthetisiert (Küchler, 1983, 138).
Im einzelnen sind folgende biochemische Reaktionen (Abb. 21, S. 44) für den Energienachschub wesentlich.

Anaerober Energiestoffwechsel

Der Abbau der *energiereichen* **Phosphate (ATP, KrP)** geschieht **ohne** Beteiligung von **Sauerstoff** (= anaerob) und *ohne Milchsäure- bzw. Laktatbildung* (Salz der Milchsäure = Laktat). Es liegt deshalb die **anaerob-alaktazide** Form der Energiebereitstellung vor. Dieser Weg wird beschritten, wenn *große Energie-*

Abbildung 18 Energiebereitstellung beim Abbau von Adenosintriphosphat (ATP) in Adenosindiphosphat (ADP) mit dem zugehörigen Enzym (hydrolytische Spaltung des ATP).

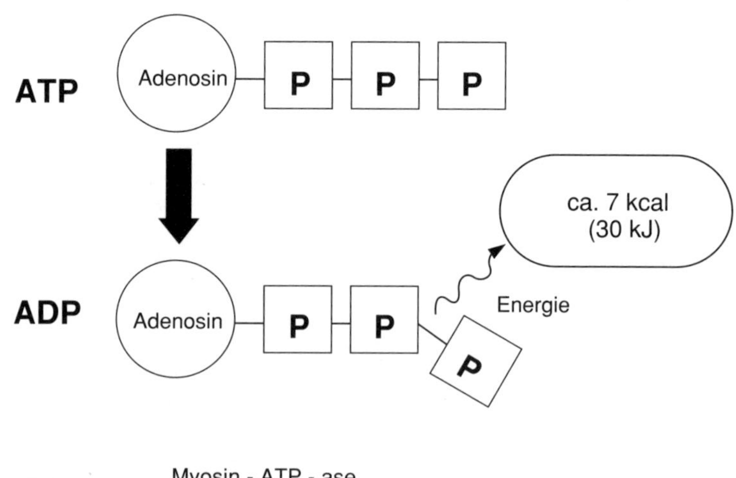

$$\text{ATP} + H_2O \xrightarrow{\text{Myosin - ATP - ase}} \text{ADP} + \text{P}$$

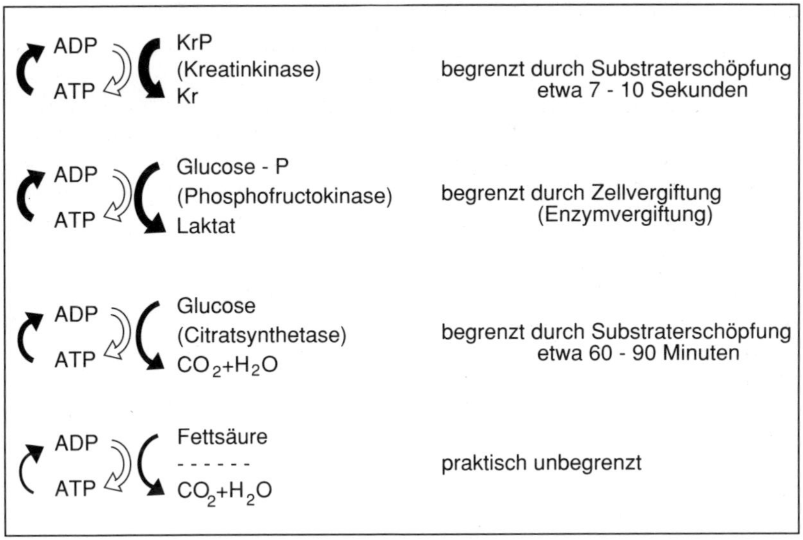

Abbildung 19
Schematische Darstellung der Wahl des geeigneten Stoffwechselwegs nach dem ATP-Verbrauch/Zeiteinheit (nach BADTKE 1987, 72). Die Pfeilstärke zeigt die Höhe des Energieflusses an. Die für die Reaktionen zuständigen Schlüsselenzyme sind in Klammern genannt.

mengen pro Zeiteinheit erforderlich sind, also bei maximalen Kontraktionsintensitäten. Beim Phosphatabbau liegen nämlich die ***höchsten Energieflußraten*** vor (Tab. 12, S. 47). Wegen der sofortigen ATP-Resynthese aus dem KrP-Zerfall gibt es *keine ATP-Speicherentleerung,* wohl aber ein vorübergehendes Absinken der ATP-Konzentration (höchstenfalls bis auf 40% des Ruhe-Ausgangswertes, HOLLMANN/HETTINGER 1980, 60). Der *KrP-Speicher* kann mit kurzfristigen Höchstleistungen dagegen *fast ausgeschöpft* werden (bis auf 20% des Ruhebestandes). Die Abbaureaktion wird durch das Enzym ***Kreatinkinase (CK)*** bestimmt. Die *Wiederherstellung des KrP*-Speichers in der Erholungsphase hat einen *exponentiellen* Verlauf, d. h. es gibt eine schnelle erste Phase und langsamere zweite Phase. Dabei sind sowohl *glykolytische* als auch *oxidative* Umsetzungen (Prozesse 2, 3, 4 in Abb. 21) beteiligt. Nach ca. 3–5 Minuten ist der KrP-Speicher wieder aufgefüllt.

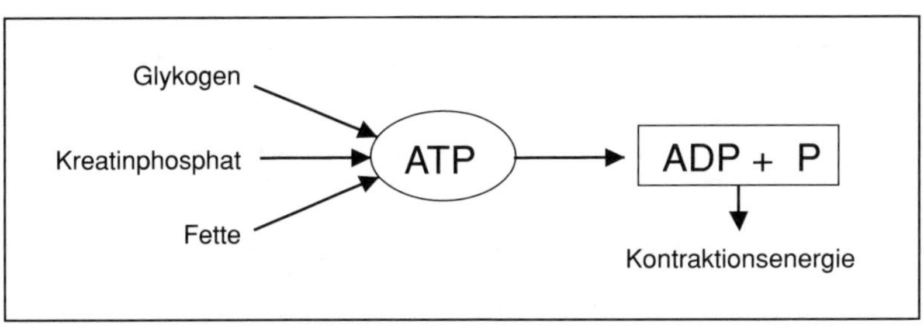

Abbildung 20
Zentrale Rolle des Adenosintriphosphats (ATP) im Energiestoffwechsel der Muskelzelle.

Abbildung 21
Vereinfachte Darstellung der Energienachschub-Reaktionen für die ATP-Resynthese.

1. Anaerob - alaktazider Prozeß:

Kreatinphosphat + Adenosindiphosphat ⟶ Kreatin + Adenosintriphosphat
(KrP) (ADP) (Kr) (ATP)

2. Anaerob - laktazider Prozeß (= anaerobe Glykolyse):

Glucose (Glykogen) ⟶ Laktat + ATP
(Lac)

3. Aerober Prozeß (= aerobe **Glykolyse,** oxidativer Glykogenabbau):

Glucose (Glykogen) + O_2 ⟶ CO_2 + H_2O + ATP

4. Aerober Prozeß (= Lipolyse, oxidativer Fettabbau):

freie Fettsäuren + O_2 ⟶ CO_2 + H_2O + ATP
(FFS)

Der Wechsel zwischen Ausschöpfen und Wiederauffüllen des KrP-Speichers (in Schnelligkeits-, Schnellkraft- und Maximalkrafttraining angewandt) führt zu einer *Vergrößerung des Speichers* und zur *Aktivitätssteigerung der Enzyme ATPase und CK.* Der ATP-Vorrat nimmt nur gering zu. Auf diese Weise ist beim entsprechend Trainierten eine *verbesserte anaerob-alaktazide Energiebereitstellung* vorhanden.

Innerhalb der anaeroben Energiebereitstellungsphase setzt noch während der laufenden Phosphatnutzung die ***anaerobe Glykolyse*** ein, d.h. der Abbau von **Glykogen** (= Speicherform der Glucose) **ohne Sauerstoff unter Milchsäurebildung.** Dies ist die **anaerob-laktazide** Form der Energiebereitstellung (Abb. 21, Prozeß 2). Bei maximalen Belastungen springt die Glykolyse ziemlich trägheitslos bereits nach ca. 5 Sekunden an, bei submaximalen Intensitäten nach ca. 8–9 Sekunden. Sie erreicht ihre Höchstdurchsatzraten nach 40–60 Sekunden. Aus 1 mol Glucose werden letztlich 2 mol ATP gewonnen (Abb. 22). Das ergibt bei einem durchschnittlichen Muskelglykogenspeicher von 50–150 mmol Glucoseeinheiten/kg Muskel 100–300 mmol ATP/kg Muskel. Das ist eine *unökonomische Ausbeute* des Glykogens, hat aber den Vorteil eines noch *relativ hohen Energieflusses/Zeiteinheit* (Tab. 12, S. 47). Maximale Kontraktionsintensitäten sind jedoch nicht mehr aufrechtzuerhalten. Das *Schlüsselenzym* der Glykolyse ist die *Phosphofruktokinase (PFK)*; sie spaltet die Glucose in zwei Triosen und schafft damit den Substratnachschub für das weitere Geschehen. Die sich in der Muskelzelle anreichernde Milchsäure verändert den intrazellulären Säurewert (Senkung des pH-Wertes auf 6,6–6,4; Normalwert in der Muskelzelle 7,0) und

schränkt die Enzymaktivitäten ein. Bei pH-Werten von 6,3 (entspricht etwa Laktatkonzentrationen von 40 mmol/in der Zelle) liegt eine vollständige Eigenhemmung der Glykolyse vor. Die PFK-Aktivität kommt zum Erliegen. Die Belastungsintensität muß stark gedrosselt bzw. die Belastung ganz abgebrochen werden. Dies ist auch der Grund, weshalb *über die anaerob-laktazide Abbauart* praktisch eine *Ausschöpfung des Glykogenspeichers nicht möglich* ist.
Durch hohe Laktatkonzentrationen (vor allem bei wiederholtem Auftreten) können auch Bestandteile der Zelle (z. B. die Mitochondrien) geschädigt werden.
Mit der **Anreicherung des Laktats** in der Zelle wird dieses auch durch die Zellwand hindurch an die Umgebung, vor allem in das Blut, abgegeben. Die *Ruhe-Blutlaktatwerte* liegen bei 1 mmol/l. Die *höchsten Blutlaktatwerte,* die bei KZA-Belastungen von Weltspitzensportlern gemessen wurden, sollen bei 25–27 mmol/l gelegen haben. Größen von 20 mmol/l und darüber sind schon als Extremwerte zu betrachten. Die niedrigsten pH-Werte im Blut lagen knapp unter 7 (6, 9).

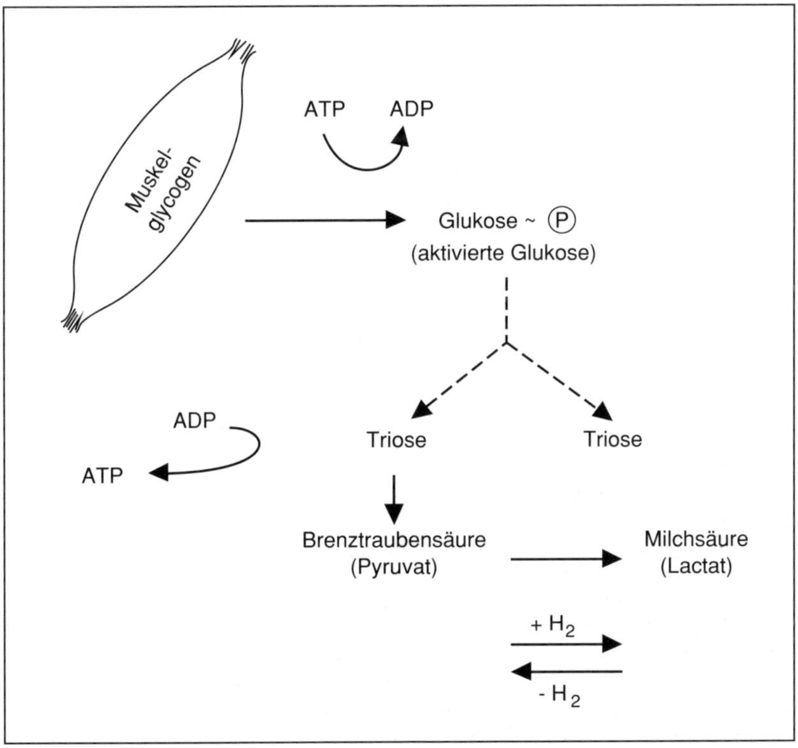

Abbildung 22
Glykolyse. Aus der Speicherform Glykogen wird Glucose (= Traubenzucker, Verbindung mit 6 C-Atomen) abgespalten, aktiviert (= phosphoryliert), in 2 Triosen (= Verbindung mit 3 C-Atomen) gespalten und zu Brenztraubensäure (= Pyruvat) abgebaut. Das Pyruvat wird zu Milchsäure (= Laktat) hydriert (nach BADTKE et al. 1987, 61).

Die *Beseitigung* des angefallenen Laktats geschieht nach der Belastung z. T. in der Zelle durch *Wiederaufbau zu Glykogen* bzw. *Weiterverarbeitung mit Energiegewinn* im aeroben Stoffwechsel. Aus dem Blut wird es durch oxidative Verbrennung über den Herzmuskel und Aufnahme in Leber, Nieren und unbelastete Muskulatur (zur Resynthese von Glykogen) entfernt. Die *Eliminationsrate* aus dem Blut liegt *bei 0,5 mmol/l/min,* soweit höhere Konzentrationen als 5 mmol/l vorliegen. Darunter verläuft die Beseitigung langsamer. Nach drei Stunden ist angefallenes Laktat jedoch beseitigt. Aktive Erholungsmaßnahmen (z. B. Auslaufen mit geringer Intensität, ca. 40–50% der rel. VO_2max.) verringern die Laktatbeseitigung bis auf ⅓ (Abb. 23).
Im Zusammenhang mit der Laktatproduktion ist auch die **Pufferkapazität** von Muskulatur und Blut von Interesse. Puffer sind – in vereinfachter Ausdrucksweise – Stoffe, die die Wirkung von Säuren und Basen auf den pH-Wert der Körperflüssigkeit und des Gewebes abfangen können, bis ihre Kapazität verbraucht ist. Die Gesamtpufferkapazität verteilt sich wie folgt auf die einzelnen Puffersysteme: *Bikarbonat* ca. 64%, *Hämoglobin* ca. 29%, *Plasma-Eiweiße* 6%,

Abbildung 23
Beschleunigung der Laktatbeseitigung aus dem Blut durch aktive Gestaltung der Nachbelastungsphase (nach BADTKE et al. 1987, 334).

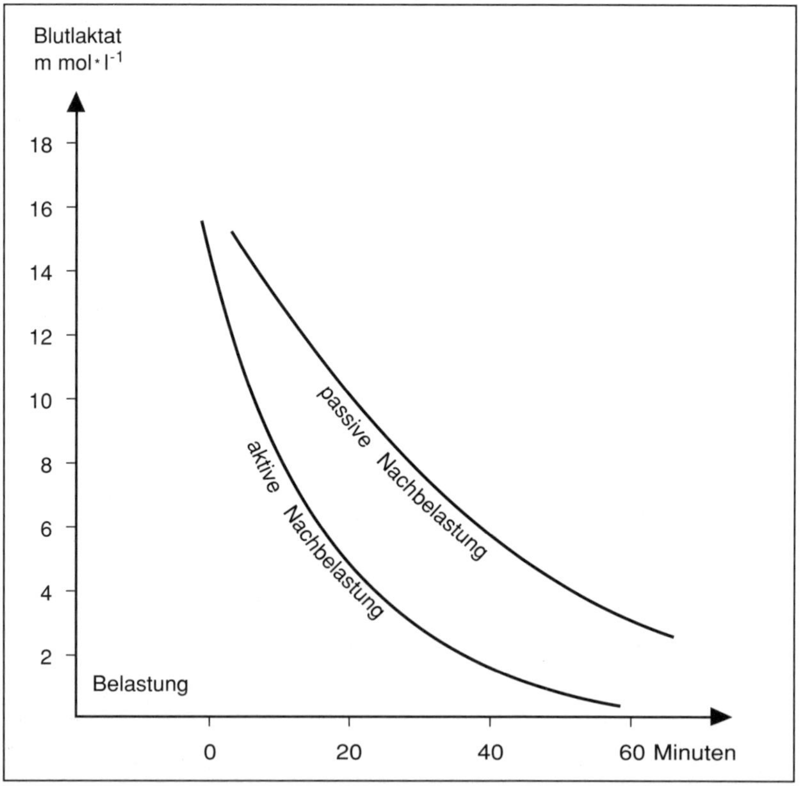

Phosphate ca. 1% (Weineck 1983, 77). Das ins Blut übertretende Laktat wird überwiegend durch das Plasma-Bikarbonat abgepuffert. Durch Training kann vor allem der Bikarbonat-Puffer und das Hämoglobin durch die allgemeine Blutvermehrung vergrößert werden. Dies wirkt sich in einer verzögerten Störung des pH-Wertes, also einer Verzögerung der Übersäuerung (gegenüber einem Untrainierten) aus.
Säuretoleranz ist das Vermögen, trotz Übersäuerung die Muskelkontraktion noch eine gewisse Zeit fortsetzen zu können. Dies spielt eine nicht unerhebliche Rolle für die anaerobe Ausdauerleistungsfähigkeit. Zum rein *biochemischen Aspekt* dieser Fähigkeit ist bekannt, daß es individuelle Unterschiede gibt und eine gewisse Trainierbarkeit besteht. Nicht zu trennen davon ist der *psychische Aspekt,* nämlich die Aufrechterhaltung der Muskelarbeit trotz erheblichen Schmerzgefühls. Für die Schmerzunterdrückung scheint die *Endorphinausschüttung* (***Endorphine*** = körpereigene, schmerzblockierende Stoffe) im Zentralnervensystem verantwortlich zu sein.

Aerober Energiestoffwechsel

Der Abbau von **Glykogen** bzw. **Glucose** und auch von **Fetten** unter Beteiligung von **Sauerstoff** mit den Endprodukten Kohlendioxid und Wasser ist die **aerobe** Form der Energiebereitstellung (Abb. 21 S. 44, Prozeß 3 und 4). Dieser Weg wird eingeschlagen, wenn *weniger Energie pro Zeiteinheit* benötigt wird. Die *maximale Energieflußrate* bei aerobem Glykogenabbau ist nur noch *halb,* bei Fettabbau nur noch *ein Viertel* so hoch wie bei der anaeroben Glykolyse (Tab. 12). Die Substrate werden jedoch vollständig abgebaut und damit *ökonomischer* genutzt. Aus 1 mol Glucose werden ***oxidativ*** insgesamt 38 mol ATP, vom Zitronensäurezyklus ab 36 mol ATP gewonnen. Dies ist im Vergleich zur anaeroben Glykolyse 18 mal mehr. 1 mol Fettsäuren (z. B. Palmitinsäure mit 16 C-Atomen) liefert 130 ATP. Die einzelnen Schritte des aeroben Glykogenabbaus (Abb. 24, S. 48) sind bis zum ***Pyruvat (= Brenztraubensäure)*** die gleichen wie bei der Glykolyse. Das Pyruvat

Tabelle 12 Energetische Flußraten (maximale Geschwindigkeit der Energiefreisetzung) bei verschiedenen Formen der Energiebereitstellung (in Mikromol/Gramm Substrat/Sek.).

Substrat + Abbauart	Max. Flußrate Mikromol/g/s	Durchsatz in % des Maximums (Verfügbarkeit)	Max. Einsatzdauer
ATP, KrP anaerob-alaktazid	1,6–3,0	100	7–10 s
Glykogen anaerob-laktazid	1,0	30	40–90 s
Glykogen aerob	0,5	15	60–90 min
Fettsäuren aerob	0,25	7,5	Stunden

Abbildung 24
Aerober Abbau von Glykogen über den Zitronensäurezyklus und die Atmungskette. (Die Pfeilstärke soll den möglichen Energiefluß veranschaulichen.)

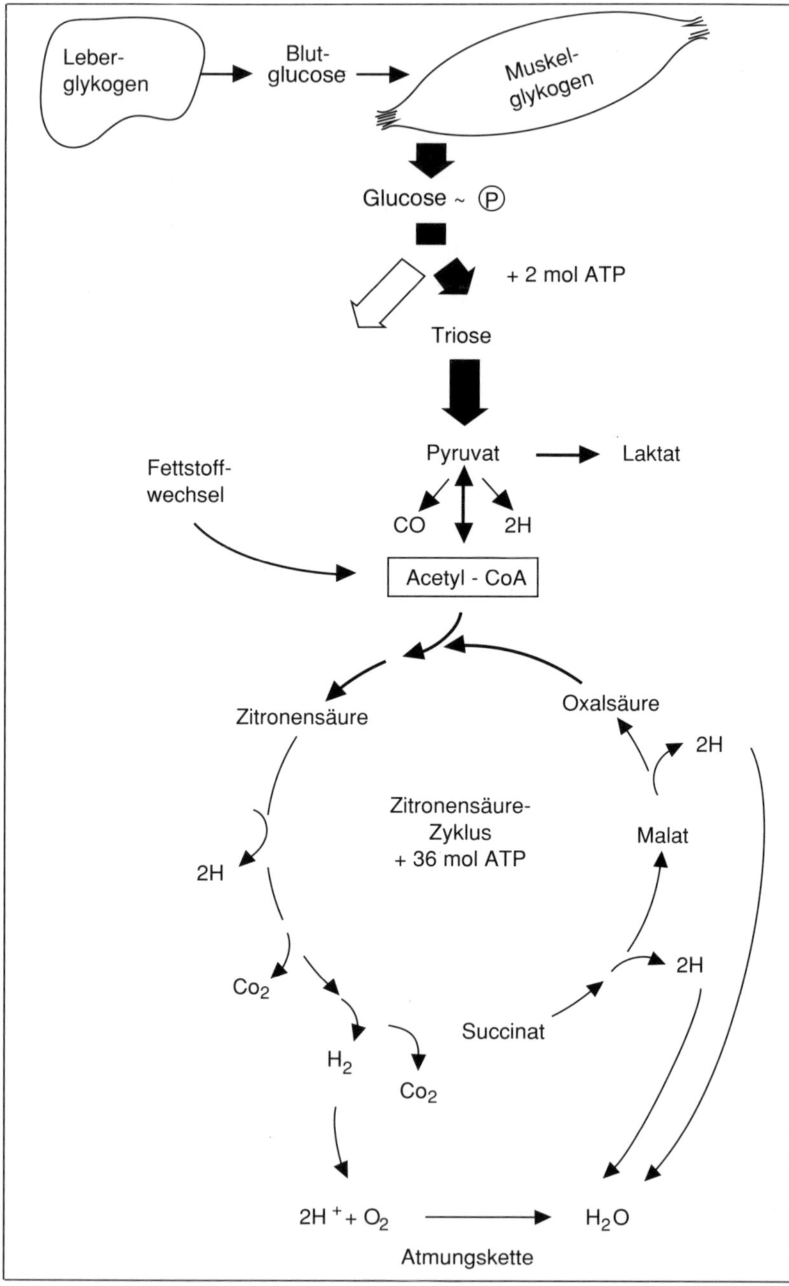

wird nun oxidiert (Abspaltung von 2 H-Atomen) und ***decarboxyliert*** (Abspaltung von CO_2). Es entsteht die ***aktivierte Essigsäure (= Acetyl-Coenzym A)***, die in den *Zitronensäurezyklus* eingeschleust und dort mittels verschiedener Enzyme weiter abgebaut wird (CO_2- und H-Abspaltung). Der freiwerdende Wasserstoff (H-Ionen) wird in der sog. *Atmungskette* auf Sauerstoff (O_2) übertragen (Bildung von H_2O). Diese biologische Endoxidation ist eine komplizierte Angelegenheit. Von der *freiwerdenden Energie gehen ⅔ in Wärme* über. Der Sauerstoff, der durch die Aktivierung des Atmungs-Herz-Kreislauf-Systems vermehrt zugeführt wird, wird also erst am Ende der ganzen Reaktionskette benötigt. Die maximale Menge an O_2-Verbrauch in der Zeiteinheit gibt deshalb Auskunft über die Ausprägung des aeroben Energiestoffwechsels (siehe rel. VO_2max., S. 53ff.). Der *aerobe Prozeß* läuft mit einer gewissen *Verzögerung* an, während Pyruvat aus der anaeroben Glykolyse bereitgestellt wird. Wegen der notwendigen Aktivierung des Sauerstofftransports und des Stofftransports (Substrate) in die Mitochondrien verstreichen ca. 2 Minuten, bis die aerobe Oxidation sich voll entfaltet hat.
Fette, die in der *Muskelzelle* und im *Unterhautgewebe* als Triglyzeride vorliegen, werden zunächst in ihre Bestandteile *Glyzerin* und *Fettsäuren gespalten.* Aus den Fettsäuren, die viele C-Atome enthalten (Stearinsäure z. B. 18, Palmitinsäure 16 C-Atome), wird durch die Beta-Oxidation jeweils ein Bruchstück mit zwei C-Atomen abgetrennt und zu Azetyl-Coenzym A aktiviert. Dieses Azetyl-Coenzym A wird dann, wie bereits bekannt, in den *Zitronensäurezyklus* eingeschleust. Zum Fettsäureabbau wird allerdings *mehr Sauerstoff* als zum Glykogenabbau benötigt.

Tabelle 13 Physiologischer Brennwert und kalorisches Äquivalent von Fetten, Kohlenhydraten und Eiweißen (in kcal).

Nährstoff	physiologischer Brennwert	kalorisches Äquivalent
Fette	9,3 kcal/1 g	4,65 kcal/1 l O_2
Kohlenhydrate	4,1 kcal/1 g	5,05 kcal/1 l O_2
Eiweiß	4,1 kcal/1 g	4,48 kcal/1 l O_2

Der *physiologische Brennwert* (= Kalorienwert) der Nährstoffe gibt den Energiegehalt von jeweils 1 g des Nährstoffes an. Aus dieser Sicht rangiert Fett weit vor Kohlenhydraten und Eiweiß.
Das *kalorische Äquivalent* (= energetisches Sauerstoffäquivalent) gibt an, wieviel Energie aus den Nährstoffen zu gewinnen ist, wenn 1 Liter Sauerstoff für ihre Verbrennung aufgewendet wird. Hier liegen die Verhältnisse bei den Kohlenhydraten am günstigsten.

Dies liegt an der Sauerstoffarmut des Fettsäuremoleküls. Damit wird der günstigste physiologische Brennwert (Tab. 13) wieder aufgehoben. Unter Einbezug des energetischen Sauerstoffäquivalents ermöglicht die *Glucoseverbrennung* sogar einen *Mehrgewinn von 13%* an Energie. Auf den geringen Energiefluß pro Zeiteinheit wurde bereits hingewiesen. Fettverbrennung findet demnach nur bei geringen Belastungsintensitäten oder bei Glykogenmangel (mit sinkender Belastungsintensität) statt (Abb. 25, S. 50).
Die entscheidenden *Enzyme* des aeroben Wegs liegen im *Zitronensäurezyklus.* Die *Zitratsynthetase (CS),* die den ersten Schritt katalysiert (Azetyl-Coenzym A + Oxalsäure → Zitronensäure) kann u. U. als das *Schlüsselenzym* angesprochen werden. Daneben wird der Succinatdehydrogenase (SDH) die gleiche Funktion

zugemessen. Wird die aerobe Energiebereitstellung häufig beansprucht, so nimmt die Aktivität der CS deutlich zu. Dies wirkt sich als verstärkte aerobe Energiebereitstellung in der Zeiteinheit aus.

Abbildung 25 Der Verlauf der Fettverwertung aus Muskelzelle und Fettgewebe bei Ausdauerbelastungen mit geringer Intensität und langer Dauer (nach BADTKE 1987, 71).

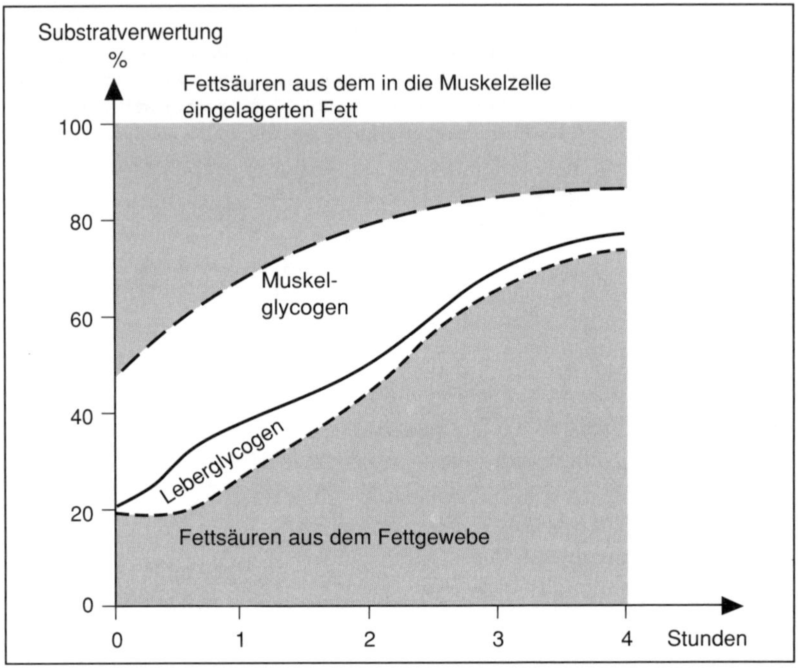

Tabelle 14 Vor- und Nachteile der aeroben und anaeroben Energiebereitstellung.

Aerobe Oxidation	Anaerobe Glykolyse
– Energiebereitstellung erfolgt relativ langsam. – Die pro Zeiteinheit freigesetzte Energiemenge ist relativ klein. + Die bereitgestellte Gesamtenergiemenge ist relativ groß. 36 mol ATP/mol Glucose 130 mol ATP/mol Fettsäure + Keine Laktatbildung – in den Mitochondrien: Pyruvat und der Sauerstoff müssen in die Mitochondrien, das gebildete ATP, H_2O, CO_2 verlassen die Mitochondrien wieder.	+ Energiebereitstellung erfolgt relativ schnell. + Die pro Zeiteinheit freigesetzte Energiemenge ist relativ groß. – Die Gesamtenergiemenge ist relativ klein. 2 mol ATP/mol Glucose – Laktatbildung + im Zellplasma: Kein Transport der Stoffwechselprodukte.

Aerobe und **anaerobe** Energiebereitstellung haben *Vor- und Nachteile*. Beide Formen schließen sich nicht gegenseitig aus, sondern ergänzen sich gewissermaßen. Welcher *Weg* gerade stärker bevorzugt wird, *hängt von der Belastungsintensität* und damit vom notwendigen *Energiefluß pro Zeiteinheit* ab. Tab. 14 stellt die Unterschiede nochmals heraus.
Die Energiebereitstellung aus **Eiweißen** stellt zwar eine *Ausnahmesituation des Körpers* dar, tritt aber bei Ultra-LZA-Belastungen auf. Nur dann werden mehr als 3–5% des Energiestoffwechsels über Eiweißabbau bestritten. Die Aminosäuren als Bausteine der Eiweiße werden zu Pyruvat und Azetyl-Coenzym A umgebaut und ebenfalls in den *Zitronensäurezyklus* eingeschleust. Die Eiweiße bzw. Aminosäuren können somit nur aerob abgebaut werden.

Bedeutung der Enzyme und Substrate

Innerhalb der einzelnen Stoffwechselwege hängt die Energiewandlung von **Enzymbesatz** und der **Substratmenge** ab.
Enzyme bestimmen als Biokatalysatoren die Reaktionen in ihrer Schnelligkeit. Ihre *Aktivität* hängt von der vorliegenden *Konzentration* (je mehr Enzyme, desto größere Aktivität), vom optimalen *Säurezustand* (pH-Wert), von der optimalen *Temperatur* und von der *Substratmenge* ab. Mitunter ist auch die Gegenwart von Coenzymen notwendig. Daraus wird ersichtlich, welche Bedeutung z. B. Übersäuerung, Aufwärmen, volle Energiespeicher für die jeweilige Energieproduktion haben.
Die entscheidende Bedeutung im gesamten Enzymbesatz kommt den **Schlüsselenzymen** zu. Es sind diejenigen, die innerhalb einer ganzen Reaktionskette die Reaktionen an den Engpässen unterhalten. Tab. 15 gibt eine Übersicht. Training mit entsprechendem Belastungsmodus beeinflußt ihre Menge. Reaktionen im Sinne von Enzymvermehrung zeigen sich bereits nach wenigen Trainingseinheiten und sind nach Zeitspannen von 4–8 Wochen deutlich meßbar. Anhand der *Veränderung des Enzymbesatzes* kann umgekehrt auch die *Wirkungstendenz eines Trainings* erfaßt werden. Einseitige Entwicklung der einen Enzyme lassen die

Tabelle 15 Schlüsselenzyme der verschiedenen Energiebereitstellungsformen (nach Badtke 1987, 68).

Energiebereitstellung	Schlüsselenzym	Reaktionsraum
anaerob-alaktazid	Kreatinkinase (Ck)	kontraktiler Apparat (Myofibrillen)
anaerob-laktazid	Phosphofruktokinase (PFK)	Zellplasma
aerobe Glykolyse (Glykogenabbau)	Zitratsynthetase (CS)	Mitochondrien
aerobe Lipolyse (Triglyzeridspaltung und Betaoxidation der Fettsäuren)	Enzyme der Betaoxidation, u. U. Zitratsynthetase	Mitochondrien

anderen sinken. Dies ist im Trainingsprozeß (vor allem bei der Periodisierung) der verschiedenen Ausdauertypen zu berücksichtigen. Durch geeignete Mischung der Trainingsmethoden kann es zur Steigerung »gegensätzlicher« Enzyme auf ein höheres Niveau kommen und die Dominanz des für den Ausdauertyp wichtigeren Stoffwechsels erhalten bleiben.

Die *Energiespeicher* (= verwertbare **Substrate**) wurden bereits eingangs erwähnt (siehe S. 40f.). Hier sei nur noch wegen der *Bedeutung ihrer Größe für die Enzymaktivität* auf die *Trainierbarkeit* hingewiesen. Der ***KrP-Speicher*** steigt trainingsbedingt an. Dies zeigt sich vor allem in den FT-Fasern des Muskels, wenn die dafür notwendige Belastungsintensität Vorrang hat. ***Glykogen*** wird vermehrt in Muskel und Leber gelagert. Unterschiede zwischen den Fasertypen (ST- und FT-Fasern) wurden nicht festgestellt. Untrainierte haben ca. 80 g Leber- und ca. 350 g Muskelglykogen. Bei Trainierten kann dies auf 120 g bzw. 650 g ansteigen (nach Badtke et al. 1987, 70). Für die Glykogenspeicherung spielt die kohlenhydratreiche Ernährung eine entscheidende Rolle. Die Fettspeicher im Muskel und im Unterhautfettgewebe sind nahezu unerschöpflich. Sie brauchen nicht bewußt aufgefüllt werden. In den *ST-Fasern* zeigt sich allerdings eine trainingsbedingte, *verstärkte Einlagerung* von ***Triglyzeriden.***

Die ***Milchsäure*** stellt lediglich *für den Herzmuskel* ein verwertbares Substrat zur Energiegewinnung dar, da sie dort direkt zu CO_2 und H_2O verbraucht werden kann. Bei verstärkter Herzmuskeltätigkeit steigt der Anteil der Laktatverarbeitung gegenüber den freien Fettsäuren (⅕) und der Glucose (⅐) auf ⅔ (bei höchster Beanspruchung bis 90%), während bei der Herzarbeit in Ruhe eine gleichmäßige Verteilung zu je ⅓ vorliegt.

Belastungsintensitäten und energetische Absicherung

Schon an anderer Stelle wurde darauf hingewiesen, daß letztlich die *energetischen Anforderungen pro Zeiteinheit,* d. h. die Belastungsintensität, ausschlaggebend sind dafür, ob der *alaktazide* und der *laktazide* oder der *aerobe* Weg in der Energiebereitstellung eingeschlagen wird. Da aber bei sportlichen Beanspruchungen meist nicht nur ein Weg, sondern verschiedene gleichzeitig genutzt werden, können unter der Voraussetzung einer optimalen Belastungsintensität gewisse **Zeitbereiche mit dominanter Energiebereitstellung** herausgestellt werden. Aus Abb. 26 ist zu erkennen, daß

- im Zeitbereich ***unter 10 Sek. der Phosphatspeicher*** ausschlaggebend ist,
- ab ***ca. 25 Sek. bis 2 Min. die Glykolyse dominiert*** und der aerobe Glykogenabbau an Bedeutung gewinnt,
- zwischen ***2 und 10 Min. die aerobe Glykogenverwertung*** an erster Stelle steht und der ***anaerob-laktazide Weg noch*** einen bedeutenden Anteil hat,
- ***oberhalb 10 Min.*** der **aerobe Weg** zunächst mit ***dominierender Glykogenverbrennung*** und ***ab 45 bis 60 Min. mit steigender Fettverbrennung*** die entscheidende Rolle spielt. Der anaerob-laktazide Weg wird weiterhin zu einem kleinen Prozentsatz in Anspruch genommen.

Zwischen Trainiertem und Untrainiertem liegen allerdings Unterschiede vor.

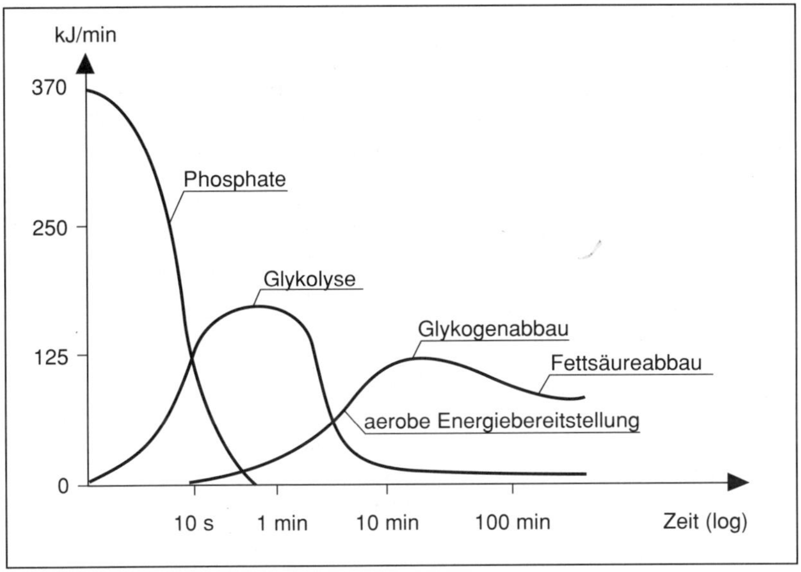

Abbildung 26 Möglichkeiten der Energiebereitstellung bei maximaler Beanspruchung in Abhängigkeit von der Zeit (nach BADTKE et al. 1987, 71).

Der *Untrainierte* hat *weniger Phosphate und Glykogen* und einen *geringeren Enzymbesatz.* Somit stellen sich die typischen Stoffwechselkonstellationen bereits bei niedrigeren absoluten Belastungsintensitäten (z. B. Fortbewegungsgeschwindigkeit) ein.

Maximale Sauerstoffaufnahme (VO_2max.)

Bei Ausdauerbelastungen wird neben der Skelettmuskulatur vor allem das **kardiopulmonale System** beansprucht. Unter diesem versteht man das in der Sauerstoffversorgung des Körpers abgestimmte Zusammenwirken von Atemsystem und Herz-Kreislauf-System. Im Hinblick auf die Einflußnahme auf Ausdauerleistungen können beide Systeme gemeinsam angesprochen werden, da die entscheidenden Atemgrößen in der maximalen Sauerstoffaufnahme miterfaßt sind.
Unter **VO_2max.** versteht man das Maß für *Sauerstoffzufuhr* (Atmung), den *Sauerstofftransport* (Herz-Kreislauf) und die *Sauerstoffverwertung* (Muskelzelle) im *Ausbelastungszustand* des Organismus. Sie ist gewissermaßen das ***Bruttokriterium für die aerobe Ausdauer.***

Einflußfaktoren

Viele Einzelfaktoren aus den beiden Organsystemen haben auf dieses Bruttokriterium Einfluß (Tab. 16, S. 54). Ein letztlich einziger begrenzender Faktor kann

Tabelle 16 Leistungsbegrenzende Faktoren der maximalen Sauerstoffaufnahme (HOLLMANN/HETTINGER 1980, 376).

Interne Faktoren
- Lungenventilation
- Diffussionskapazität der Lunge
- Herzminutenvolumen
- Sauerstofftransportkapazität des Blutes
- Periphere Sauerstoffverwertung
- Muskelfaserzusammensetzung

Externe Faktoren
- Belastungsmodus
- Größe der eingesetzten Muskelmasse
- Körperposition
- Sauerstoffpartialdruck
- Klima

nicht angegeben werden. Die *Harmonie unter den verschiedenen Einflußfaktoren* scheint das **Entscheidende** zu sein. Eine gewisse Vorrangstellung haben das **Herzminutenvolumen** (und damit indirekt die *Herzgröße*), die Sauerstofftransportkapazität des Blutes sowie die **periphere Sauerstoff- und Substratverwertung** in der Skelettmuskulatur.

Die *Lungenventilation* (= Belüftung mit sauerstoffreicher Luft) und die *Sauerstoff-Diffusionskapazität an der Alveolenwand* sind bei gesunden Personen bis ins mittlere Erwachsenenalter (30.–45. Lebensjahr) normalerweise *nicht leistungsbegrenzend,* da bei 100% Kreislaufauslastung das Atemsystem erst zu ca. 70% beansprucht ist. Bei extremen MZA-Leistungen zwischen 3 und 6 Minuten (z. B. 1500-m-Lauf, Rudern, 4000-m-Rad-Zeitfahren) kann allerdings durch maximale Kreislauftätigkeit die Kontaktzeit der roten Blutkörperchen an der Lungenalveolenwand auf unter 0,3 Sek. sinken (normal 0,8 Sek.). Dann reicht selbst eine verbesserte Sauerstoff-Diffusionskapazität durch die Alveolenwand nicht mehr aus, das Blut voll mit Sauerstoff zu sättigen. Der *reduzierte Sauerstoffantransport* an die Zelle *kurbelt* dann die *anaerobe Energieumwandlung* enorm an.

Unter Bezugnahme auf die externen Einflußfaktoren (Tab. 16) sei noch darauf aufmerksam gemacht, daß die körperliche Tätigkeit **(= disziplinspezifische Belastung)** auch Auswirkungen auf die VO_2max. hat. Deshalb unterscheiden sich die festgestellten Werte aus den verschiedenen Sportarten beträchtlich (leichtathletischer Lauf, Skilanglauf, Rudern, Radfahren, Kanu; Abb. 27). Dies ist bei der Leistungsdiagnostik mit Ergometern zu berücksichtigen. Ebenfalls spielt bei stufenförmiger Belastungssteigerung die *Stufendauer* eine Rolle für das Endergebnis. Um praxisrelevante Werte zu erhalten, sollte nicht mit Stufendauern von unter 3 Minuten getestet werden.

Absolute und relative maximale Sauerstoffaufnahme

Formel- und zahlenmäßig wird die maximale Sauerstoffaufnahme über das **maximale Herzminutenvolumen** und die **maximale arteriovenöse Sauerstoffdifferenz** erfaßt (Abb. 28).

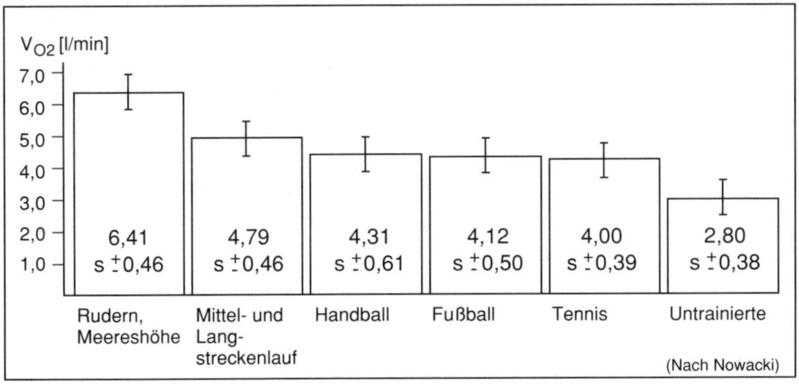

Abbildung 27
Maximale Sauerstoffaufnahme bei Sportlern verschiedener Sportarten. Deutliche Unterschiede bestehen zwischen den Athleten verschiedener Sportarten. Bei Ruderern liegen die Werte der max. Sauerstoffaufnahme am höchsten. Das ist darauf zurückzuführen, daß hier relativ große Muskelgruppen mit maximaler Kraftausdauer eingesetzt werden müssen.

Das ***Herzminutenvolumen (HMV)*** ist die Blutmenge, die während einer Minute aus dem Herzen ausgetrieben wird. Es ergibt sich als Produkt aus dem *Herzschlag-Volumen* (= Auswurfmenge pro Herzschlag) und der *Herzfrequenz pro Minute*. Ruhe- und Ausbelastungswerte sind aus Abb. 29, S. 56 zu entnehmen. Die ***arteriovenöse Sauerstoffdifferenz ($AVDO_2$)*** ist der Unterschied des Sauerstoffgehalts zwischen arteriellem und venösem Blut. In Ruhe sind es 5 Vol% (50 ml O_2/l Blut = ca. 25%ige Ausschöpfung) bei maximaler Auslastung Untrainierter 12–15 Vol% (100 ml O_2/lBlut = ca. 50%ige Ausschöpfung) und bei maximaler Auslastung Ausdauertrainierter ca. 18–19 Vol% (180–190 ml O_2/l Blut = 75%ige Ausschöpfung) (Angaben nach REINDELL et al. 1960). Der *Untrainierte* kann sich also bis auf das *2,5fache,* der *Trainierte* auf das *3,6fache* steigern.

max. Sauerstoffaufnahme =

$$\underbrace{\text{max. Schlagvolumen x max. Herzfrequenz}}_{\text{max. Herzminutenvolumen}} \text{ x max. arteriovenöse Sauerstoffdifferenz}$$

$$VO_2 \text{ max. } (l\ O_2/min) = \underbrace{\text{SV max. x HF max.}}_{\text{HMV max. (l Blut/min)}} \text{ x } AVDO_2 \text{ max. } (ml\ O_2/l\ Blut)$$

Untrainierte

Männer	ca. 3,3 l	=	2,2 l	x	150 ml/l
Frauen	ca. 2,2 l				

Trainierte

Männer	ca. 6,0 l	=	3,5 l	x	180 ml/l
Frauen	ca. 4,5 l				

Abbildung 28
Maximale Sauerstoffaufnahme bei Untrainierten und ausdauertrainierten Hochleistungssportlern.

Abbildung 29 Herzminutenvolumen HMV Untrainierter und ausdauertrainierter Hochleistungssportler in Ruhe und maximaler Auslastung.

	Schlagvolumen SV (ml Blut)	x	Herzfrequenz HF / min	=	Herzminutenvolumen HMV (l Blut/min)
Untrainierter					
in Ruhe:	70 ml	x	70	=	ca. 5l
in Belastung:	120 ml	x	170-180	=	ca. 20-22 l
Steigerung auf das 4- bis 5 fache					
Trainierter					
in Ruhe:	105 ml	x	45	=	ca. 5l
in Belastung:	200 ml	x	180-190	=	ca 36-38 l
Steigerung auf das 7- bis 8 fache					
Die HMV-Werte untrainierter Frauen liegen um ca. 25% niedriger.					

In Verbindung mit der Steigerung des Herzminutenvolumens (Abb. 29) wirkt sich dies insgesamt in einer *Steigerungsmöglichkeit der maximalen Sauerstoffaufnahme* (von Ruhe und Ausbelastung) beim *Untrainierten* auf das *10–12fache,* beim hochtrainierten *Ausdauerleister* auf das *20–25fache* aus.

Tabelle 17 Werte der rel. VO_2max. als gemessene Durchschnittswerte und als Normwerte für unterschiedliches Leistungsniveau.

	rel. VO_2max.
Untrainierte	
Frauen (20–30 LJ.)	32–38 ml/kg/min*
Männer (20–30 LJ.)	40–55 ml/kg/min**
Hochtrainierte Ausdauersportler	
Frauen	60–70 ml/kg/min
Männer	80–90 ml/kg/min
Normwerte für Fitnesszustand	
Frauen	35–38 ml/kg/min
Männer	45–50 ml/kg/min
Ausdauertrainierte	55–65 ml/kg/min
Ausdauerleister (internationales Niveau)	65–80 ml/kg/min
Ausdauerleister (internationales Spitzenniveau)	85–90 ml/kg/min

* bezogen auf fettfreie Muskelmasse 44–48 ml
** bezogen auf fettfreie Muskelmasse 46–49 ml

Zur Beurteilung der allgemeinen Ausdauerleistung eignet sich die **relative maximale Sauerstoffaufnahme (rel. VO_2max.)** besser. Das ist die auf das *Körpergewicht* bezogene Größe, ausgedrückt in Milliliter/kg Körpergewicht/Minute (ml/kg/min). Vor allen Dingen werden die Werte verschiedener Personen untereinander vergleichbar. Die *Normwerte* für Untrainierte, Ausdauertrainierte und Hochleistungssportler sind in Tab. 17 zusammengefaßt, Werte aus *verschiedenen Sportarten* zeigen Abb. 30 und Tab. 18.
Um die Bedeutung der rel. VO_2max. für die Ausdauerleistung richtig einschätzen zu können, sind zu verschiedenen Gesichtspunkten noch Anmerkungen notwendig.

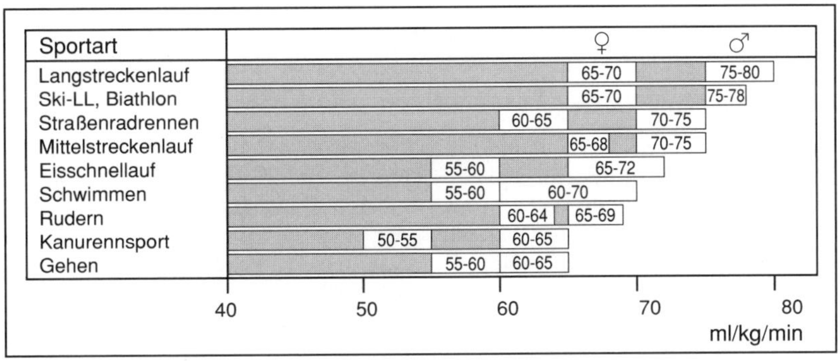

Abbildung 30 Relative max. Sauerstoffaufnahme in Ausdauerdisziplinen; Referenzwerte für Frauen bzw. Männer (nach Angaben von NEUMANN/SCHÜLER 1989, 100).

Tabelle 18 Festgestellte Werte der rel. VO_2max. aus Nichtausdauer-Disziplinen (Literaturauswertung nach Angaben u. a. von NEUMANN/SCHÜLER, WILMORE, STRAUSS).

	Männer ml/kg/min	Frauen ml/kg/min		Männer ml/kg/min	Frauen ml/kg/min
Sportspielarten			*Technisch-kompositorische Sportarten*		
Fußball	50–57	–	Alpine Disziplinen	60–65	48–52
Handball	55–60	48–52	Eiskunstlauf	50–55	45–50
Eishockey	55–60	–	Gerätturnen	45–50	40–45
Volleyball	55–60	48–52	Rhythmische Sportgymnastik	–	40–45
Basketball	50–55	40–45	Segeln	50–55	40–45
Tennis	48–52	40–45	Schießen	40–45	35–40
Tischtennis	40–45	38–42			
Zweikampfsportarten			*Schnellkraftsportarten*		
Boxen	60–65	–	Sprint – Leichtathl.	48–52	43–47
Ringen	60–65	–	Weitsprung	50–55	45–50
Judo	55–60	45–50	Mehrkampf Leichtathl.	60–65	50–55
Fechten	45–50	45–50	Diskus, Kugel	40–45	35–40
			Speerwurf	45–50	42–47
			Skisprung	40–45	–
			Gewichtheben	40–50	–

Anlage- und altersbedingte Entwicklung

Die rel. VO_2max. *steigt wachstumsbedingt an;* nicht trainierte Frauen erreichen ihren Maximalwert mit ca. 14–16 Jahren, Männer mit 18–19 Jahren. Bis etwa zum 30. Lebensjahr bleibt die VO_2max. ungefähr gleich, unterliegt dann einer *altersbedingten Reduzierung von etwa 0,6% pro Jahr.* Durch regelmäßiges Training kann sie bis zum ca. 50. Lebensjahr konstant gehalten werden.
Hinsichtlich der *Normwerte für Untrainierte* hat TAYLOR (1955) festgestellt, daß 98% der Bevölkerung durchschnittlich zwischen 31 und 58 ml/kg/min liegen, 0,13% zwischen 61,5 und 67 ml/kg/min. Damit wird angedeutet, daß statistisch unter ca. 1000 Personen 1 Person genetisch zum potentiellen Weltrekordler im Langzeitausdauerbereich prädestiniert ist. Um durch jahrelanges Training die dafür notwendigen Größen der rel. VO_2max. zu erreichen, werden heute Ausgangswerte von 60–65 ml/kg/min für notwendig erachtet.

Sportarttypische Werte

Die *Aussagekraft der rel. VO_2max.*-Werte bezüglich der Ausdauerleistungsfähigkeit in verschiedenen Sportdisziplinen ist *unterschiedlich.* In Sportarten, in denen das Körpergewicht nicht voll zu tragen ist (z. B. Rudern, Radfahren, Schwimmen), d. h. reduzierte Arbeit gegenüber der Schwerkraft zu leisten ist, wird die Größe der *absol. VO_2max.* für die Leistungsfähigkeit *aussagekräftiger* als die rel. VO_2max. Wenn das Körpergewicht gehoben werden muß – also in den Laufdisziplinen –, ist die Sachlage umgekehrt. Im Vergleich zweier *Läufer* mit gleicher rel. VO_2max. und unterschiedlichem Körpergewicht (z. B. 60 kg und 80 kg) ist für die Einschätzung bzw. Berechnung der Ausdauerleistungsfähigkeit das höhere *Körpergewicht* zusätzlich zu berücksichtigen.
Auf die Größe der rel. VO_2max. hat auch der Einsatz unterschiedlicher *Anteile von Bein- und Armmuskulatur* Einfluß. Aus Untersuchungen ist bekannt, daß die VO_2max. bei kombinierter Arm-Beinarbeit gegenüber reiner Beinarbeit unverändert bleibt, solange der Arbeitsanteil der Arme 20–30% nicht übersteigt (z. B. beim Skilanglauf-Diagonalschritt in der Ebene und im leichten Anstieg). Wenn der Arm-Arbeitsanteil auf über 40% steigt (z. B. bei der Schlittschuhschritt-Technik und bei Doppelstocktechniken im Skilanglauf), dann liegt die VO_2max. um ca. 10% niedriger. Das ist durch die Änderung der eingesetzten Muskelmasse gegenüber dem Körpergewicht zu erklären. In Ausdauersportarten mit *hauptsächlichem Einsatz der Muskeln der oberen Extremitäten und des Oberkörpers* (z. B. Kanu, Kajak) ist die *maximale Sauerstoffaufnahme* demgemäß auch *geringer* als beim Laufen oder Radfahren. Repräsentative Werte für Leistungssportler höheren Niveaus liegen etwa bei 55–62 ml/kg/min rel. VO_2max.

Trainierbarkeit

Die Trainierbarkeit der VO_2max. ist *relativ gering.* Sie wird auf *15–20%* eingestuft, soweit nicht im Entwicklungsalter (Pupertät) entsprechende Reize gesetzt werden. Für die Beurteilung der aeroben Ausdauerleistungsfähigkeit ist jedoch

Tabelle 19 Anpassungsrekationen im Bereich des Atmungs- und Herz-Kreislauf-Systems auf Langzeitausdauerbelastungen. (Es ist in der systematischen Aufreihung nur das wesentliche Geschehen berücksichtigt.)

Lungenbereich: – Vergrößerung der Respirationsfläche (= Fläche der gasaustauschenden Alveolen) – Verbesserung der alveolokapillaren Diffusionskapazität für Sauerstoff (Durchlässigkeit wird größer) – Ausweitung des Lungenkapillarnetzes (= erweiterte Gasaustauschfläche seitens des Bluts) – Weitung von Lungenvenen und -arterien (zur Bewältigung des vergrößerten Herzminutenvolumens im Lungenkreislauf) – Verbesserung der Atmungsökonomie (= des Atemäquivalents*), d. h. mehr Sauerstoffübernahme ins Blut aus einer bestimmten Menge eingeatmeter Luft.
Herz: – Senkung von Ruhe- und Arbeitspuls (bei gleicher Leistung) } = Ökonomisierung – Verringerung des Sauerstoffbedarfs des Herzmuskels } der Herzarbeit – Steigerung von Schlagvolumen und Herzminutenvolumen (= höhere Leistungsfähigkeit des Herzens) – Sportherz** (= Leistungsherz)-ausbildung: Herzmuskelhypertrophie, Volumenvergrößerung, Verbesserung der Koronardurchblutung (= vergrößerte Koronararterien, Kapillarneubildung, erweiterte Kollateralen) über die schon o. g. Herzfrequenz- und Herzminutenvolumenveränderungen hinaus.
Blut: – Blutvolumenzunahme (ca. 1–2 l) – Hämatokritsenkung (von 45% auf 42%) = Viskositätserniedrigung wegen stärkerer Zunahme der Flüssigkeit (Plasma) gegenüber den festen Bestandteilen (Zellvolumen) (Tab. 20) – Erhöhung der Pufferkapazität – Zunahme der Kalium- und Calciumkonzentration
Peripherer Kreislauf: – Verbesserte Kapillarisierung im Skelettmuskel (Öffnen von Ruhekapillaren, Vergrößerung des Kapillarquerschnitts, Kapillarneubildung) – Neubildung von Kollateralen (= Umgehungsgefäße neben den Hauptgefäßen) – Verbesserte intramuskuläre Blutverteilung (= gezieltere belastungsangepaßte Durchblutungsrate)

* Atemäquivalent (AÄ) $\frac{\text{Atemminutenvolumen (AMV)}}{\text{Sauerstoffaufnahme/min. } (VO_2)}$. Es hat bei ca. 60% der $VO_2max.$ seinen günstigsten Wert. Bei Untrainierten AÄ = 35, bei Trainierten 25.

** Sportherz als relativer Herzgröße von 14–15 ml/kg
Normalherz 11–12 ml/kg, Frauen 9–10 ml/kg
Extremwerte bei Straßenradfahrern 18 ml/kg (Frauen 16–16,5 ml/kg)

Tabelle 20 Blut-, Plasma- und Zellvolumen bei Untrainierten und Ausdauertrainierten (nach de MARÉES/MESTER 1982, 28).

	Untrainierte	Ausdauertrainierte
Blutvolumen	76 ml/kg	95 ml/kg (+ 25%)
Plasmavolumen	43 ml/kg	55 ml/kg (+ 28%)
Zellvolumen	34 ml/kg	40 ml/kg (+ 18%)

nicht nur der absolute oder relative Wert der $VO_2max.$ ausschlaggebend, sondern auch der *Prozentsatz der individuellen $VO_2max.$, der über eine längere Zeitspanne einsetzbar ist* (= Höhe der anaeroben Schwelle, siehe S. 64). Diese Fähigkeit ist weit *besser trainierbar.* Es wird eine *50–70%ige* Verbesserungsmöglichkeit angenommen.
Die Verbesserung der $VO_2max.$ ist natürlich auf die *Anpassungsreaktionen der Organe und Organsysteme,* die durch Ausdauerbelastungen erfaßt werden, zurückzuführen. Im Überblick sind die wesentlichen Änderungen aus dem Bereich des Atem- und Herz-Kreislauf-Systems in Tab. 19 u. 20, S. 59 angeführt. Tab. 21 zeigt auch die Anpassungen über das Herzkreislaufsystem hinaus.

Tabelle 21 Prinzipielle Anpassungen an ein Ausdauertraining (ENGELHARDT/NEUMANN 1994, 117).

- Ausbildung eines motorischen stereotypen Bewegungsprogramms, welches sich dominant auf die Rekrutierung von langsam kontrahierenden Muskelfasern (ST-Fasern) stützt.
- Erhöhung der aeroben Glucoseverwertung und Zunahme des Anteils der freien Fettsäuren am Energieumsatz.
- Vergrößerung der Energiespeicher (Muskel- und Leberglycogen, Triglyceride in der Muskulatur).
- Abnahme des Körperdepotfetts auf etwa die Häfte (Ausdauersportler haben nur 6 bis 13% Fett).
- Erhöhte Nutzung gluconeogenetischer Stoffwechselwege bei Belastung.
- Abnahme der Lactatmobilisationsfähigkeit.
- Zunahme der Aktivität oxidativer Schlüsselenzyme in den ST-Fasern.
- Erhöhung der Durchblutung von Skelett- und Herzmuskulatur sowie Gehirn bei Belastung.
- Vergrößerung der Kapazität in den O_2-aufnehmenden, O_2-transportierenden und O_2-verwertenden Systemen.
- Erhöhung der maximalen Sauerstoffaufnahme.
- Zunahme der Herzgröße (Volumen und Stärke der Herzmuskulatur).
- Verminderung der Ermüdbarkeit der trainierten Muskulatur.
- Anstieg der Muskelkraft (Kraftausdauer) und Ausprägung weiterer Anpassungen.

Sauerstoffdefizit, Sauerstoffschuld und Sauerstoff-steady-state

Diese Begriffe sind in der Sportmedizin zur Erklärung des Verhaltens der Sauerstoffaufnahme während und nach Belastung verbreitet.
Ein **Sauerstoffdefizit** tritt *zu Beginn jeder Belastung* ein, da bei hochintensiven Anforderungen die Atmung und das Herz-Kreislauf-System nicht schlagartig den plötzlich erhöhten Stoffwechselansprüchen in der Muskelzelle genügen können. Auch bei weniger intensiven Dauerbelastungen ist zu Beginn die Sauerstoffaufnahme kleiner als der momentane Sauerstoffbedarf, d. h. es wird ein Sauerstoffdefizit eingegangen. Der im menschlichen Organismus vorhandene *Sauerstoffspeicher* (*Myoglobin* in der Muskelzelle) ist zu gering, um bei Arbeitsbeginn den noch unzureichenden Sauerstofftransport voll zu kompensieren.

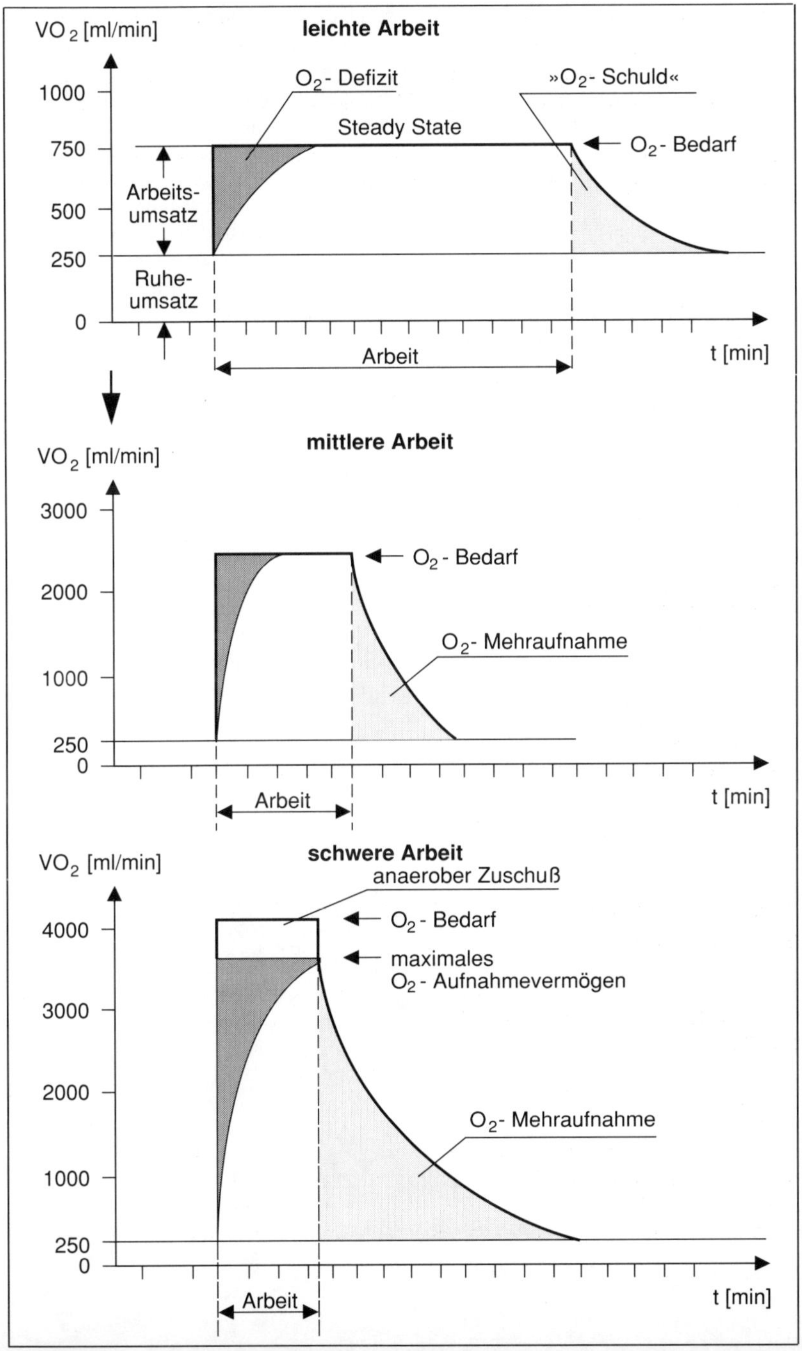

Abbildung 31
Sauerstoff(O_2)-Defizit, O_2-Schuld und O_2-Steady-State bei unterschiedlich schwerer Belastung (nach de MARÉES/MESTER 1982, S. 86).

Erst nach ca. *2–4 Minuten* stellt sich bei den weniger intensiven Belastungen ein *Gleichgewicht zwischen Sauerstoffaufnahme und Sauerstoffverbrauch* ein. Dann spricht man von **Sauerstoff-steady-state.** Es äußert sich in der Praxis durch gleichbleibende Herzfrequenz und Atemwerte; bei rein aeroben Stoffwechselbedingungen liegt hier die tatsächliche *Dauerleistungsgrenze* vor. Das *Sauerstoff-steady-state* darf nicht mit dem *Laktat-steady-state* verwechselt werden.

Nach Ende einer Belastung muß das zu Beginn eingegangene Sauerstoffdefizit abgetragen werden. Der in der *Nachbelastungsphase* aufgenommene Betrag an Sauerstoff, über den tatsächlichen Ruhebedarf hinaus, wird gewöhnlich als **Sauerstoffschuld** bezeichnet. Nur bei leichten Belastungen (z. B. Einlaufen, Wanderradfahren, Bergwandern, Skiwandern) ist die *Sauerstoffschuld = Sauerstoffdefizit* (Abb. 31, S. 61). Ansonsten stecken in der »Sauerstoffschuld« neben dem Defizit noch zusätzliche Mehr-Atmungsvorgänge, die in der Nachbelastungsphase selbst begründet liegen (z. B. Stoffwechselanregung wegen erhöhter Körperkerntemperatur, verstärkte Ventilation, energieverbrauchende Resyntheseprozesse der Speicher, anhaltende Sympathikuseinwirkung). Deshalb wird hierfür der Begriff **»Sauerstoffmehraufnahme nach Arbeitsende«** vorgeschlagen (De Marées/Mester 1982, 89).

Die Rückführung zur Ausgangslage *(Abtragung der Sauerstoffschuld)* verläuft *exponentiell* (Abb. 32). In die erste, schnelle Phase fällt die *Resynthese der Phosphatspeicher.* Dies ist die Abtragung der **alaktaziden Sauerstoffschuld.** Schnell verläuft auch die *Wiederauffüllung der Sauerstoffspeicher* (Myoglobin). In die zweite, langsame Phase fällt neben den obengenannten Vorgängen der Mehr-Atmung die *Laktatbeseitigung.* Dies ist die Abtragung der **laktaziden Sauerstoffschuld.** Insgesamt kann die Sauerstoffmehraufnahme nach starken Belastungen bis zu 60 Min. anhalten. In Extremfällen (vor allem bei KZA-Belastungen) kann das (aus alaktaziden und laktaziden Gründen) eingegangene Sauerstoffdefizit bis zu 20 Liter Sauerstoff betragen.

Abbildung 32
Abtragung der »Sauerstoffschuld« in exponentieller Form: Schnell verlaufende Phase der alaktaziden und langsam verlaufenden Phase der laktaziden O_2-Schuld.

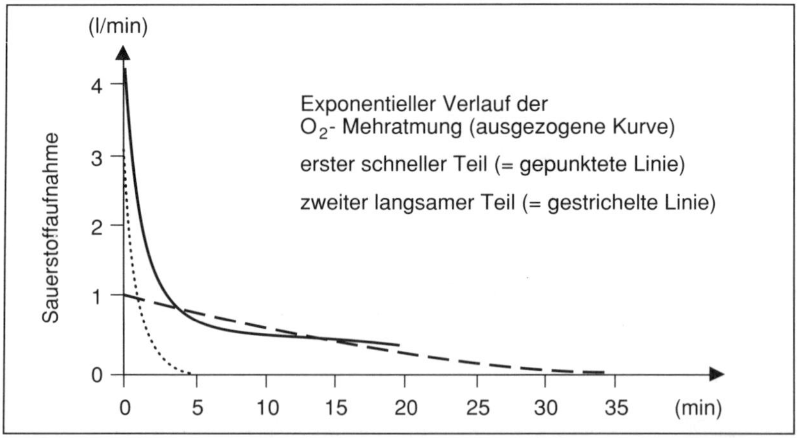

Aerobe Schwelle (AS), anaerobe Schwelle (ANS), aerob-anaerober Übergang (AANÜ)

Zur Beurteilung der LZA-Fähigkeit sind *Stoffwechselparameter,* die bei *Belastungsstufen unterhalb der maximalen Auslastung* gemessen werden, aussagekräftiger als die Feststellung der VO_2max. Es wurde ja schon früher (Seite 60) darauf hingewiesen, daß neben der Größe der VO_2max. auch der einsetzbare Prozentsatz der VO_2max. über längere Zeit wesentlich ist.

Für die Trainingspraxis (Steuerung der Ausdauerbelastungen) hat sich außerdem die genaue Kenntnis vom *Übergang der vorrangig aeroben zur zunehmend anaeroben Energiebereitstellung* als wichtig erwiesen. Aus beiden Gründen ist das **Konzept der AS, ANS und des AANÜ** entstanden (KINDERMANN 1978).

Solange bei niedrigen Belastungsintensitäten die Muskeltätigkeit vom aeroben Glykogen- und Fettstoffwechsel unterhalten wird, liegen im Blut Laktatwerte von weniger als 2 mmol/l vor (Normalwerte in Ruhe 1,0–1,78 mmol/l).

Die **aerobe Schwelle (AS),** gekennzeichnet mit *Laktatwerten von 2 mmol/l,* stellt nun die Grenze der rein aeroben Energiebereitstellung dar (Laktat, das bis dahin auch entstanden sein kann, wird im Muskel selbst beseitigt). Jenseits dieser AS tritt Laktat ins Blut über und sammelt sich an. In diesem **aerob-anaeroben Übergangsbereich (AANÜ)** halten sich *Laktatbildung und Laktatabbau die Waage.* Es liegt ein **Laktatgleichgewicht** *(Laktat-steady-state)* vor, soweit die vorliegende Intensität nicht gesteigert wird. Bei *4 mmol/l Blutlaktat,* an der **anaeroben Schwelle (ANS),** ist jedoch die obere Grenze, d. h. der *Punkt des maximalen Laktat-steady-states (Maxlass)* erreicht. Um den erforderlichen Ener-

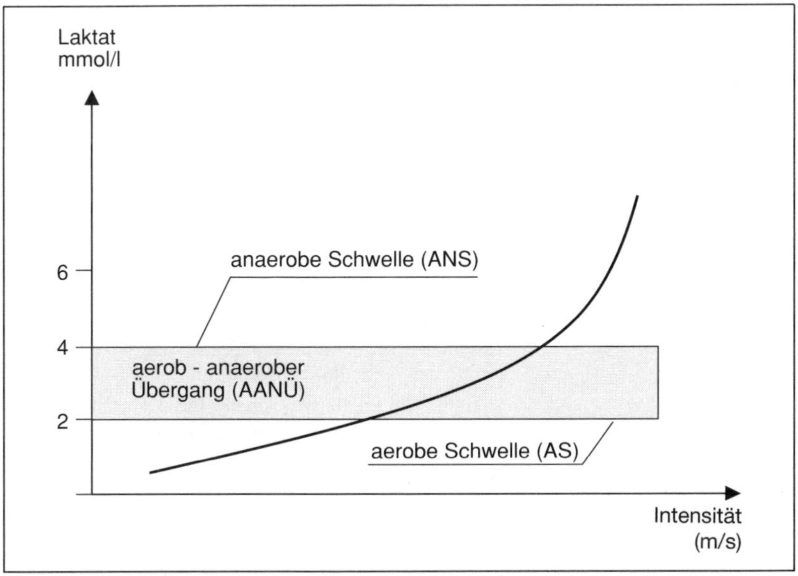

Abbildung 33
Laktatleistungskurve mit Laktat-Schwellenbereichen.

giefluß pro Zeiteinheit für Intensitäten jenseits der ANS halten zu können, ist glykolytische Energieproduktion in höherem Anteil notwendig. Trotz Einhalten der eingeschlagenen Intensität steigt der Blutlaktatspiegel laufend weiter an. Die Laktatbeseitigung kann mit der Laktatproduktion nicht mehr Schritt halten.
Die *Schwellenwerte* von *2 und 4 mmol / l* sind empirisch aus Atem- und Stoffwechselverhältnissen gefundene Größen (Abb. 33, S. 63). Sie haben mit geringen Abweichungen hohe Allgemeingültigkeit. Bei Untrainierten und Hoch-Ausdauertrainierten entspricht die starre Festlegung des ANS-Wertes bei 4 mmol meist nicht den individuellen Verhältnissen des Muskelstoffwechsels und der Laktatkinetik. *Die ANS Untrainierter* liegt nicht selten über 4 mmol/l (bei 5–6 mmol/l), die von Hochtrainierten deutlich *darunter* (2,5–3 mmol/l). Deshalb wurde die **individuelle anaerobe Schwelle (IANS)** eingeführt und als der *Punkt in der Laktatkurve* definiert, an dem die *kritische Steigung* beginnt (Abb. 34).
Die ANS kann nun zu verschiedenen anderen Leistungsparametern in Beziehung gesetzt werden. In der Trainingspraxis ist es die *Fortbewegungsgeschwindigkeit* (m/s oder km/h) oder die *Herzfrequenz / Minute (Hf / min),* soweit dieser Parameter als zuverlässig angesehen wird. Bei sportmedizinischen Untersuchungen kann der in Anspruch genommene *Prozentsatz der* VO_2max. herangezogen werden. Damit ist die *Höhe der ANS* konkret festgelegt. Aus mehreren Untersuchungen liegen Ergebnisse vor, die in Tab. 22 wiedergegeben sind. Abb. 35 zeigt typische Laktatkurven aus einigen Sportarten.
Zur Feststellung der Laktatschwellen ist es notwendig, die *Blutlaktatkonzentrationen* zu messen. Die Messung ist über eine enzymatische Bestimmung aus dem arterialisierten Kapillarblut des Ohrläppchens relativ einfach. Da mit dem Laktat nur eine Stoffwechselgröße bestimmt wird, müssen die *Einflußfaktoren auf die Konzentration* dieses Parameters berücksichtigt werden. Neben unbedeutenderen Einflüssen (z. B. Tageszeit, Schweiß-Laktat, Urin-Laktat) muß vor allem der aktuelle *intrazelluläre Glykogenspeicher* beachtet werden. Er beeinflußt wesentlich die Höhe der Laktatkonzentration und die Form der Laktat-Leistungskurve. Damit die Meßergebnisse vergleichbar bleiben und nicht zu Fehlinterpretationen führen, muß *vor den Tests* auf eine möglichst *optimale Glykogenspeicherauffüllung* geachtet und während der letzten beiden Tage ein *gleichgeartetes Trainingsprogramm* absolviert werden. Bei ständig niedrigen Glykogenvorräten kann nur

Tabelle 22 Werte für die aerobe und anaerobe Schwelle; ausgedrückt in Prozent der maximalen Sauerstoffaufnahme (VO_2max.) und in der dazugehörigen Herzfrequenz (Hf) (nach KINDERMANN et al. 1978, 34).

	Aerobe Schwelle
Untrainierte:	45–50% VO_2max.; 125–130 Hf
Trainierte:	60–65% VO_2max.; 150–160 Hf
	Anaerobe Schwelle
Untrainierte:	50–70% VO_2max.; 140–150 Hf
Durchschnittlich Trainierte:	70–80% VO_2max.; 170–175 Hf
Hochtrainierte:	85–95% VO_2max.; 180–190 Hf

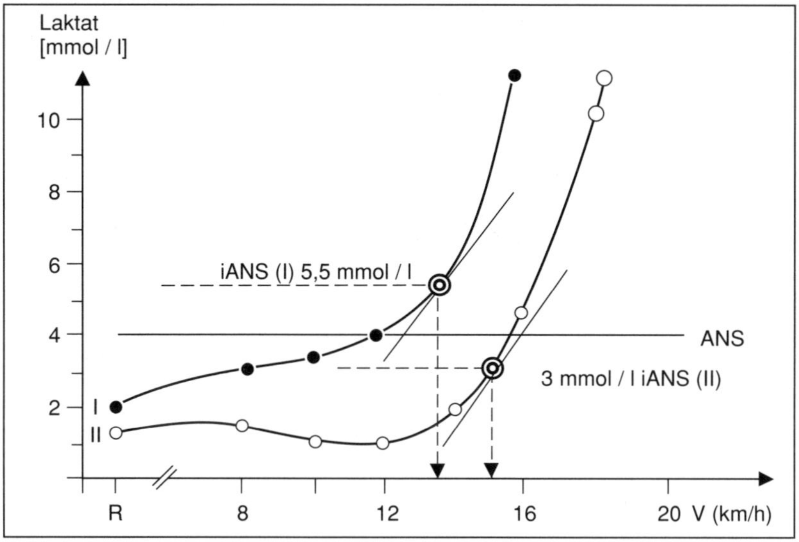

Abbildung 34
Laktatleistungskurven Untrainierter (I) und Hochtrainierter (II) mit den individuellen anaeroben Schwellen (IANS). Der kritische Anstieg der Laktatkurve wurde hier mittels einer Trangentenmethode festgelegt (vgl. HECK et al. 1985).

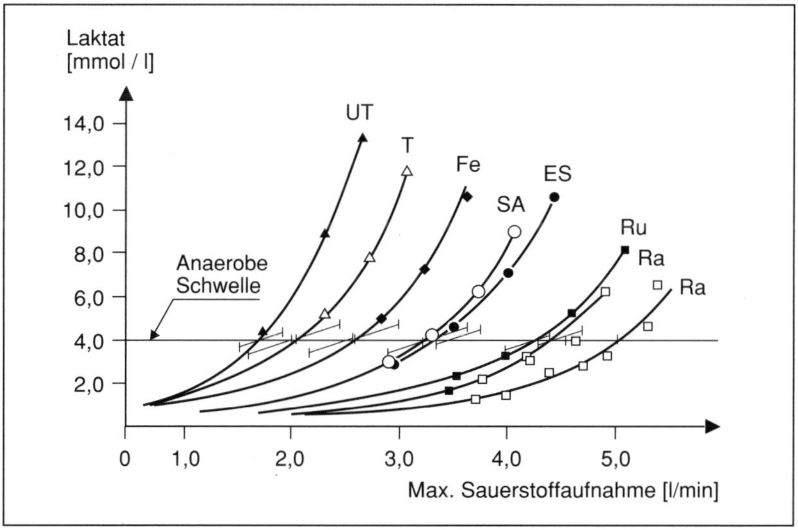

Abbildung 35
Das Verhalten der Laktatkonzentration in Abhängigkeit von der maximalen Sauerstoffaufnahmefähigkeit bei Untrainierten (UT) und ausgewählten sportrepräsentativen Leistungsgruppen verschiedener Sportarten:
(T) = Touristik,
(Fe) = Fechten,
(ES) = Eisschnellauf,
(SA) = Spielsportarten,
(Ru) = Rudern,
(Ra) = Radsport
(nach ROTH et al. 1981, 329).

wenig Laktat gebildet werden. Damit täuscht die Glykogenarmut im Muskel einen guten Ausdauertrainingseffekt vor (Abb. 36, S. 66). Es ist somit notwendig, bei der Laktatdiagnostik die vorausgegangene Trainingsbelastung und Ernährung exakt zu berücksichtigen.

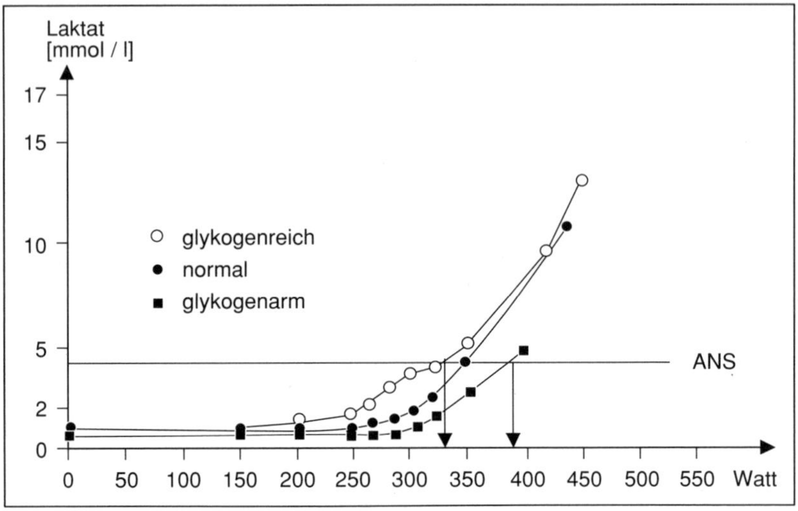

Abbildung 36
Der Einfluß unterschiedlicher Ernährungssituationen auf Form und Lage der Laktatleistungskurve, dargestellt an einem Einzelfall (aus BRAUMANN et al. 1987, 37).

Zur ***Problematik*** der verschiedenen *Schwellenkonzepte* (ca. 15), insbesondere zur Bestimmung der *individuellen anaeroben Schwelle* (IANS) zur Festlegung des *maximalen Laktat-steady-state* nimmt Heck (1990, 138ff.) ausführlich Stellung. Die Unterschiede beziehen sich vor allem auf den methodischen Bereich.

Muskelfasertypen

Ausdauerleistungen im KZA- bis LZA-Bereich sind wegen der Energiebereitstellung auch abhängig von der Fasertypenzusammensetzung der Skelettmuskulatur. Die einzelnen *Fasertypen* (Tab. 23) weisen nämlich in Abhängigkeit von ihrer funktionellen Beanspruchung neben den Unterschieden in der *Innervation (von der zuständigen motorischen Vorderhornzelle ausgehend) und im Zuckungsverhalten* auch *Stoffwechseleigenheiten* auf.

Tabelle 23 Muskelfasertypen mit ihren verschiedenen Bezeichnungen.

Rot	Weiß	
tonisch	phasisch	
langsam kontrahierend »slow twitch« (ST)	schnell kontrahierend »fast twitch« (FT) oxidativ (aerob) FTO	 glykolytisch (anaerob) FTG
Typ I	Typ II_A	Typ II_B

Charakterisierung

Aus Tab. 24 geht hervor, daß die **ST-Fasern** sich auszeichnen durch

- *Reichtum an aeroben Enzymen* (des Glykogen- und Fettstoffwechsels),
- durch die *Vielzahl und Größe der Mitochondrien* (= Orte der aeroben Energiebereitstellung in der Muskelzelle),
- *viel Myoglobin* (als Sauerstoffleiter und -speicher),
- *Glykogenreichtum* und relativ *hohen Triglyzeridbesatz.*

Sie sind die *ermüdungsresistenten Fasern* der aeroben Energiebereitstellung.

Innerhalb der schnellzuckenden, leichter ermüdbaren und myoglobinärmeren **FT-Fasern** nehmen die **FTO-Fasern** eine Art Mittelstellung ein, da sie mit *aeroben und anaerob-glykolytischen* Enzymen gleichermaßen ausgestattet sind. Die **FTG-Fasern** haben eine einseitig starke Ausprägung der *anaeroben Enzyme, größere Phosphat- und Glykogenspeicher.* Sie sind eben die *schnell ermüdenden Kurzzeitleister* mit einer hohen Energieabgabe in der Zeiteinheit.

Tabelle 24 Die wesentlichen Merkmale der einzelnen Muskelfasertypen (nach Badtke 1987, 35).

ST-Fasern	FT-Fasern	
	FTO	FTG
Langsam kontrahierend Kontraktionsdauer 75 ms	schnell 30 ms	sehr schnell kontrahierend 20 ms
wenig Kraft pro Kontraktion Zugspannungsfaktor 1	kräftige Kontraktion Faktor 4	sehr große Kraft pro Kontraktion Faktor 12
ermüdungsresistent	ermüdbar	schnell ermüdet
kleine Motoneurone kleine mot. Endplatten Reizschwellen niedrig	große Motoneurone größere höher	große mot. Endplatten hoch
sehr viele Mitochondrien sehr viel Myoglobin sehr viele Kapillaren	viele mäßig viel viele	wenig wenig wenig
wenig Phosphagene	viele	sehr viele
Myosin-ATP-ase Aktivität gering	hoch	sehr hoch
viel Fett und KH	viel KH	sehr viel KH gespeichert
mit hochaktiven Enzymen des aeroben Fett- und KH-Stoffwechsels ausgestattet	mit Enzymen des aeroben und anaeroben Stoffwechsels versehen	Dominanz von Enzymen des anaeroben Stoffwechsels
Querschnitt 3100 bis 5000 μ^2	4400 bis 5900 μ^2	3500 bis 5300 μ^2

Die Fasertypen kommen gemäß ihrer Ausstattung auch entsprechend zum Einsatz. Bei Bewegungen, die *wenig Kraft* erfordern und *langsam* ablaufen, werden vorrangig die *ST-Fasern* angesteuert. Erst wenn deren Arbeitskapazität nicht mehr ausreicht, oder wenn *von Anfang an hohe Anforderungen* (*Kraft* oder *Schnelligkeit*) gestellt sind, werden *FT-Fasern* miteinbezogen. Im Ausdauerlauf ist dies erst der Fall, wenn eine Herz-Kreislauf-Auslastung (= Prozentsatz der VO_2max.) von 90% vorliegt. Die *FTG-Fasern* werden nur angesteuert, wenn *maximale* Bewegungseinsätze verwirklicht werden.

Fasertypenverteilung

Die Zusammensetzung des Skelettmuskels aus den Fasertypen ist *stark anlagebedingt.* Das gilt für beide Geschlechter. Der überwiegende Teil der Bevölkerung zeigt (nach BADTKE 1987, 38) ein Ausstattungsverhältnis von etwa 50–60% ST-Fasern und 40–50% FT-Fasern (davon 60% FTO, 40% FTG). In Einzelfällen kann das Verteilungsmuster jedoch bis zu 90:10 bzw. 10:90 abweichen (HOLLMANN/HETTINGER 1980, 181). Solche Personen sind dann die geborenen Sprinter bzw. Marathonläufer. Für Weltspitzenleistungen im Schnelligkeits- und Ausdauerbereich sind derartige extreme, anlagebedingte Verteilungsmuster Voraussetzung.

Das *Faserspektrum* zeigt auch eine gewisse *Anpassung* an die regelmäßige Tätigkeit. Darum weichen Fasertypenmuster Trainierter unter Umständen stark ab. Bei *Ausdauertrainierten* hat man z. B. im musculus vastus lateralis (= äußerer Kopf des vierköpfigen Oberschenkelmuskels) über 90% *ST-Fasern* (SALTIN 1977) und auch 80% ST-Fasern gesamtkörperlich (HINTERMANN 1984) festgestellt. Bei *Weltklassesprintern* zeigt sich natürlich eine *starke FT-Dominanz.* Abb. 37 zeigt den Zusammenhang zwischen Fasertypenverteilung und Sportart.

Abbildung 37 Schematische Darstellung des Zusammenhangs Faserverteilung und Sportart (nach BADTKE et al. 1987, 38).

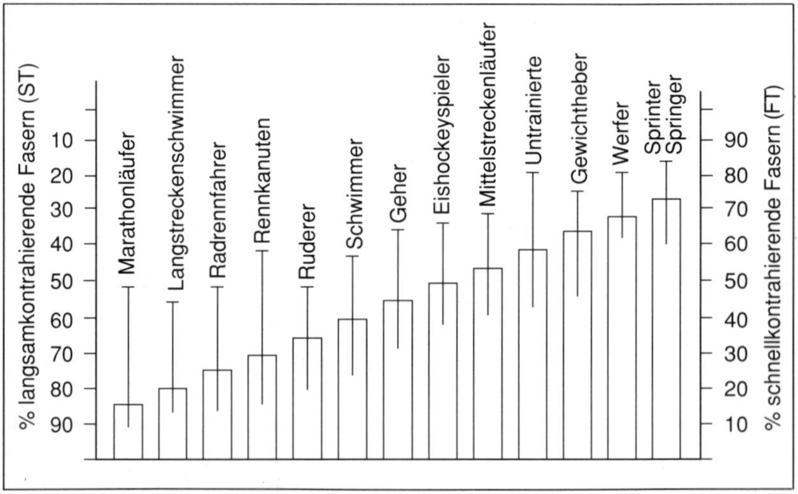

Trainingsanpassungen

Für das Training ist von Bedeutung, daß mit praktikablen Methoden (Ausnahme: Elektrostimulation unter Laborbedingungen) eine *Umwandlung* des einen in den anderen Fasertyp *nicht möglich* ist. Durch gezielte Beanspruchung können allerdings die Fasern *metabolisch differenziert* werden. Das betrifft in erster Linie die *FTO- und FTG-Fasern.* Bei entsprechender Belastungsgestaltung können die vorwiegend *oxidativ arbeitenden FTO-Fasern mehr anaerob* und die *glykolytisch ausgestatteten FTG-Fasern in aerobe Richtung* verschoben werden. Schnelligkeits-, Schnellkraft- und Maximalkraftbelastungen prägen in Richtung FTG, langsame Kraft- und Ausdauerbelastungen in Richtung FTO. Wird die entsprechende Beeinflussung (Trainingsform) abgesetzt, so *bilden sich die erzwungenen Änderungen wieder zurück.* Trainingsbedingte Veränderungen sind in ca. 4–8 Wochen deutlich meßbar. In Tab. 25 sind die einzelnen Anpassungsreaktionen auf die spezifischen Belastungen zusammengestellt. Solange kein hohes Ausprägungsniveau der einzelnen konditionellen Fähigkeiten vorliegt, stören sich die Anpassungsreaktionen der zwei Fasertypen gegenseitig noch nicht. Deshalb können im Grundlagentraining auch noch »gegensätzliche« konditionelle Fähigkeiten (z. B. Ausdauer und Maximalkraft) nebeneinander her entwickelt werden. Auf höherem Ausprägungsniveau kommt es allerdings zu einer gegenseitigen Beeinträchtigung.

Tabelle 25 Anpassungsreaktion der Muskelfasertypen auf spezifische Belastungsreize.

Training von Schnelligkeit, Schnellkraft, Maximalkraft	Training von Kraftausdauer, Ausdauer
■ Flächenvergrößerung der FT-Fasern wegen Vermehrung der kontraktilen Elemente ■ Vermehrung der anaeroben Enzyme im Zellplasma ■ Glykogenvermehrung in den FT-Fasern ■ metabolische Differenzierung der FT-Fasern in Richtung FTG-Fasern ■ Abnahme der Mitochondrien ■ Rückgang der Kapillarisierung (Kapillarenzahl pro Faser) ■ Zunahme der Diffusionsstrecke für Sauerstoff durch die Hypertrophie	■ Flächenvergrößerung der ST-Fasern wegen Vermehrung und Vergrößerung der Mitochondrien ■ Vermehrung der aeroben Enzyme in den Mitochondrien ■ Myoglobinvermehrung ■ Glykogenvermehrung in den ST-Fasern ■ metabolische Differenzierung der FT-Fasern in Richtung FTO-Faser ■ Zunahme der Kapillarisierung (Kapillarenzahl pro Faser, erhöhte Durchlässigkeit der Kapillarwand, Schlängelung) ■ Abnahme der Diffusionsstrecke für Sauerstoff
Führt bei hohem Leistungsniveau zu einem Rückgang der aeroben Ausdauerfähigkeiten	Führt bei hohem Leistungsniveau zu einem Rückgang der Schnelligkeit, Schnellkraft und Maximalkraft

Neurohormonelle Regulation

Sportliche Tätigkeiten und damit auch Ausdauerbelastungen werden nicht nur von der Skelettmuskulatur, dem Atmungs- und Herz-Kreislauf-System bestimmt, sondern sie unterliegen auch der **Steuerung** durch das **vegetative Nervensystem** und **Hormonsystem.** Bei der Gesamtregulation des belasteten Organismus liegt immer ein *eng verflochtenes Zusammenwirken beider Systeme* vor, weshalb von **neurohormoneller Regulation** gesprochen wird. *Hypothalamus* und *Hypophyse* zusammen bilden dabei das führende *Regelungsorgan* in diesem *vegetativ-hormonellen System* (Abb. 38).

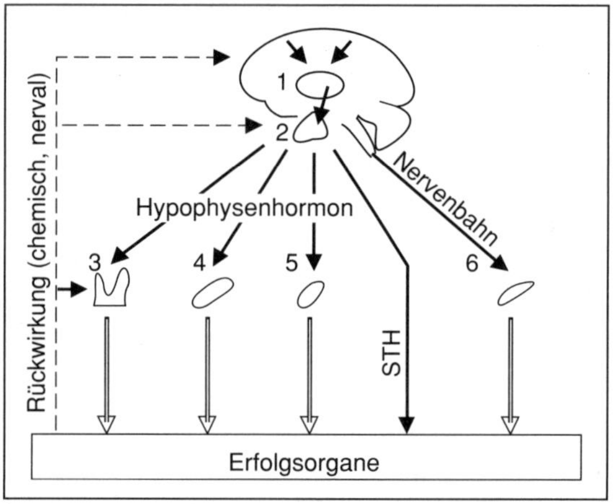

Abbildung 38 Schematische Übersicht zur führenden Regelung des neurohormonellen Systems durch Hypothalamus (1) und Hypophyse (2). 3 = Schilddrüse, 4 = Nebennierenrinde, 5 = Keimdrüsen, 6 = Nebennierenmark (modifiziert nach BADTKE et al. 1987, 223).

Vegetatives Nervensystem

Das vegetative Nervensystem hat *funktionell zwei* Teilsysteme: **Sympathikus** und **Parasympathikus** (Hauptvertreter *Nervus vagus*).
Beide beeinflussen die meisten Organe und stellen sie in gegenseitiger Abstimmung auf die jeweiligen Erfordernisse ein. Der *Sympathikus* gilt als der *»Aktivierungsnerv«,* der vor allem Atmungs-, Herz-Kreislauf-System, Hormonsystem und die Skelettmuskulatur aktiviert. Der *Parasympathikus* als *»Erholungsnerv«* wirkt auf diese dämpfend und aktiviert im Sinne seiner Aufgabe vor allem das Verdauungssystem, die Leber und die Nieren. Bei *Trainierten* zeigt sich gegenüber Untrainierten eine *sichere und schnellere Einstellung des Sympathikotonus* (= erhöhte Reaktionslage des Aktivierungsnerves) und ein *Überwiegen des Vagotonus* (= Reaktionslage des dämpfenden Nervus vagus) *in der Ruhephase.* Mit letzterem ist eine Verkürzung der Erholungs- und Resynthesezeit verbunden. Vagotonie senkt z. B. die Ruhe-Herzfrequenz nach wenigen Wochen des Grundlagenausdauertrainings. Sie steigert auch die Resorption von Nahrungsstoffen und den Aufbau körpereigener Substanzen.

Relevante Hormone

Sportliche Leistungen sind einerseits nur *durch die hormonelle Steuerung* möglich, andererseits tritt, wie bei anderen Organsystemen, durch sportliche Belastungen ein *rückwirkender Einfluß auf das Hormonsystem* ein. In der Hauptsache zeigt sich die Anpassung auf entsprechende Belastungsreize in einem *besseren Funktionieren,* in einer *erweiterten Reaktionsbreite* und oft auch in einer *Vergrößerung der Hormondrüsen.* Letztendlich schützt das Hormonsystem auch vor vollständiger und damit lebensbedrohender Ausbeutung der Energiespeicher. *Der Eingriff in die **autonom geschützten Reserven** des Organismus ist gewissermaßen hormonell verwehrt.*
Aus der großen Zahl von Hormonen, die als Regulationsstoffe in viele Lebensvorgänge eingreifen, sollen hier nur die erwähnt werden, die im Zusammenhang mit Ausdauerbelastungen eine Rolle spielen können. Auch innerhalb der oft vielseitigen Wirkungen der Hormone wird nur auf den Bezug der Ausdauer eingegangen.

Somatotropin (STH) aus der *Hypophyse*
Dieses *Wachstumshormon* drosselt den Glucoseabbau, steigert die *Glykogenresynthese* und mobilisiert die Fettsäuren aus dem Fettgewebe und die *Fettsäurenverbrennung.* Bei mittelintensiven Ausdauerbelastungen wird ein hoher Anstieg im Blut verzeichnet. Damit wird die Fettverbrennung gesichert. Eine Trainingsanpassung zeigt sich in einer vermehrten Ausschüttung über längere Zeit hinweg.

Thyroxin (T 3/T 4) aus der *Schilddrüse*
Die Schilddrüsenhormone fördern die *Sauerstoffaufnahme im Gewebe* und damit die ATP-Resynthese; sie steigern die *Glykogenspaltung in Muskel und Leber* und die Glucoseaufnahme im Darm. Auch die Mitochondrienmasse in Muskel und Leber wird durch ihre Wirkung vergrößert. Trainingsanpassungen zeigen sich im erhöhten Thyroxin-Umsatz bei Belastung und in leichten Drüsenvergrößerungen.

Adrenalin / Noradrenalin aus dem *Nebennierenmark (NNM) und Paraganglien des Sympathikus*
Die Ausschüttung dieser *Katecholamine* ins Blut wird über den Sympathikus gesteuert. Psychische und physische Belastung können dazu führen. Sie beeinflussen gemeinsam das Herz-Kreislauf-System und den Stoffwechsel mit etwas unterschiedlicher Wirkung. *Adrenalin* steigert besonders die Herzfrequenz und die Kontraktion des Herzmuskels; innerhalb des Stoffwechsels spaltet es das Glykogen *(Glykogenolyse)* in der Leber und im Muskel (synergistische Wirkung zum Thyroxin) und mobilisiert die *freien Fettsäuren aus dem Fettgewebe* (synergistische Wirkung zum STH). *Noradrenalin* verengt die Gefäße *(Vasokonstriktion),* steigert damit den Blutdruck und mobilisiert (zusammen mit Adrenalin) vorwiegend die *freien Fettsäuren aus dem Fettgewebe.* Es senkt die Herzfrequenz; hat aber nur schwache zentralnervöse Wirkung.

Durch diese Wirkungen bereiten die Katecholamine den Organismus auf Leistung vor. Deshalb ist für hohe sportliche Leistung die *Katecholaminausschüttung eine unerläßliche Notwendigkeit.* Die Trainingsanpassungen zeigen sich darin, daß die gleiche Leistung mit geringeren Katecholaminmengen erbracht und andererseits im Bedarfsfalle beträchtliche Mengen mehr ausgeschüttet werden können.

Aldosteron aus der *Nebennierenrinde (NNR)*
Dieses Mineralkortikoid ist am wirksamsten im *Elektrolytstoffwechsel,* vor allem bezüglich des *Natrium- und Kaliumhaushaltes.* Es spielt eine entscheidende Rolle für die Aufrechterhaltung des Blutvolumens (Blutplasma). Bei starken belastungsbedingten Wasserverlusten (Schweißverluste) liegt deshalb ein hoher Anstieg der Ausschüttung vor. In schlechtem Trainingszustand kann es zur *Erschöpfung des Hormons* und damit zu *Störungen im Elektrolyt- / Wasserhaushalt* sowie in der *Wärmeregulation* kommen. Hochtrainierte Ausdauersportler zeigen im allgemeinen keine Aldosteron-Erschöpfung.

Kortisol aus der *Nebennierenrinde (NNR)*
Dieses Glukokortikoid fördert die *Glukoneogenese* (= Neubildung von Glucose bzw. Glykogen in der Leber aus Aminosäuren) und greift abbauend in den Eiweißstoffwechsel ein. Dies kommt vor allem bei Marathon- und Ultra-LZA-Leistungen zur Geltung. Weiterhin liegt eine Mitwirkung an der *Fettsäuremobilisation* aus den Fettdepots vor (synergistische Wirkung zu STH und Katecholaminen). In langanhaltendem oder auch intensivem Training und bei entsprechenden Wettkämpfen kommt es also natürlicherweise zu einem Kortisolanstieg. Ist bei regelmäßiger Beobachtung (Kortisolmessung) ein *Aktivitätsabfall des Hormons* zu verzeichnen, so kann daraus auf das *Entstehen eines Übertrainingszustandes* geschlossen werden. Eine Trainingsanpassung zeigt sich wiederum dadurch, daß bei langandauernden Belastungen der notwendige Kortisolanstieg geringer ist als vorher und ein Abfall in der Ausschüttung (wie bei Untrainierten) nicht zu verzeichnen ist. Außerdem ist die Nebennierenrinde deutlich hypertrophiert, was bei hohen Belastungen die Freisetzung größerer Kortisolmengen ermöglicht. Zu einer totalen Ausschöpfung der Kortisolreserven in der NNR und damit der Glukoneogenese kann es durch den hormonellen Rückkoppelungsmechanismus (über Hypothalamus und Hypophyse) nicht kommen. Es liegt also auch von dieser Seite ein hormongesteuerter Schutzmechanismus in bezug auf den Eingriff in die autonom geschützten Reserven vor.
Kortisol hat auch unterdrückende Wirkung auf das Immunsystem.

Insulin aus der *Bauchspeicheldrüse*
Die Hauptwirkung dieses Hormons ist in der Steigerung der *Zellwanddurchlässigkeit für Glucose* (auch Aminosäuren und Fettsäuren) zu sehen. Auf diese Weise wird der *Blutzucker,* der über die Nahrung oder den Leberglykogenabbau (Hormon Glukagon) vorliegt, *schneller in die Muskelzellen* gebracht. Anpassung an Training drückt sich durch den geringeren Insulinbedarf bei gleicher Wirkung aus, was seinerseits geringere Ausschüttungsmengen und höhere Insulinempfind-

lichkeit des Gewebes bedeutet. Neben dem Einfluß auf den Zuckerstoffwechsel zeigt Insulin auch eine fördernde Wirkung auf den *Eiweißaufbau* (im Muskel) und die *Fetteinlagerung* (aus über die Nahrung aufgenommenen Zucker) ins Gewebe. Die Freisetzung von freien Fettsäuren aus dem Depotfett wird gehemmt (antagonistische Wirkung zu STH, Katecholaminen, Kortisol).

Wiederherstellung des hormonalen Gleichgewichts

Die Ausführungen zu den erwähnten Hormonen machen deutlich, daß einmal *ausreichende Mengen* dieser Stoffe *Voraussetzung* für hochintensive wie auch weniger intensive Ausdauerleistungen sind, zum zweiten ein *Aktivitätsverlust* der Hormone zur *Ermüdung* führt. Am deutlichsten ist letzteres bei Katecholaminverarmung zu erkennen.

Ein weiterer, wesentlicher Gesichtspunkt für die Trainingspraxis ist die Resynthesedauer der beanspruchten Hormone. Für die Gesamterholung nach Belastung spielt sie eine wesentliche Rolle, da erst nach voller Resynthese hochintesive Anstrengungen erneut möglich sind. Es ist bekannt, daß nach *starken neurohormonellen Beanspruchungen* (bei hoher Intensität oder extrem langer Dauer), insbesondere der Katecholamine, mit einer *Erholungsdauer von ca. 72 Stunden* zu rechnen ist. Im Falle starker Kortisolausschüttung (z. B. bei Marathonwettkämpfen) kann sich diese Zeitspanne auf 5–7 Tage erstrecken.

Nicht alle Ausdauerbelastungen (vor allem im Training) stören in dem erwähnten Ausmaß den Hormonhaushalt. Maßgebend ist die Belastungsintensität (KINDERMANN 1978, 354):

»Bei 50–60%igem Einsatz der VO_2max., was mit *extensivem Ausdauertraining im Bereich der aeroben Schwelle* etwa identisch ist, wird das Vegetativum mit *Katecholaminausschüttung kaum* beansprucht. Solche Trainingsbelastungen haben sogar *regenerationsfördernde* Wirkung.«

Bei einem VO_2max.-Einsatz von mehr als 70–75%, der im *Ausdauertraining bei Intensitäten an der anaeroben Schwelle* oder *bei Intervallmethoden* vorliegt, steigt die Adrenalin- und auch Kortisolausschüttung deutlich an. Nach solchen Belastungen von entsprechend langer Dauer ist mit einer *»hormonellen Erholungsspanne« von länger als 24 Stunden* zu rechnen. Glykogenspeicher und Elektrolythaushalt können bei entsprechenden Ernährungsmaßnahmen (Kohlenhydratdiät, Elektrolytzufuhr) zu dieser Zeit bereits wieder ausgeglichen sein. Erneutes Training intensiver Art oder auch Wettkämpfe sollten deshalb erst nach 2–3 Tagen durchgeführt werden.

Auch bei *Doppelbelastungen* (z. B. Vor-, Zwischen-, Endläufe bei Wettkämpfen) muß auf den Eingriff in den Hormonhaushalt Rücksicht genommen werden. *Unvollständige Erholung* kann nämlich bei gleicher äußerer Belastung unterschiedliche Stoffwechselregulationen hervorrufen und damit Einfluß nehmen auf die gewohnte Leistungsfähigkeit.

Wärmeregulation und Elektrolyt-/Wasserhaushalt

Bei längerdauernder körperlicher Aktivität steigt in Abhängigkeit von der Belastungsintensität der Energieumsatz an. Wegen des *ungünstigen mechanischen Wirkungsgrades* der »Maschine Mensch« (in der Sportpraxis bestenfalls ca. 25%) fallen zwischen 75 und 97% der umgesetzten Energie in Wärme an. Dies führt nach Erhöhung der Muskeltemperatur und der Körperschalentemperatur auch zur *Steigerung der Körperkerntemperatur,* also zu einem belastungsbedingten Wärmestau (= Belastungshyperthermie). Bei einem Marathonlauf werden z. B. ca. 2000 kcal (8500 kJ) an Wärmeenergie produziert. Die sich daraus ergebende Problematik ist bei hohen Umgebungstemperaturen oder mit atmungsinaktiver Kleidung noch verstärkt.
Der **Wärmestau** hat verschiedene körperliche Auswirkungen, die sich letztlich in einer **Beeinträchtigung der Ausdauerleistungsfähigkeit** niederschlagen:

- Es kommt zu einer *Blutverschiebung* aus der arbeitenden Skelettmuskulatur in die Haut. Dorthin muß die Wärme des Körperinneren zur Ableitung an die Umgebung transportiert werden. Das *Herzminutenvolumen* kann dadurch bis *um ca. 15% gesteigert* sein. Die Sauerstoffversorgung der Skelettmuskulatur ist dennoch schlechter.
- Wegen der Wärme haben die Venenwände größere Dehnbarkeit, der *Blutrückstrom* zum Herzen ist damit *verschlechtert.* Es können daraus sogar orthostatische Kollapssituationen entstehen.
- Wegen der notwendigen höheren Wärmeableitung kommt es zur *Hyperventilation* (= übermäßige Steigerung der Atmung) und einer damit verbundenen vermehrten Abatmung von Kohlendioxid. Dies hat Rückwirkungen auf den Säure-Basen-Zustand des Blutes (respiratorische Alkalose) in der Art, daß sich daraus eine hohe Bereitschaft für muskuläre Krampfzustände ergibt.
- Die überhöhte Körpertemperatur (Kerntemperatur von 40 ° Celsius durchaus möglich) kann auch die *enzymatisch gesteuerten Stoffwechselvorgänge stören,* da die Schlüsselenzyme jeweils ein Temperaturoptimum für ihre katalytische Wirkung (meist bis 39 ° Celsius) haben.
- Die gesteigerte Wärmeabfuhr ist nur über Schweißverdunstung (neben Abstrahlung und Ableitung) zu unterhalten, was eine *vermehrte Schweißproduktion* verlangt.

Bezüglich des **Schweiß-** und damit verbundenen **Elektrolytverlustes** sind noch folgende Tatsachen von Interesse:

- Bereits ein *Wasserverlust von 2%* des Körpergewichtes (wenn es innerhalb kurzer Zeit eintritt) bzw. *4%* (wenn er sich über Stunden erstreckt) *beeinträchtigt die Ausdauerleistungsfähigkeit.* Diese 2–4% bedeuten bei einer 70 kg schweren Person etwa 1,5–2,5 Liter. Durchschnittliche Gewichtsverluste in verschiedenen Sportarten gibt Tab. 26 wieder. Unter extremen Umgebungstemperaturen können bei sportlichen Leistungen Schweißverluste bis zu 2 l/Std. durchaus auftreten.
- Für einen *Marathonlauf* werden gewöhnlich 2000 kcal (8500 kJ) Wärmeproduktion angegeben. Da 1 Liter verdunsteter Schweiß dem Körper 580 kcal

Tabelle 26 Gewichtsverluste in verschiedenen sportlichen Disziplinen (nach JAKOWLEW, 1952).

Sportart	Gewichtsverlust	Sportart	Gewichtsverlust
100-m-Lauf	ca. 0,15 kg	Basketball	ca. 1,7 kg
10 000-m-Lauf	1,5 kg	Fußball	3,0 kg
Marathonlauf	4,0 kg	Ringen (Mittelgewicht)	1,8 kg
Skilauf 10 km	1,0 kg	Boxen (Mittelgewicht)	1,6 kg
Rudern 2000 m	0,8 kg	Eishockey	1,8 kg
Fechten	1,0 kg		

(2430 kJ) entzieht, meist aber nur die Hälfte des produzierten Schweißes wirklich verdunstet (abtropfender Schweiß ist für die Kühlung nutzlos), wären für die Abfuhr obengenannter Wärmemenge ca. 7 Liter notwendig. In der Realität (Flüssigkeitszufuhr, Bildung von Oxidationswasser durch die Glykogenverbrennung; 1 g Glykogen enthält 2,7 g Wasser) rechnet man mit *3–4 Liter Verlust.* 4 Liter bedeuten für einen 65–70 kg schweren Läufer immerhin noch *5,5–6% des Körpergewichtes.* Körperliche Symptome, wie sie bei bzw. nach Marathonläufen und ähnlichen LZA-Belastungen auftreten (Tab. 27) werden damit verständlich.

- Das mit dem Schweiß abgegebene Wasser beeinträchtigt am Anfang (bis 2% Verlust) das Blutvolumen nicht. Es stammt aus dem Zwischenzellraum des Gewebes. Im weiteren wird aber das Blutplasma der unmittelbare Flüssigkeitslieferant für die Schweißbildung. Damit kommt es zur *Bluteindickung* und deshalb zu *verstärkter Herzarbeit.* Daß ein dehydrierter (ausgetrockneter) Organismus eine verminderte Sauerstoffaufnahme hat, geht aus Abb. 39, S. 76 hervor.
- Mit dem *Schweiß* gehen dem Körper auch *Elektrolyte (Salze)* verloren. Sie verursachen eigentlich die Reaktionen, die den Wasserverlusten zugeschrieben werden. In erster Linie handelt es sich um *Kochsalz (NaCl), Kalium (K), Magnesium (Mg)* und um die *Spurenelemente Eisen (Fe) und Zink (Zn).* Natrium, Kalium, Chlor sind an der Regelung des osmotischen Druckes an den Zellwänden beteiligt, Magnesium, Eisen und Zink sind wichtige Bausteine für Enzyme und Myoglobin/Hämoglobin (Eisen). Störung der Normalkonzentrationen in der Körperflüssigkeit ruft natürlich sofort eine *Beeinträchtigung der Muskeltätigkeit* und des *Sauerstofftransportes* hervor.

Tabelle 27 Anzeichen von Wasserverlust im Körper.

Verlustmenge in % Körpergewicht	Symptome
2–5%	Durstgefühl, hoher Puls, Appetitlosigkeit, Müdigkeit, Muskelkrämpfe, Schwächegefühl, Aggressivität
6% u. mehr	Übelkeit, Schwindelgefühl, Kopfschmerzen, ausbleibende Speichelbildung, starke Krämpfe, verschleiertes Sehen, Koordinationsstörungen, Kreislaufversagen, psychische Störungen

Abbildung 39 Sauerstoffverbrauch bei Wassermangel. Unter Normalbedingungen kann die Belastung während 5½ Minuten durchgehalten werden. Bei Wassermangel (leichte Dehydratation) kann die gleiche Leistung dagegen nur während 3½ Minuten erbracht werden. Die Pfeile zeigen jeweils die maximale Arbeitsdauer an (nach MOESCH, aus KONOPKA 1985, 101).

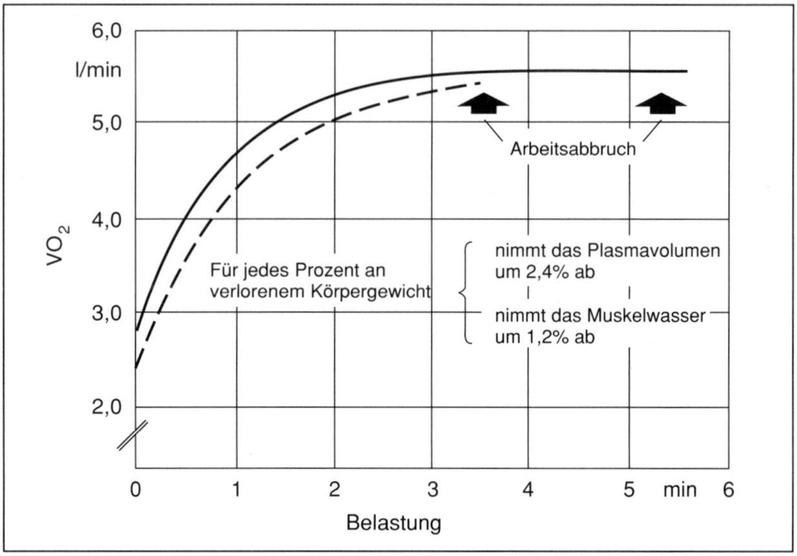

- Der *Schweiß* enthält *nicht die gleiche Elektrolytkonzentration wie etwa das Blutplasma* (Tab. 28). Na und Cl werden in geringerer Konzentration (Schweiß ist mit 3 g NaCl/l eine sog. hypotone Lösung gegenüber dem Blutplasma mit 9 g NaCl/l), K und Mg in gleicher bzw. höherer Konzentration verloren. Dies liegt an der Fähigkeit der Schweißdrüsen, Kochsalz z. T. zurückhalten zu können. Beim Ausdauertrainierten ist dies sogar stärker ausgebildet als beim Untrainierten. Es ist wesentlich, beim *Elektrolyt-/Flüssigkeitsersatz die verlorenen Konzentrationsverhältnisse zu berücksichtigen.* Deshalb ist nicht nur ein mangelhafter Elektrolytersatz über ungeeignete Getränke mit zu geringem Mineralgehalt (z. B. Coca Cola, einfache Limonaden) oder reines Wasser ein Nachteil, sondern auch die Zufuhr von zu hohen Elektrolytkonzentrationen, wie sie in manchen Mineraldrinks vorzufinden sind. In jedem Falle werden die notwendigen *normalen Konzentrationsverhältnisse der Körperflüssigkeit gestört,* was die Funktionsfähigkeit des Organismus beeinträchtigen kann. (Hinsichtlich des angepaßten Elektrolytersatzes über fertige Mineraldrinks bzw. natürliche Getränke wird auf die Ausführungen von KONOPKA, 1985, 126 verwiesen).

Tabelle 28 Konzentration der Elektrolyte (mÄq/l) im Blutplasma und im Schweiß (nach COSTILL, aus KONOPKA 1985, 96).

	Natrium	Chlor	Kalium	Magnesium	total
Plasma	140	100	4	1,5	245,5
Schweiß	40–60	30–50	4–5	1,5–5	75,5–120

Bezüglich der angesprochenen Verhältnisse in der **Wärmeregulation** und im **Elektrolyt-/Wasserhaushalt** zeigen Ausdauertrainierte gegenüber den Untrainierten auch gewisse **Anpassungen:**

- Es können *höhere Körperkerntemperaturen* erreicht und mit geringeren Beeinträchtigungen *toleriert* werden.
- Die *Schweißproduktion* kann *verdoppelt* werden, da die Schweißdrüsen sich vermehren und besser funktionieren. Während Untrainierte ca. 0,8 l Schweiß/Std. produzieren, beläuft sich die Produktionsmenge Trainierter auf 2–3 l/Std. Dies ist notwendige Voraussetzung, um die höheren energetischen Leistungen erbringen zu können.
- Bei *Wasserverlusten von 3%* des Körpergewichts sind durchaus *noch Höchstleistungen möglich.*
- Auch *höhere Wasserverluste* schlagen sich *nicht so sehr in einer Verringerung des Blutplasmas* nieder.

Trotz dieser Kompensationsmechanismen gegenüber den thermisch- und flüssigkeitsbedingten Nachteilen für die körperliche Leistungsfähigkeit muß der trainierte Ausdauersportler darauf achten, daß durch **rechtzeitiges und ausreichendes Trinken**

1. die *Temperatursteigerung* niedriger gehalten bzw. *verzögert wird* (Trinken verbessert den Wärmeabtransport über den Blutkreislauf und regt die Schweißausscheidung an),
2. dem *Elektrolytmangel* mit seinen Nachteilen *vorgebeugt bzw. begegnet* wird.

Für die Flüssigkeitszufuhr während langer Ausdauerbelastungen gilt die Regel:
- 1 Liter/Stunde eines Getränks, das die Schweißelektrolyte ersetzt,
- verteilt auf ca. ¼ Liter pro 15 Min.,
- Beginn der Aufnahme vor einem ausgeprägten Durstgefühl (meist nach ca. 45–60 Min.).

Diese Forderungen aus der Theorie sind *in der Wettkampf- und Trainingspraxis* natürlich *nicht immer zu erfüllen.* Sie sollten in individueller Abstimmung auf die bereits vorliegenden Anpassungsverhältnisse (untrainiert–hochtrainiert) jedoch Leitlinie für das Verhalten sein.

Funktion des neuromuskulären Systems

Ein leistungsbestimmender *Einfluß des Funktionszustandes des neuromuskulären Systems auf Ausdauerleistungen* wird im allgemeinen kaum zur Kenntnis genommen. Aber selbst bei zyklischen und nicht allzu komplizierten Bewegungsabläufen, wie sie in Ausdauersportarten anzutreffen sind, kann die *Bewegungsqualität entscheidenden Einfluß auf die Ausdauerleistung* haben. Andere Leistungsfaktoren können erst in Verbindung mit guter Technik und Koordination voll lei-

stungswirksam werden. Das gilt für Laufen und Radfahren genauso wie für Skilanglaufen, Rudern und Paddeln; verstärkt natürlich für die azyklischen Bewegungen der Spielsport- und Zweikampfsportarten.
Unter dem Aspekt der Ausdauer ist der oberste Gesichtspunkt, eine *hohe Bewegungseffektivität* und *Bewegungsökonomie* über eine längere Zeitdauer zu sichern, wenn auch die spezielle Bedeutung der Bewegungstechnik in den zyklischen Ausdauersportarten (stabiler Bewegungsstereotyp) eine andere als in den Zweikampf- und Spielsportarten (reiches Repertoire an Fertigkeiten bei hoher Variabilität) ist.
Ein relevanter Gesichtspunkt aus dem umfangreichen Kapitel der neuromuskulären Steuerung (Koordination) ist in diesem Zusammenhang der *Phasencharakter des Bewegungslernens.* Die Herausbildung von *Bewegungsfertigkeiten* (= Entwicklung von *motorisch-dynamischen Stereotypen*), auf die sich letztlich die Ausdauerleistungen stützen, geschieht in drei Phasen: *Grobkoordination – Feinkoordination – Stabilisation.*
In der *ersten Phase* ist die *Bewegungssteuerung noch unökonomisch,* da unnötig viele Muskeln in die Bewegung einbezogen werden und auch die bahnenden und hemmenden Erregungen des Zentral-Nervensystems für die sich abwechselnden Kontraktionen und Entspannungen der Muskeln schlecht abgestimmt sind. Dies hat insgesamt einen **vermehrten Verbrauch von Energiespeichern und Sauerstoff** zur Folge, was sich in der Ausdauerleistung negativ niederschlägt.
In der *zweiten Phase* bilden sich *Bewegungsmuster* heraus, die infolge eines Konzentrationsvorganges im Zentralnervensystem vorher genannte Nachteile nicht mehr haben. Sie sind jedoch schon *bei geringen Störeinwirkungen* von außen (= Abweichungen von optimalen Bedingungen) *nicht stabil* genug. Die unbewußte Steuerung wird teilweise ins Bewußtsein zurückgerufen. Das erfordert wiederum **erhöhten Energieverbrauch.** In dieser Phase können durch Übungsunterbrechungen die Bewegungsprogramme auch wieder verloren gehen. *Training der Bewegungstechnik kann hier die Ausdauerleistung noch bzw. wieder erhöhen.*
In der *dritten Phase* werden die Bewegungsmuster nun so präzisiert und stabilisiert, daß hohe Bewegungsgenauigkeit und geringe Störanfälligkeit herrschen. Bei Störungen der Stabilität kann auf Alternativprogramme zurückgegriffen werden, bis wieder hohe Beständigkeit erreicht ist. Die *Steuerung* geschieht *im Unterbewußtsein,* d.h., daß die Großhirnrinde (das Bewußtsein) für andere Aufgaben entlastet ist. Alles zusammen schlägt sich in einem **geringeren Energieverbrauch** und damit in einer gesteigerten Ausdauerleistung nieder.
Als *koordinative Trainingsziele im Ausdauertraining* lassen sich aus dem Dargelegten folgern:

- Für den *GLA-, KZA-, MZA*-Bereich **Optimierung der zentral gespeicherten Bewegungsmuster,** da für die Ausführungsschnelligkeit bzw. kompliziertere Struktur der Bewegungen eine hohe Qualität bedeutend ist.
- Für den *LZA*-Bereich **Stabilisierung des ablaufenden Bewegungsstereotyps.** Aus Gründen der Bewegungsökonomie ist dies vorteilhaft. Ein Umschalten auf andere Bewegungsprogramme wird damit allerdings auch erschwert.

Im Aufgabenbereich des Zentralnervensystems darf *neben der Kontrollfunktion für die Bewegungen* nicht eine andere Funktion, gewissermaßen eine integrative Leistung, übersehen werden. Es handelt sich um die *Bereitstellung von angepaßten nerval-vegetativen Verhaltensmustern* für die erforderlichen Bewegungsprogramme. Nur durch dieses Zusammenwirken des motorischen Nervensystems mit dem vegetativen Nervensystem kommen letztlich die »vollkommenen Ausdauerleistungen« zustande.

5 Ausdauer in den Sportbereichen und Sportarten

Gliederung nach Ausdauerarten und Ausdauertypen

Ein sinnvolles Training konditioneller Fähigkeiten ist ausgerichtet auf bestimmte Zielsetzungen (Trainingsziele). Im Ausdauertraining können übergeordnete Trainingsziele – formuliert als Wertentscheidungen auf oberstem Abstraktionsniveau – nur sein:

a) **Herstellen einer adäquaten Basis** für bestimmte Zielbereiche wie **Gesundheit** (als meßbarer Funktionszustand der Organsysteme) und **Fitneß** (als allgemeine Leistungsfähigkeit für sportliche Aktivitäten) oder für die **Entwicklung anderer sportmotorischer Fähigkeiten** (wie z. B. Kraft, Schnelligkeit, Bewegungstechnik).

b) **Ausprägung einer speziellen Leistungsfähigkeit** auf hohem und höchstem Niveau.

Demnach ist eine erste Gliederung der Ausdauer in die *zwei Arten* **Grundlagenausdauer** und **spezielle Ausdauer** sinnvoll.

Jede dieser Ausdauerarten weist in einer weiteren Untergliederung verschiedene *Ausdauertypen* auf. Dabei handelt es sich um Gliederungseinheiten mit untereinander weniger scharf abgrenzenden Merkmalen.

Im Bereich der **Grundlagenausdauer** werden die Kriterien *Tätigkeitsbezug* (= Abhängigkeit von der Bewegung der Sportdisziplin) und *Niveau der aeroben Kapazität* herangezogen. Demnach lassen sich unterscheiden:

- ***allgemeine Grundlagenausdauer*** als *tätigkeitsunabhängiger,* d. h. übungsneutraler Typ des Gesundheits- und Fitneßbereichs mit *mittlerem Niveau,*
- ***spezifische Grundlagenausdauer*** als *tätigkeitsabhängiger,* d. h. an die Disziplinbewegung gebundener Typ der Ausdauersportarten mit *hohem bis sehr hohem Niveau,*
- ***azyklische Grundlagenausdauer*** als Typ mit *unregelmäßigem* (= azyklisch) *Belastungswechsel,* also intermittierendem Belastungscharakter, wie er in *Spiel- und Kampfsportarten* vorliegt, und *mittlerem bis hohem Niveau.*

Innerhalb der **speziellen Ausdauer** geschieht die Unterscheidung der verschiedenen Typen nach folgenden Kriterien: *Belastungsdauer im Wettkampf, Belastungsintensität, Art der Energiebereitstellung* und *energieliefemdes Hauptsubstrat.* Daraus ergeben sich die Typen:

- ***Kurzzeitausdauer*** (35 Sek.–2 Min.),
- ***Mittelzeitausdauer*** (2 Min.–10 Min.),
- ***Langzeitausdauer I, II, III und IV*** (›10 Min.).

Weitere Einzelheiten dazu sind aus Tab. 29 zu entnehmen.

Tabelle 29 Abgrenzung der speziellen Ausdauertypen nach Belastungsdauer (Wettkampf), Belastungsintensität und Energiebereitstellung (nach Angaben von NEUMANN 1984, 174; BADTKE 1986, 358 und ENGELHARDT/NEUMANN 1994, 116). Die Zahlenangaben sind Durchschnittswerte aus verschiedenen Sportarten. Die aus einzelnen Ausdauerdisziplinen bekannten Extremwerte treten deshalb nicht in Erscheinung. Da die Übergänge zwischen den Ausdauertypen fließend sind, können die Zahlenangaben auch nur als grundsätzliche Orientierungswerte und nicht als exakt zutreffende Auskünfte gelten.

Abgrenzungskriterien	KZA	MZA	LZA			
			I	II	III	IV
Belastungsdauer	35 s–2 min	2 min–10 min	10 min–35 min	35 min–90 min	90 min–6 h	>6 h
Belastungsintensität						
nominell	maximal	maximal	submax.–max.	submaximal	mittel–submax.	leicht–mittel
HF/min	185–200	190–210	180–190	170–190	150–180	120–170
% VO_2max	100	95–100	90– 95	80– 95	60– 90	50– 60
Lac mmol/l	(10–)18	(12–)20	(10–)14	(6–)8	4–5	<3
Energieverbrauch kcal (kJ)/min	60 (250)	45 (190)	28 (120)	25 (105)	20 (80)	18 (75)
Energiebereitstellung	dominant anaerob	aerob/anaerob	dominant aerob bis rein aerob			
anaerob:aerob	80:20–65:35	60:40–40:60	30:70–20:80	20:80–10:90	5:95	1:99
alaktazid (%)	15–30	0–5	–	–	–	–
laktazid (%)	50	40–55	20–30	5–10	<5	<1
aerob (Glykogen) (%)	20–35	40–60	60–70	70–75	60–50	<40
aerob (Fette) (%)	–	–	10	20	40–50	>60–90
energieliefernde Hauptsubstrate	Glykogen, Phosphate	Glykogen	Glykogen	Glykogen, Fette	Fette, Glykogen, Aminosäuren	Fette, Glykogen, Aminosäuren (8–10%)

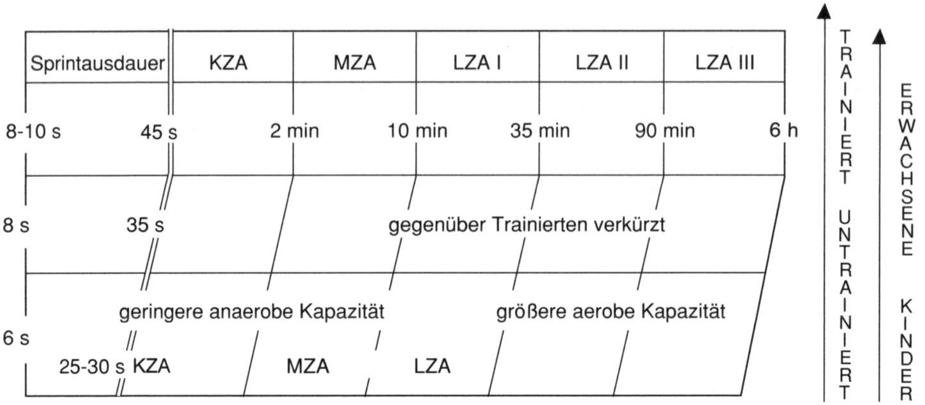

Abbildung 40 Zeitliche Abgrenzung der spez. Ausdauer-Typen in Abhängigkeit von Leistungsstand und biologischem Alter (nach KÖHLER et al. 1978, 281).

Die Zeitangaben für die Abgrenzung berücksichtigen den *Trainingszustand* und das *biologische Alter* (Abb. 40), sie stellen somit eine Art Kompromißlösung dar. Auch die Zahlenangaben zur Belastungsintensität und Energieumwandlung in Tab. 29 sind als *durchschnittliche Werte für mehrere Ausdauerdisziplinen* zu verstehen.

Bei den speziellen Ausdauertypen (KZA, MZA, LZA) tritt das besonders hervor, was eigentlich für die konditionelle Fähigkeit Ausdauer grundsätzlich gilt: Ausdauer ist nicht eine isoliert stehende Fähigkeit; es werden vielmehr bei Ausdauerleistungen auch die Fähigkeiten Kraft und Schnelligkeit beansprucht. Gerade in den KZA- und MZA-Disziplinen sind innerhalb der *komplexen Leistungsstruktur* Schnelligkeit, Schnellkraft und Kraft wesentliche Einflußfaktoren auf die Gesamtleistung. Nicht zuletzt können aus diesem Grund die komplexen Fähigkeiten ***Schnelligkeitsausdauer, Schnellkraft-*** und ***Kraftausdauer*** (in der Ausprägung als submaximale Kraftausdauer) im Gliederungssystem den Typen *Kurzzeitausdauer* und *Mittelzeitausdauer* zugeordnet werden (Tab. 9).

In der Praxis des Leistungs- und Hochleistungssports müssen letztlich *Ausdauerfähigkeiten disziplinspezifisch* trainiert werden, was neben typischen Energiebereitstellungsformen noch die *Bewegungsstruktur* mitberücksichtigt. Solche Einzelfähigkeiten wären z. B. die *läuferische Kurzzeitausdauerfähigkeit* (z. B. für den 400-m-Lauf), *schwimmerische Mittelzeitausdauerfähigkeit* (z. B. für 400-m-Kraul), die *läuferische Langzeitausdauer-III-Fähigkeit* (für den Marathonlauf) und die *skilangläuferische Langzeitausdauer-II-Fähigkeit* (für den 15-km-Skilanglauf).

Die Systematisierung der Ausdauer soll jedoch – im Rahmen unseres trainingsmethodischen Anliegens – nicht so weit fortgesetzt werden, da es in der Trainingsmethodik (s. S. 103ff.) zunächst mehr um das *grundsätzliche Erfassen und Anwenden typenbezogener Trainingsmethoden* als um die Aufzählung vieler Trainingsformen geht.

Die Ausdauertypen werden im folgenden ausführlich beschrieben und erhalten damit eine Charakterisierung durch ihre leistungsbestimmenden Faktoren.

Allgemeine Grundlagenausdauer (allg. GLA)

Der Begriff *allgemein* ist hier in zweifacher Bedeutung zu verstehen: In erster Linie soll der unspezifische Charakter im Sinne von vielseitiger Gültigkeit bzw. Anwendbarkeit ausgedrückt werden. Darüber hinaus trifft auch die sportmedizinische Auffassung – mehr als ca. 15% der Skelettmuskulatur – zu.

- Die allg. GLA ist im sportmedizinischen Sinne die *allgemeine aerobe dynamische Ausdauer* mit *durchschnittlichem Niveau* (rel. VO_2max ca. 45–55 ml/kg/min).
- Es liegt meistens eine *ökonomische Nutzung* der mittleren aeroben Kapazität mit ca. 65–75% der VO_2max vor (= Höhe der ANS).
- Die Stoffwechsellage ist – im Durchschnitt – *stabil aerob,* d. h. im Bereich der aeroben Schwelle (2–3 mmol/l Lac).
- Während der Belastung geschieht die Steuerung der beanspruchten Organsysteme noch weitgehend durch *Selbstregulation* (NEUMANN/BEYER 1981, 296). Das integrierende Kontrollzentrum des Zentralnervensystems ist noch nicht gefordert.
- Die allg. GLA kann *tätigkeitsneutral* (sportartunabhängig) trainiert werden. Ihr Niveau ist also tätigkeitsübergreifend (z. B. mit Laufen oder Radfahren oder Rudern usw.) zu erreichen.
- Die *Übertragbarkeit* (= positiver Transfer) zwischen verschiedenen Disziplinen ist *relativ groß.*

Aufgaben der allg. GLA sind v. a.:

- *Gesundheit* bzw. körperliche *Fitneß* erhalten oder wiedergewinnen,
- in Nichtausdauersportarten eine gute *Basis für das Training anderer* konditioneller und koordinativer *Fähigkeiten* schaffen,
- die Verträglichkeit für *psychische Belastungen* (v. a. im Wettkampf) erhöhen,
- die *Regeneration* nach kurzen intensiven Belastungen sowie nach umfangreichen Gesamtbelastungen (nach Trainingseinheiten) beschleunigen.

Allgemeine Grundlagenausdauer =
- **allgemeine aerobe Ausdauer** mit **mittlerer aerober Kapazität**
- **ökonomische Nutzung** dieser Kapazität (65–75% VO_2max)
- relativ **stabile aerobe Stoffwechsellage** (Bereich aerober Schwelle)
- **sportartunabhängig**

Spezifische Grundlagenausdauer (spez. GLA)

Der Begriff *spezifisch* ist im Sinne von arteigen zu verstehen. Es soll damit der Bezug auf die Art der speziellen Ausdauer, d. h. auf alle Ausdauerdisziplinen hervorgehoben werden. Gegenüber der allg. GLA liegt nicht nur ein qualitativer, sondern auch *prinzipieller* Unterschied vor. Die Anpassungsvorgänge beziehen sich nicht nur auf das Herz-Kreislaufsystem; es finden auch metabolische Differenzierungen in der Skelettmuskulatur statt. Sonst wäre das relativ hohe Niveau der maximalen Sauerstoffaufnahme nicht zu erreichen.

- Die spez. GLA ist im sportmedizinischen Sinne die *allgemeine aerobe dynamische Ausdauer* mit *hohem bis sehr hohem Niveau* (rel. VO_2max 60–65 ml/kg/min).
- Es liegt meistens eine *submaximale Beanspruchung* der hohen aeroben Kapazität mit ca. 75–85% der VO_2max (= Höhe der ANS) vor.
- Die Stoffwechsellage ist *gemischt aerob-anaerob,* d. h. im Bereich der anaeroben Schwelle (3–6 mmol/l Lac).
- Wegen der hohen Auslastung des Organismus ist für die abgestimmte Steuerung der Organsysteme das *integrierende Kontrollzentrum* des Zentralnervensystems erforderlich.
- Die spez. GLA muß *tätigkeitsspezifisch* trainiert werden, d. h. es müssen die Disziplinbewegungen oder strukturverwandte Übungen zum Einsatz kommen.
- Sie stützt sich auf eine *stabile Bewegungsökonomie* (Bewegungstechnik).
- Auf andere Ausdauerdisziplinen ist die spez. GLA nur *gering übertragbar* (kein positiver Transfer).

Aufgaben der spez. GLA sind v. a.:

- Eine *optimale Ausgangsbasis* für das spezielle Training der einzelnen Ausdauerdisziplinen schaffen,
- neue *Reserven* für weitere Leistungssteigerungen im speziellen Bereich erschließen,
- neben der Verbesserung der vegetativ gesteuerten Systeme *muskuläre Anpassungen* (Energiebereitstellung, Koordination, Muskeldynamik) erzeugen,
- *Bewegungstechniken* in den Ausdauerdisziplinen ökonomisieren und stabilisieren.

Spezifische Grundlagenausdauer =
- **allgemeine aerobe Ausdauer** mit **hoher aerober Kapazität**
- **optimale Nutzung** dieser Kapazität (75–85% VO_2max)
- gemischt **aerob-anaerobe Stoffwechsellage** (Bereich anaerober Schwelle)
- gebunden an die **Disziplinbewegung**

Azyklische Grundlagenausdauer (az. GLA)

Der Begriff *azyklisch* ist im Sinne von »zeitlich unregelmäßig« zu verstehen. Damit soll auf den *unregelmäßigen Wechsel in der Belastungsintensität* und bezüglich der Zeitspanne zwischen den *kurzen intensiven Belastungsphasen und den Phasen relativer Erholung,* wie sie für Spiel- und Kampfsportarten typisch sind, hingewiesen werden. Eine gute Ermüdungswiderstandsfähigkeit bei derartigen Belastungen hängt u. a. von einer relativ hohen aeroben Kapazität ab.

Darauf weist indirekt Åstrand (1993, 23) hin, wenn er durch einen Modellversuch nachweist, daß Beanspruchungen mit relativ hochintensiven Belastungsphasen von 10 bzw. 30 Sek. Dauer in Kombination mit jeweils doppelt langen Erholungszeiten (20 bzw. 60 Sek.) über längere Zeitspannen (30 Min.) problemlos durchzuhalten sind. Die Laktatwerte lagen bei den Versuchen im Bereich der aeroben Schwelle (um 2 mmol/l) bzw. knapp über der anaeroben Schwelle (5–7 mmol/l). Diese metabolischen Verhältnisse finden ihre Erklärung über die Nutzung des im Myoglobin gespeicherten Sauerstoffs während der kurzen Belastungsphase und die schnelle Wiederauffüllung während der Entlastungsdauer. Die relativ niedrige Laktatproduktion hängt damit zusammen, daß für die anaeroben Energiezuschüsse in erster Linie der Phosphatspeicherabbau (alaktazid) betroffen ist.

Wegen des vollständigen bzw. überwiegenden *Ausgleichs der Sauerstoffbilanz in den Erholungsphasen* wird hier die *Spiel- und Kampfausdauer* als *Typus der Grundlagenausdauer* eingestuft und nicht als eine spezielle Ausdauerfähigkeit wie die Kurz-, Mittel- und Langzeitausdauer gesehen.

- Die az. GLA ist im sportmedizinischen Sinne die *allgemeine aerobe dynamische Ausdauer* mit *überdurchschnittlichem Niveau* (rel. VO_2max ca. 55–65 ml/kg/min).
- Es liegt im allgemeinen eine *durchschnittliche Nutzung* dieser aeroben Kapazität mit ca. 70–75% der VO_2max (= Höhe der ANS) vor.
- Die Stoffwechsellage ist im Mittel *gemischt aerob-anaerob* (6–8 mmol/l Lac), allerdings bei *unregelmäßigem Wechsel von alaktaziden, laktaziden* und *aeroben Phasen.* Bei typischen Spielbelastungen (z. B. Fußball, Handball, Eishockey) liegen die Blutlaktatwerte im Mittel nicht höher (Liesen 1983, 27).
- Für die wiederholt kurzfristige Mobilisierung der Laktatbildung bei *hohem Gesamtumfang* (Spielzeiten) der *intermittierenden Belastung* spielen die *Glykogenreserven* eine nicht unerheblich Rolle.
- Die az. GLA stützt sich auf eine *ökonomische Mobilisation der Katecholamine* (Adrenalin, Noradrenalin), d. h. eine gedämpfte Aktivierung für den gleichen Belastungsgrad zum Erhalt eines ausreichenden Konzentrationsspiegels über die ganze Belastungsdauer.
- Ihre optimale Ausbildung ist auch an den *Intervallcharakter der Belastungsintensität* und an den *Wechsel der Bewegungsformen* (z. B. Trab, Sprint, Gehen, Werfen, Halten) gebunden.
- Die *Übertragbarkeit* innerhalb der *Spiel- und Kampfsportarten* ist *relativ hoch* (positiver Transfer), auf *zyklische* Ausdauersportarten jedoch *relativ gering.*

Aufgaben der az. GLA sind v. a.:

- *Grundlage* für umfangreiches *Konditions-, Technik- und Taktiktraining* in den Spiel- und Kampfsportarten sowie in den Mehrkämpfen schaffen,
- die *Erholungsfähigkeit* in den Phasen geringerer Belastung während der Wettkampfdauer erhöhen,
- die *psychische Belastungstoleranz* steigern.

Azyklische Grundlagenausdauer =
- **allgemeine aerobe Ausdauer** mit **überdurchschnittlicher aerober Kapazität**
- **durchschnittliche Nutzung** dieser Kapazität (70–75% VO_2max)
- durchschnittlich **gemischt aerob-anaerobe Stoffwechsellage** mit Wechsel zwischen **alaktaziden, laktaziden** und **aeroben** Phasen
- gebunden an den **disziplinspezifischen Bewegungswechsel** und **Intervallcharakter der Belastungsintensität**

Kurzzeitausdauer (KZA, 35 Sek.–2 Min.)

Die zeitliche Abgrenzung bezieht sich auf den Bereich, in dem *dominant anaerob-glykolytische Energiebereitstellung* für die zu leistende Muskelarbeit vorliegt. Bei Ausdaueranforderungen im ***Zeitbereich von ca. 8–30 Sekunden*** *überwiegt* innerhalb der anaeroben Energiebereitstellung der *alaktazide Anteil* (Phosphatabbau) in seiner Bedeutung als leistungsbestimmender Faktor neben dem dynamischen Krafteinsatz, der Kontraktionsgeschwindigkeit, der intermuskulären Koordination, der Beweglichkeit und anthropometrischen Merkmalen, was andere Konsequenzen für die Trainingsmethodik hat. Diese Fähigkeiten sind als sog. ***Sprintausdauer*** und ***Maximalkraftausdauer*** mehr dem Schnelligkeits- bzw. Kraftbereich zuzuordnen.

Für die **leistungsbestimmenden Faktoren der KZA** ergibt sich wegen des *relativ hohen Energieverbrauchs / Zeiteinheit* (durchschnittlich 60 kcal/min oder 250 kJ/min) eine gewisse Rangordnung:

- *Fähigkeit zu hoher Energiebereitstellung / Zeiteinheit* über den *Phosphatabbau* und die *anaerobe Glykolyse* (Laktatbildung). Dies bedingt seinerseits einen *großen Kreatinphosphatspeicher* und einen *hohen glykolytischen Enzymbesatz* (Schlüsselenzyme Phosphofructokinase PFK und Laktatdehydrogenase LDH). Die Größe des Muskelglykogenspeichers ist im allgemeinen nicht ausschlaggebend, da bei einmaligen Kurzzeit-Ausdauerbelastungen (Wettkampf) eine Glykogenentleerung noch nicht stattfinden dürfte. Volle Speicher zum Wettkampf sind wegen des Energieflusses/Zeiteinheit jedoch von Bedeutung.
- *Fähigkeit zu später Übersäuerung* trotz laufender Laktatbildung. Dies ist vom *Puffersystem in Zelle und Blut* abhängig (vor allem Bikarbonat).
- *Säuretoleranz* als Fähigkeit zu weiterer Muskelarbeit trotz Übersäuerung. Es kommt ja zur maximalen Laktatanreicherung in der Muskelzelle und nachfolgend im Blut (22–25 mmol/l). Bei *Belastungszeiten von über 90 Sekunden* spielt sie eine größere Rolle als bei Zeiten zwischen 35 und 60 Sekunden.
- *Aerobe Kapazität,* die zur Absicherung der Leistung bereits herangezogen wird. Die Funktionsbreite des Herz-Kreislauf-Systems wird kurzzeitig voll ausgeschöpft; nach 90 Sekunden bis 2 Minuten erreicht der aerobe Stoffwechsel seine maximale Umsatzrate. Neben dem *Antransport von Sauerstoff und Substraten* spielt der *Abtransport von Stoffwechselschlacken* auch eine Rolle.
- Schnelligkeits- bzw. Kraftniveau, da es wegen der Bewegungsgeschwindigkeiten bzw. der zu überwindenden Widerstände zu *relativ hohen Krafteinsätzen* und zu *fasertypenspezifischer Beanspruchung* kommt (*FTG*- und *FTO-Fasern* unter Umständen wesentlich).
- Bewegungstechnik im Sinne von *intermuskulärer Koordination,* wenn der disziplinspezifische Bewegungsablauf diffiziler Natur ist (z. B. Eisschnellauf, Rudern, Schwimmen). Es ist bekannt, daß der Übungsgrad der agonistisch-antagonistisch tätigen Muskulatur starken Einfluß auf die Bewegungsökonomie und damit auf die Ermüdung hat.
- *Psychisches Aktivierungsniveau,* da für die vorliegende Beanspruchung eine beträchtliche *Mobilisation von Streßhormonen* notwendig ist.

Kurz zusammengefaßt gilt:

Leistungsbestimmende Faktoren der **KZA** (35 Sek.–2 Min.):
- im **anaeroben** Bereich
  - **Laktatbildungsfähigkeit** (anaerobe Glykolyse)
  - **Pufferkapazität**
  - **Säuretoleranz**
- im **aeroben** Bereich
  - **maximale Sauerstoffaufnahme**
- **Schnelligkeits- bzw. Kraftniveau**
- **Bewegungstechnik** (intermuskuläre Koordination)
- **psychisches Aktivierungsniveau** (Katecholaminausschüttung)

Mittelzeitausdauer (MZA, 2–10 Min.)

Die Anforderungen an die MZA sind vielfältiger und auch komplizierter, da durch die *noch maximale Belastungsintensität* (bezogen auf das Herz-Kreislauf-System) sowohl die *aerobe Kapazität voll* und die *anaerobe Kapazität nahezu voll* in Anspruch genommen werden. Es gibt natürlich im pauschalen 50:50-Verhältnis (anaerob:aerob) starke Akzentverschiebungen in beide Richtungen, was auf die verschiedenen Ausdauerdisziplinen und auf das Leistungsniveau zurückzuführen ist (Abb. 41).

Bei manchen Autoren (u. a. Badtke 1987, Thiess/Schnabel 1986) wird nicht zuletzt aus den angeführten Gründen die MZA in eine ***MZA I (2–5 Minuten)*** und ***MZA II (5–10 Minuten)*** unterteilt. Aus unserer Sicht besteht dazu keine zwingende Notwendigkeit, da bei der Untersuchung einer typischen MZA-Belastung (7 Minuten maximale Arbeit am Ruderergometer, Roth et al. 1983) eine Energiebedarfsdeckung von 67% aerober, 20% anaerob-alaktazider und 12% anae-

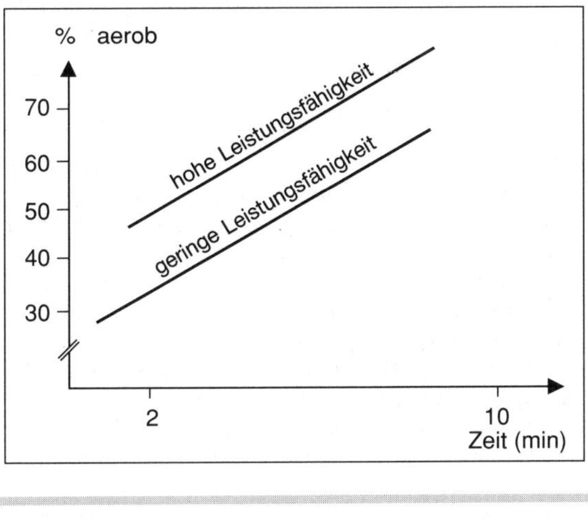

Abbildung 41
Schematische Darstellung der Unterschiede in der Anteiligkeit der aeroben Energiebereitstellung bei MZA-Leistungen untrainierter (geringe Leistungsfähigkeit) und trainierter (hohe Leistungsfähigkeit) Läufer.

rob-laktazider Art festgestellt wurden. Dabei wurden 13 mmol/l Blutlaktat gemessen. Dies ist ein Beispiel dafür, wie die *disziplinspezifischen Belastungen* von den *sportartenübergreifenden Durchschnittsverhältnissen abweichen* können. Die kompliziertere MZA-Trainingsmethodik muß auf die unterschiedlichen Mischungsverhältnisse Rücksicht nehmen.

Leistungsbestimmende Faktoren sind:

- *Aerobe Kapazität ($VO_2max.$)*
  Sie wird *voll genutzt,* was die rel. VO_2max.-Werte von MZA-Leistern internationaler Klasse beweisen (für 1500/3000-m-Läufer 75 ml/kg/min nach SVEDENHAG/SÖDIN 1984, 255; für Ruderer und Kanuten Durchschnittswerte von 73–75 ml/kg/min und Spitzenwerte um 79 ml/kg/min nach HOLLMANN/HETTINGER 1980, 374). Dabei dürfte der *Sauerstofftransportanteil* (Herzmintenvolumen) gegenüber der Sauerstoffausschöpfung in der Skelettmuskulatur *bedeutungsmäßig überwiegen.*
- *Säuretoleranz*
  Sie spielt innerhalb der anaeroben Leistungsfähigkeit eine größere Rolle als etwa die Fähigkeit zu hoher Laktatproduktion (= Tempo der Glykolyse), *da in Anbetracht der Belastungsdauer* es immer *zu hohen bis höchsten Laktatanreicherungen* (13–19 mmol/l) kommt und die 100%ige Beanspruchung der anaeroben Glykolyse länger als 4 Minuten nicht aufrechterhalten werden kann. Es muß über die längere Zeitdauer (5–10 Minuten) mit 70–80%iger Inanspruchnahme gerechnet werden.
- *Muskelglykogen*
  Wegen des noch relativ hohen Energiebedarfs/Zeiteinheit (45 kcal/min oder 190 kJ/min) wird im *anaeroben und aeroben Prozeß* ausschließlich der *Glykogenspeicher* herangezogen. Er wird zwar stark beansprucht, jedoch wegen der beschränkten Zeitdauer (bei trainingsbedingter Vergrößerung) *keinesfalls ganz verbraucht* (ROTH et al. 1983, 107).
- *Bewegungstechnik*
  Sie tritt in Abhängigkeit von *Kraft- bzw. Schnelligkeitsanteilen* als leistungsbestimmender Faktor *unterschiedlich akzentuiert* auf. Im Mittelstreckenlauf kann z. B. der Schnelligkeitsanteil Auswirkungen bis in die Muskelfasertypenzusammensetzung (Differenzierung in Richtung FTO-Fasern) haben, während bei mehr kraftorientierten Disziplinen (z. B. Rudern) dies nicht so der Fall ist.

Kurz zusammengefaßt gilt:

Leistungsbestimmende Faktoren der **MZA** (2–10 Min.):

- im **aeroben** Bereich
  - **maximale Sauerstoffaufnahme** (v. a. hämodynamische Faktoren)
  - **aerobe Glykogenverwertung**
- im **anaeroben** Bereich
  - **Säuretoleranz und Pufferkapazität**
- **Glykogenspeicher**
- **Bewegungstechnik** mit erforderlichem Schnelligkeits- bzw. Kraftniveau

Schnelligkeitsausdauer, Kraftausdauer

Wie schon auf S. 39 (Tab. 9) angedeutet, werden im Rahmen der hier vertretenen Gliederung die Begriffe *Schnelligkeits-* und *Kraftausdauer* zwar nominell geführt, jedoch nicht als eigenständige spezielle Ausdauertypen beschrieben. Auf Grund der relativ hohen Bewegungsschnelligkeit bzw. des relativ hohen Krafteinsatzes liegen muskuläre Belastungsintensitäten vor, die in Abhängigkeit von den laufenden Stoffwechselprozessen gewöhnlich nur im *Zeitbereich der KZA und MZA* aufrechtzuerhalten sind.
Schnelligkeitsausdauer und Kraftausdauer äußern sich somit als KZA- oder MZA-Leistungen. Es spielen deshalb auch die dort genannten leistungsbestimmenden Faktoren eine entscheidende Rolle – allerdings in Abhängigkeit von der jeweiligen Disziplinspezifik in unterschiedlicher Wertigkeit. Dies trifft jedoch nur zu, wenn die Begriffe wie folgt interpretiert werden:

Schnelligkeitsausdauer = Ermüdungswiderstandsfähigkeit bei Belastungen mit **submaximalen Bewegungsgeschwindigkeiten,** wobei energetisch die **anaerob-laktazide** Komponente eine bestimmende (KZA) bzw. nicht unerhebliche (MZA) Rolle spielt.

Anmerkung: Ermüdungswiderstandsfähigkeit bei maximalen Bewegungsgeschwindigkeiten mit vorrangig anaerob-alaktazider Energiebereitstellung im Zeitbereich von ca. 8–30 Sek. wird hier als ***Sprintausdauer*** bezeichnet. Sie ist trainingsmethodisch mehr dem Schnelligkeitsbereich zuzuordnen und wird deshalb nicht weiter besprochen.

Kraftausdauer = Ermüdungswiderstandsfähigkeit bei Belastungen mit **Krafteinsätzen von ca. 75% bis 50%** (dynamisch) **bzw. 30%** (statisch) der Maximalkraft, wobei energetisch die **anaerob-laktazide** Komponente eine erhebliche Rolle spielt.

Anmerkung: Der undifferenzierte Begriff *Kraftausdauer* umfaßt eine ganze Bandbreite von z. T. sich erheblich unterscheidenden Fähigkeiten. Aus theoretischen Überlegungen heraus und nach experimentellen Untersuchungsergebnissen (PACH 1990) ist im Hinblick auf die Trainingsmethodik eine Gliederung in ***»Maximalkraftausdauer«, »laktazide Kraftausdauer«*** und ***»aerobe Kraftausdauer«*** nicht von der Hand zu weisen. Oben definierter Kraftausdauerbegriff bezieht sich dabei lediglich auf die »laktazide Kraftausdauer«. Die »Maximalkraftausdauer« ist trainingsmethodisch dem Bereich der Kraft zuzuordnen. Die »aerobe Kraftausdauer« ist Bestandteil des LZA-Trainings.

Langzeitausdauer (LZA, > 10 Min.)

Die Einteilung der *LZA* in die *Untergruppen I, II, III, IV* hat sich für den Leistungssport als sehr nützlich erwiesen, da Trainierte die entsprechenden Belastungsintensitäten über die angeführten Zeitbereiche tatsächlich ausführen können und daraus sich unterschiedliche trainingsmethodische Schwerpunkte ergeben.
Im ***Gesundheits- und Fitneß-Sport*** (Schulsport) ist jedoch *diese Trennung nicht aufrechtzuerhalten,* da Untrainierte oder Wenigtrainierte nach einer gewissen Belastungsdauer (15–20 Minuten) *nur noch mittlere Intensitäten* (wie bei LZA III und LZA IV) durchhalten können. Dies führt zum ***Grundlagenausdauertraining.***
*Insgesamt ist für **LZA*** die Größe des ***Sauerstoffaufnahmevermögens*** und die möglichst ***ökonomische Verwertung der Energiespeicher*** Kohlenhydrate und Fett die biologische Basis. Je nach charakteristischer Intensität des einzelnen LZA-Typs gibt es darin natürlich Akzentverschiebungen. Die ***Bewegungsökonomie*** als Fähigkeit, Arbeit mit einem hohen Wirkungsgrad zu vollbringen, ist bei zyklischen Bewegungen außerdem ein wesentlicher Faktor der Ausdauerleistungsfähigkeit. Die Bedeutung ist allerdings im leichten und mittleren Intensitätsbereich (LZA IV und III) größer als im submaximalen (LZA II und I) und maximalen (MZA, KZA). Dies ist im weiteren generell mit zu beachten.

Langzeitausdauer I (LZA I, 10–35 Min.)

Als **leistungsbestimmend** kann eingeordnet werden:

- *Aerobe Kapazität* in Gestalt einer hohen VO_2max.
  Wenn auch selbst Weltklasseathleten nicht mehr in der Lage sind, ihre volle VO_2max. über die gesamte Belastungsdauer (länger als 10 Minuten) einzusetzen, so wird doch mit *fast maximaler Beanspruchung* (90–95% VO_2max.) gearbeitet. Das Herz-Kreislauf-System wird kontinuierlich stark beansprucht (HF bis 190/min). Die Durchschnittswerte der rel. VO_2max. (75–80 ml/kg/min bei 5000- und 10000-m-Läufern, 70 ml/kg/min bei Skilangläuferinnen, nach SVEDENHAG/SÖDIN) und die Extremwerte einiger Spitzensportler (rel. VO_2-max. über 80 ml/kg/min) beweisen die Bedeutung.
- *Höhe der individuellen anaeroben Schwelle* (IANS)
  Vor allem im oberen Zeitbereich der LZA I wird diese neben einer großen VO_2max. von Bedeutung, weil eben der anhaltende Einsatz eines möglichst hohen Prozentsatzes der VO_2max. den anaeroben Energiezuschuß kleiner halten kann. Ihr Stellenwert liegt jedoch noch nicht so hoch wie im LZA-II- und -III-Bereich. Die Höhe der anaeroben Schwelle bei LZA-I-Leistern liegt gewöhnlich niedriger als bei LZA-III-Leistern.
- *Säuretoleranz gegenüber mittleren Laktatwerten*
  Der anaerobe Anteil in der Energiebereitstellung mit 20–30% führt zu einer durchgehenden *Blutlaktatkonzentration* von ca. 10 mmol/l. In Verbindung mit kurzfristigen Intensitätssteigerungen über das Durchschnittsmaß hinaus (vor allem im Endspurt) können die Laktatwerte um 3–5 mmol/l noch aufgestockt werden (bei 10000-m-Eisschnelllauf in 15:33 Minuten z. B. ca. 13 mmol/l).

Zwischen den Leistungen im unteren LZA-I-Bereich (bis 15 Minuten) und denen im oberen Bereich (über 25 Minuten) gibt es allerdings Unterschiede. Bei 10000-m-Läufern (in 27–28 Minuten) sind die Endwerte durchschnittlich nur noch 7–8 mmol/l. Die anfallenden Laktatwerte und die Tatsache, daß die glykolytische Enzymaktivität sich bei LZA-I-Leistern kaum von Untrainierten unterscheidet (Costill et al. 1973), weisen darauf hin, daß *innerhalb der anaeroben Kapazität* nicht die Fähigkeit zu hoher Laktatproduktion, sondern die *Säuretoleranz gegenüber mittleren bis hohen Laktatwerten* (8–15 mmol) die entscheidende Rolle spielen. Nicht unwesentlich ist auch mitunter (z. B. Skilanglauf) die Fähigkeit zur Beseitigung von zwischenzeitlich höheren Laktatanreicherungen (15–18 mmol/l während folgender weniger intensiver Belastungsphasen (z. B. Abfahrt oder Flachstrecke mit Doppelstockschub).

- *Glykogenspeicher*
  Die *energetische Absicherung* der LZA-I-Leistungen erfolgt *weitgehend* (90%) *aus dem Glykogen* (Muskelglykogen, in geringem Umfang auch Leberglykogen). Wegen des noch relativ hohen Energieumsatzes/Zeiteinheit (28–30 kcal/min) ist die *Energieflußrate aus der Fettoxidation zu niedrig.* Außerdem unterdrücken Laktatkonzentrationen von über 8 mmol/l die Lipolyse (= antilipolytische Wirkung des Laktats, nach Boyd et al. 1974). Der Gesamtenergiebedarf im Zeitbereich der LZA I bleibt auf 500–750 kcal (2000–3000 kJ) beschränkt (Neumann 1983). Damit wird der Muskelglykogenspeicher der eingesetzten Muskeln schon stark in Anspruch genommen, jedoch nicht restlos geleert. Dementsprechend bedeutend ist der Leistungseinfluß einzuschätzen.

Kurz zusammengefaßt gilt:

Leistungsbestimmende Faktoren der **LZA I** (10–35 Min.):
- im **aeroben** Bereich
  - **maximale Sauerstoffaufnahme** (90–95% Inanspruchnahme)
  - **Höhe der individuellen anaeroben Schwelle**
  - **aerobe Glykogenverwertung**
- im **anaeroben** Bereich
  - **Säuretoleranz** (bei mittleren Konzentrationen)
  - **Laktatelimination** während Belastung
- **Glykogenspeicher** (wegen aeroben und anaeroben Abbaus)

Langzeitausdauer II (LZA II, 35–90 Min.)

Wenn auch in der Energiebereitstellung im aerob/anaeroben Verhältnis der Übergang aus LZA I (70:30) fließend ist, so liegt für ein- bis eineinhalbstündige Belastungsdauern noch das typische Verhältnis von 80:20 bis 90:10 vor. Daneben sind im Unterschied zur LZA I vor allem die *submaximale Belastungsintensität* (bis 170 Hf/min) und eine verstärkte *aerobe Ausrichtung der Skelettmuskulatur* zu sehen. LZA-II-Leistungen werden durch überwiegende Ansteuerung der ST-Fasern absolviert. Der *ST-Faseranteil* bei typischen Vertretern dieses Ausdauertyps liegt bei *70–80%* (LZA-I-Sportler 60–70%). Die FT-Fasern zeigen ebenfalls Anpassung in aerobe Richtung (50% FTO-, 50% FTG-Fasern).

Im einzelnen sind **leistungsbestimmend:**

- *Höhe der individuellen anaeroben Schwelle (IANS)*
  Grundsätzlich spielt die Größe der VO_2max. noch eine ausschlaggebende Rolle. Da aber das *Durchhalten submaximaler Belastungsintensitäten* (80–85% der VO_2max.) charakteristisch und wesentlich ist, wird das Herz-Kreislauf-System weniger in seiner Ausschöpfungsbreite (Funktionsamplitude) als in seiner regulativen Zuverlässigkeit gefordert. Hier wird die Rolle einer hohen anaeroben Schwelle deutlich. Die festgestellten rel. VO_2max.-Werte typischer LZA-II-Leister (16-km-, 25-km-Läufer: 66–70 ml/kg/min) und die dazugehörigen höheren Werte der anaeroben Schwelle (80–85% VO_2max.) untermauern die Verschiebung der beiden leistungsbestimmenden Faktoren gegenüber den Verhältnissen im LZA-I-Bereich. Gelegentliche Fälle von 95%iger Inanspruchnahme der VO_2max. mit Herzfrequenzen von 180–185 Min. kommen als Ausnahmen vor und bestätigen die Regel.
- *Glykogenspeicher*
  Für die energetische Absicherung der LZA-II-Leistungen reicht das *Muskelglykogen* nicht aus, da der Gesamtenergiebedarf bis 2400 kcal (10000 kJ) ansteigen kann und die Abbaugeschwindigkeit des Muskelglykogens bei den vorliegenden Intensitäten (80–95% VO_2max.) hoch liegt. Mit zunehmender Belastungszeit muß vermehrt *Leberglykogen* mobilisiert und in die Muskelzelle eingeschleust werden. Der Leberglykogenspeicher ist jedoch bei den vorliegenden Intensitäten auch beschränkt (Erschöpfung bei 85% VO_2max. nach ca. 30 Min.: ENGELHARDT/NEUMANN 1994, 61). Die Glukoseaufnahme in die Zelle aus dem Blut soll außerdem bei 60% VO_2max. ihren Höchstwert haben und bei höheren Intensitäten wieder geringer sein. Die angesprochenen Verhältnisse zeigen die *Bedeutung von Muskelglykogenspeichern, die durch Training vergrößert* worden sind, auf. Für Wettkampfleistungen kann deshalb eine Ausgangsglykogenmenge von 15 g/kg u. U. leistungsbeeinträchtigend werden. Die *anaerobe Glykolyse* wird auf geringem Niveau zwar *laufend in Anspruch* genommen (Laktat aus der durchschnittlichen Intensität auf der Strecke kann mehr als 5–6 mmol/l betragen) und ist kurzzeitig auch stärker im Gange (z. B. bei taktischen Geschwindigkeitsmanövern oder geländebedingten Intensitätsänderungen), was Laktatwerte von 6–8 mmol/l (in Einzelfällen bis 10 mmol/l) beweisen. Sie fällt *als leistungsbeeinträchtigender* Faktor jedoch *nicht mehr* ins Gewicht.
- *Fettverbrennung und Glukoneogenese*
  Bei einer Nutzung von 80% der VO_2max. kann der *Anteil der Fettverbrennung* im aeroben Geschehen *bis zu 20%* ansteigen. Daraus wird eine gewisse Bedeutung des Fettstoffwechsels deutlich, und zwar zur anfänglichen Schonung von Glykogenreserven. Werden nach ca. einstündiger Belastung (Glykogenverminderung) noch *Intensitäten über der anaeroben Schwelle* eingehalten, so greift der Organismus anstelle einer vermehrten Fettverbrennung zu einer *verstärkten Glukoneogenese* (Zuckerherstellung aus Aminosäuren, Laktat und

Glyzerol). Dies geschieht natürlich *nur im trainierten Organismus* bei entsprechender Aktivität von Nebennierenrinden- und Schilddrüsenhormonen (z. B. Cortisol, Thyroxin T_4).

- *Körpertemperatur*
  Das Problem der Leistungsbeeinträchtigung durch erhöhte Körpertemperatur infolge überschießender Wärmebildung aus der anhaltenden Muskeltätigkeit tritt erst in der Marathonausdauer richtig hervor (Einzelheiten siehe dort, S. 95). Die überhöhte Körpertemperatur kann jedoch auch im LZA-II-Leistungsbereich *bei ungünstigen äußeren klimatischen* Bedingungen mit zum leistungsbestimmenden Faktor werden.

Kurz zusammengefaßt gilt:

Leistungsbestimmende Faktoren der **LZA II** (35–90 Min.)
- im **aeroben** Bereich
  - **Höhe der individuellen anaeroben Schwelle** (IANS)
  - **maximale Sauerstoffaufnahme**
  - **aerobe Glykogenverwertung**
  - **Fettutilisation**
- Größe der **Glykogenspeicher**
- **Thermoregulation** (bei hohen Außentemperaturen) und **Flüssigkeits-/ Elektrolytverlust**

Langzeitausdauer III (LZA III, 90 Min.–6 Std.)

Wettkampfleistungen in diesem Zeitbereich werden meist mit mittleren Belastungsintensitäten absolviert, was einen Energieverbrauch/Zeiteinheit in Höhe von ca. 20 kcal/min erfordert. Der *niedrige Energiefluß* gestattet einen wesentlich *höheren Anteil der Fettverbrennung.* Dies schlägt sich auch in der Skelettmuskulatur nieder. Die langsamkontrahierenden ST-Fasern nehmen bei den Marathonausdauerleistern einen sehr hohen Anteil (80–90%) ein. Sie erbringen nahezu ausschließlich die Leistung. Neben diesem Unterschied zur LZA II werden auch die *Probleme des Kohlenhydratnachschubs,* des *Elektrolyt-/Wasserverlusts* und der *Überwärmung* (bei bestimmten Sportarten) für die Leistungsfähigkeit ausschlaggebender.

Leistungsbestimmend sind im einzelnen:
Höhe der individuellen anaeroben Schwelle (IANS)
Wie Untersuchungsergebnisse von LZA-III-Leistern (z. B. Marathonläufer) zeigen, wird die Rolle einer hohen VO_2max gegenüber der Fähigkeit, einen hohen Prozentsatz davon langfristig einsetzen zu können (= Höhe der IANS) in den Hintergrund gedrängt. Im allgemeinen liegen die VO_2max-Werte unter dem Spitzenbereich, die *IANS-Werte jedoch sehr hoch* (85–95%). Unter diesen Voraussetzungen kann mit *Blutlaktatwerten um 2–3 mmol/l noch ein ansehnliches Streckentempo aufrechterhalten werden. Die anaerobe Glykolyse* wird damit nur

geringfügig beansprucht. Soweit zum Ende der Belastungszeit noch Glykogen zur Verfügung steht, kann die Glykose nochmals stärker aktiviert werden, was zu endgültigen Laktatwerten von über 4 mmol/l (6–8 mmol/l) führen kann.

- *Fettverbrennung*
  Wegen des *hohen Anteils der freien Fettsäuren* im Gesamtenergieaufkommen (30–70%) wird für die LZA-III-Leistungen auch die Fettverbrennung von Bedeutung. Grundsätzlich wird durch die Verbrennung der freien Fettsäuren wegen der niedrigen Energieflußrate (ca. halb so hoch wie bei Glykogenverbrennung) die Belastungsintensität herabgesetzt. Der Organismus zeigt aber auch bei entsprechender Belastung Anpassungserscheinungen in der Art, daß *bei relativ hohen Intensitäten noch ein relativ hoher Prozentsatz von freien Fettsäuren* in der Energiebereitstellung beteiligt ist. Dies ist für die Schonung der Glykogenspeicher von Bedeutung. Ermöglicht wird der hohe Fettverbrennungsanteil durch den *hohen Prozentsatz der ST-Fasern* in der Muskulatur. Der Triglyzeridgehalt in diesen Fasern ist dreimal höher als in den FT-Fasern. Außerdem steigt die Konzentration der freien Fettsäuren im Blut (Fettmobilisation wegen Adrenalinausschüttung und niedrigen Insulinkonzentrationen) mit der Belastungsdauer an (bei 6 Std. Belastungsdauer gegenüber 90 Min. um etwa 70–80%).
- *Glykogenspeicher und Glukoneogenese*
  Wenn auch der Energiefluß in der Zeiteinheit niedrig liegt, so ist der Gesamtenergieverbrauch zwischen 90 Min. und 6 Std. sehr hoch. Die ca. 2400 kcal (9700 kJ), die für einen 30-km-Skilanglauf verbraucht werden, und die 6400 kcal (27 000 kJ), die für ein Straßenradrennen errechnet werden (NEUMANN 1983, 172), liegen weit über dem Energiegehalt des Gesamtglykogenspeichers eines Trainierten. Leistungsbegrenzend ist deshalb nicht nur der *Muskel-*, sondern auch der *Leberglykogenspeicher.* Durch besondere Trainingsmaßnahmen können die *Speicher vergrößert* werden. Eine Erweiterung um über 100%, verbunden mit deutlicher Lebervergrößerung, ist deshalb für die LZA-III-Leister (besonders Straßenradfahrer) keine Seltenheit. Dennoch ist während der Belastungszeit eine Zuckerzufuhr in flüssiger Form (ca. 50 g/Std.) notwendig, falls eine relativ hohe Belastungsintensität gehalten werden soll.
  Die *Glukoneogenese* spielt in den Stoffwechselprozessen bei LZA-III-Leistungen eine bedeutender Rolle als bei LZA-II-Belastungen. In erster Linie werden dazu die essentiellen Aminosäuren (v. a. Alanin) aus dem Aminosäurenpool (ca. 80–90 g) herangezogen. Pro Stunde Belastung können etwa 5–10 g umgesetzt werden. Insgesamt kann der Energiebeitrag aus der Glukoneogenese 6–10% betragen. Damit wird die Aufrechterhaltung des Blutzuckerspiegels sichergestellt. Die Stimulierung von Glukoneogenese und Fettverbrennung setzt entsprechende Hormonkonzentrationen voraus (erhöhtes Kortisol, Adrenalin, Glukagon; niedriges Insulin). Die Resynthese der verbrauchten Hormonmengen verlängert den Gesamterholungsvorgang nach Marathonbelastungen enorm (5–7 Tage).

- *Thermoregulation und Elektrolyt- / Wasserhaushalt*
  Das *Einhalten der Körperkerntemperatur* (Thermoregulation) in einem *kleinen Toleranzbereich* (37–40 Grad C) ist für das Aufrechterhalten der Marathonausdauerleistungsfähigkeit von nicht unwesentlicher Bedeutung. Wärmebildungen, wie sie LZA-III-Leistungen mit sich bringen, bedeuten nämlich beträchtliche Kreislaufbelastungen. Ein Marathonlauf, der ca. 3000 kcal (12500 kJ) erfordert, läßt im menschlichen Körper auch ca. 2000 kcal Wärme entstehen. Um Überhitzungen zu vermeiden, muß diese Wärme nach außen abgeleitet werden (Abstrahlung, Schweißabsonderung). Für den *Wärmetransport durch das Blut* in die Haut können *bis zu 15% der gesamten Herz-Kreislauf-Leistung notwendig* werden. Dies wirkt sich negativ auf die Sauerstoffversorgung der tätigen Skelettmuskeln aus. In Zusammenhang mit der Thermoregulation kommt es natürlich auch zu *enormen Schweißverlusten (3–5 l),* was die Wasser- und Elektrolytbilanz des Organismus empfindlich stört und wiederum leistungseinschränkend wirkt (bereits bei Flüssigkeitsverlusten von 3% des Körpergewichts). Wenn auch die Wasserverluste sich in erster Linie auf den Zwischenzellraum beziehen und es bei längeren Ausdauerbelastungen zu einer Verdünnung des Bluts kommt (Einstrom von Wasser aus dem Zwischenzellraum), bedeuten die Gesamtverluste wegen der schlechteren Thermoregulation eine verstärkte Herzkreislaufbelastung (DE MARÉES 1992, 206). Die Elektrolytverluste (v. a. K^+, Mg^+, Ca^+; daneben NaCl) beeinträchtigen v. a. die Nervenleitungs- und Muskelfunktion.
  Eine *Zufuhr von Flüssigkeit und Elektrolyten* während der Dauerbelastungen wird deshalb als unerläßlich betrachtet, auch wenn LZA-Trainierte gute *Anpassungen* an diese leistungsbeeinträchtigenden Faktoren zeigen. Marathonausdauerleister verlieren z. B. weniger NaCl im Schweiß, sie tolerieren höhere Wasserverluste und verfügen nach Wasserverlusten über ein noch relativ dünnes Blut. Wasserzufuhr bedeutet bei belastungsbedingt erhöhter Temperatur auch Senkung der Körperkerntemperatur.

Kurz zusammengefaßt gilt:

Leistungsbestimmende Faktoren der **LZA III** (90 Min.–6 Std.):
- im **aeroben** Bereich
  - **Höhe der individuellen anaeroben Schwelle** (IANS)
  - **Fettutilisation**
  - **maximale Sauerstoffaufnahme**
- **Glykogenspeicher** und **Glukoneogenese**
- **Elektrolyt-/Wasserhaushalt** und **Thermoregulation**

Langzeitausdauer IV (LZA IV, >6 Std.)

Die Abtrennung einer LZA IV von der LZA III wird in der Literatur über Trainingslehre meist nicht durchgeführt. Ob eine zwingende Notwendigkeit dazu besteht, sei dahingestellt. Trainingsmethodische Konsequenzen ergeben sich kaum. *Für die Existenz einer Ultra-LZA,* die bei Leistungen von mehr als 6 Stunden Dauer (z. B. Straßenradrennen, 100-km-Lauf, Langtriathlon) anzunehmen ist, *sprechen folgende Gesichtspunkte* (NEUMANN 1983, 169):

- Die vielstündigen Leistungen sind nur mit *kontinuierlicher Nahrungs- und Flüssigkeitsaufnahme* möglich. Der Gesamtenergieverbrauch liegt über 6500 kcal (27 000 kJ). Die Kohlenhydratzufuhr ist notwendig, um Blutunterzucker mit seinen Folgen zu vermeiden.
- Das *Durchhalten der Leistung* hängt nicht unwesentlich von Störungen im *Wasser- und Elektrolythaushalt* ab. Bei zu geringer bzw. in der Konzentration überdosierter Elektrolytzufuhr kommt es rasch zu leistungsbeeinträchtigenden Verschiebungen. Insgesamt geht es hier ja um Flüssigkeitsumsätze in Höhe von mehr als 5–6 Liter.
- Die *Energiegewinnung aus Eiweißen (Glukoneogenese)* erreicht *höchste Ausmaße.* Die Serumharnstoffwerte (über 6–7 mmol/l; Ruhewerte unter 5 mmol/l) zeigen den Proteinkatabolismus (Eiweißab- und -umbau) an.
- Die *energetische Absicherung* der Ultra-LZA-Leistungen verläuft vorherrschend über den *Fettstoffwechsel.* Fettanteile von 70–90% sind erst möglich nach hochgradiger Ausschöpfung des Muskel- und Leberglykogens. Zu Beginn einer Ultra-LZA-Belastung liegen Kohlenhydrat-/Fettverbrennungsverhältnisse um 50 : 50 vor. Die Fette selbst werden zum Großteil aus dem Blut (Unterhautfettgewebe) und zu 25–30% aus dem Depotfett der Muskelzelle (= intrazelluläre Triglyzeride) geholt.
- Das *Binde- und Stützgewebe macht zunehmend Beschwerden* (z. B. Sehnenansatzschmerzen, Muskelkrämpfe), die zum Leistungsabbruch zwingen können. Durch die Reizsummierung wird die Belastungsverträglichkeit des passiven und aktiven Bewegungsapparates überschritten.
- Der *monotone Bewegungsablauf* wird unter Ermüdungseinfluß (zentrale Ermüdung) auf unterster Steuerebene (= durch Verschaltungen im Rückenmark) reguliert. Konzentration auf den Bewegungsablauf entfällt.

Leistungsbegrenzende Faktoren der **LZA IV:**
- **Fettutilisation**
- **Wasser-/Elektrolythaushalt**
- **Kohlenhydratzufuhr**
- **Belastbarkeit des Binde- und Stützgewebes**

Bedeutung der Ausdauertypen in den verschiedenen Sportbereichen und Sportarten

Der **Stellenwert** der verschiedenen Ausdauerarten und Ausdauertypen *im Gesamtkomplex der sportlichen Leistungsfähigkeit* ist je nach Sportbereich und Sportart bzw. Sportdisziplin natürlich recht *unterschiedlich.* Genaue Auskünfte über die Bedeutung im Rahmen anderer leistungsbestimmender Faktoren lassen sich nur durch genaue Analysen der Sportdisziplinen und die Erstellung eines

Beanspruchungsprofils einholen. Dazu liegen in der sportwissenschaftlichen Literatur Ansätze vor, eine konsequente Bearbeitung nach einem einheitlichen Schema steht aber noch aus. Einzelangaben dazu gehen auch über den Rahmen dieses Buches hinaus.
Mit den Tabellen 30 und 31, S. 98, soll eine Grobinformation gegeben werden.
Hinsichtlich der Übertragung der **speziellen Ausdauertypen auf die Sportdisziplinen** muß noch eigens hervorgehoben werden, daß die jeweiligen ***zeittypischen Charakteristika nur für zyklische Ausdauerdisziplinen*** gelten und bei *Einsatz anderer Muskelgruppen* und *anderer Muskelarbeitsweisen* als beim leichtathletischen Lauf (z. B. Skilanglauf, beim Rudern, beim Schwimmen) mit einer ***Abänderung der Stoffwechselverhältnisse*** zu rechnen ist. Dies zeigt sich an den Laktatkonzentrationen, die nach Wettkampfleistungen in Ausdauerdisziplinen festgestellt worden sind (Tab. 31, S. 98).

Schwimmen unterscheidet sich durch *horizontale Körperlage,* Arbeit *anderer Muskelgruppen,* Einflüsse von *Wasserdruck und Kältereiz.* Dies schlägt sich nieder in *hormonellen* und *metabolischen* Parametern. Untersuchungen (WEIKKER 1985) über 100-m-Schwimmsprint (59 Sekunden) und 1500-m-Schwimmen (18:30 bis 18:45 Minuten) ergaben, daß diese KZA- bzw. LZA-Leistungen sich von zeitlich ähnlichen Laufbelastungen im Stoffwechselgeschehen deutlich unterscheiden. Der *100-m-Schwimmsprint* müßte theoretisch dem 500-m-Lauf entsprechen. Die Laktatverhältnisse (14 mmol/l) deuten jedoch auf eine *Vergleichbarkeit mit dem 100-m-Lauf* hin (d. h. weniger Laktat als erwartet, obwohl ausgeprägter glykolytischer Umsatz erfolgt). Die *1500-m-Schwimmstrecke* stellt sich nicht als reine aerobe Ausdauerbelastung heraus; im Vergleich zur 100-m-Strecke lagen hohe Laktatwerte (7–8 mmol) vor. Demnach liegt hinsichtlich der anaeroben-glykolytischen Energiebereitstellung ein Vergleich mit dem *10000-m-Lauf* (29:30 Minuten, 7–8 mmol/l) näher als mit der in der Zeitdauer ähnlicheren Laufstrecke von ca. 6500 m (18:12, Laktatwerte über 14 mmol/l). Die *rel. VO_2max-Werte* sind als Maß für die aerobe Leistungsfähigkeit im Schwimmen nicht geeignet, da im Wasser das durch den Auftrieb reduzierte Körpergewicht (= sog. *hydrostatisches Gewicht*) das Maß für den in der Vorwärtsbewegung zu überwindenden Widerstand darstellt. Geeigneter wäre die absolute VO_2max (3.5–5.5 l/min bei internationalen Spitzenschwimmern nach SHEPARD/ÅSTRAND 1993, 513). Tatsächliche Aussagekraft hat die *auf das hydrostatische Gewicht bezogene VO_2max,* wie folgendes reales Beispiel zeigt:
Schwimmerin A: Körpergewicht 57,3 kg, rel. VO_2max 48.9 ml/kg/min, hydrostat. Gewicht 1.3 kg, VO_2max/»Wassergewicht« 2.15 l/kg/min.
Schwimmerin B: 61.8 kg, 58.3 ml/kg/min, 2,9 kg, 1.24 l/kg/min.
Die schwimmspezifische Ausdauer ist bei Schwimmerin A trotz geringerer rel. VO_2max höher.

Im **Eisschnellauf** werden z. B. beim Zurücklegen der *5000-m-Strecke* (in 7:36 Minuten) Laktatwerte von ca. 15 mmol verzeichnet. Dies entspricht den Verhältnissen im *leichtathletischen 5000-m-Lauf* (13:20 Minuten) und nicht etwa dem

Tabelle 30 Die Bedeutung der Ausdauerarten in verschiedenen Anwendungsbereichen.

			Leistungssport			
	Präv. Gesundheitssport	Fitneßsport	Ausdauer- + Kraftausdauer-SpA.	Nichtausdauersport	Spiel- u. Zweikampfsportarten	Jugendalter
Grundlagenausdauer allg.	××	××		×	×	××
Grundlagenausdauer spez.		×	××			×
Azyklische Grundlagenausdauer		×		×	××	×
Spezielle Ausdauertypen			××			

×× = hohe Bedeutung × = mittlere Bedeutung

Tabelle 31 Spezielle Ausdauertypen in verschiedenen Sportarten und durchschnittliche Laktatkonzentrationen (in mmol/l) nach Wettkampfleistungen (nach NEUMANN/SCHÜLER 1989, 108).

	KZA		MZA		LZA							
					I		II		III		IV	
	35 s–2 min	Lac	2–10 min	Lac	10–35 min	Lac	35–90 min	Lac	90–360 min	Lac	Über 360 min	Lac
Schwimmen	100 m 200 m }	18	400 m	16	1 500 m	12			Marathon	8	100 km	2
Lauf	400 m 800 m	22 20	1500 m 3000 m Hi	20 16	5 000 m 10 000 m	16 14			Marathon	8	100 km	2
Radsport	1000 m	22	4000 m	20			30–50 km	10	120–200 km	4	250 km	2
Skilanglauf					5, 10 km	16	15 km	14	30, 50 km	8		
Eisschnellauf	500 m 1000 m } 1500 m	22 20	3000 m 5000 m	16 14	1 000 m	12						
Kanurennsport	500 m F	14	1000 m	13			10 km	10				
Rudern			500 m F 1000 m	14 15								
Gehen							20 km	8	50 km	4		
Biathlon					7,5 km 10 km	16 14	20 km	12				

F Frauen; *Hi* Hindernis

3000-m-Lauf (7:30 Minuten). Der 10000-m-Eisschnellauf (15:33 Minuten, 13,3 mmol/l Laktat) ist dem leichtathletischen 5000-m-Lauf in etwa gleichzusetzen. Zur Begründung dieser Verhältnisse muß darauf hingewiesen werden, daß mit *15 mmol/l Blutlaktat wahrscheinlich die Grenze für gutkoordinierte Bewegungen auf den Schlittschuhkufen* erreicht ist. Die anaerobe Kapazität wird deshalb nicht voll in Anspruch genommen. Außerdem muß darauf hingewiesen werden, daß die eingesetzte Muskelmasse gleich oder sogar mehr ist, die geringere Bewegungsschnelligkeit (Schrittfrequenz) und die ruhige Gleitphase im Schritt dazu einen gewissen Ausgleich schaffen.

Im **Rudern** werden beim Zurücklegen der Wettkampfstrecke von 2000 m (in durchschnittlich 6½ Min.) *Laktatwerte von 15–17 mmol/l* verzeichnet. Das entspricht in etwa einem *3000-m-Hindernislauf* (in 8:20 Min.) mit Laktatwerten um 16 mmol/l. Theoretisch wären wegen der größeren tätigen Muskelmasse und des höheren Krafteinsatzes (Durchzugskraft in Riemenbooten über 100 kp) noch höhere Laktatkonzentrationen zu erwarten. Der Hintergrund für die realen Verhältnisse ist darin zu suchen, daß der geschätzte Anteil des *anaeroben Beitrags* am Gesamtenergieumsatz bei *ca. 21–30%* liegt (nach SECHER in SHEPHARD/ÅSTRAND 1993, 546) und Spitzenruderer durch das stark aerob ausgerichtete Training einen *hohen Anteil von ST-Fasern* in ihrer Arbeitsmuskulatur haben (ca. 70%). Die anaerobe Kapazität scheint damit voll in Anspruch genommen zu sein.
Für die Beurteilung der aeroben Leistungsfähigkeit bezüglich der Ruderergebnisse ist die *absolute VO_2max* wesentlicher als die rel. VO_2max. Wie beim Schwimmen kommt das Körpergewicht im gleitenden Boot als Widerstandsgröße anders zur Geltung als beim Laufen. Nach SECHER wurden bei Ruderern der offenen Klasse 6.1 l/min und bei Leichtgewichtsruderern 5.1 l/min an maximaler Sauerstoffaufnahme gemessen. Die *Bedeutung der aeroben Kapazität* für die Ruderleistung zeigt sich darin, daß eine sehr hohe Korrelation zwischen den durchschnittlichen maximalen Sauerstoffaufnahmen von Bootsbesatzungen und ihren Resultaten bei internationalen Rennen nachzuweisen war.

Im **Kanusport** werden für international erfolgreiche Kajakfahrer bei simulierten Rennen in Kajakergometern *Laktatwerte* von 12.7–16.0 mmol/l für die 500-m-Strecke (KZA) und 11.7–13.5 mmol für die 1000-m-Strecke (MZA) angegeben (alle Angaben, auch im folgenden nach DAL MONTE et al. in SHEPHARD/ÅSTRAND 1993, 531 ff.). Das Ergebnis eines spezifischen Kajaktests im Wasser (1 Min. Belastungszeit) lag bei 13.2 mmol/l. Felduntersuchungen an *Kanadierfahrern* zeigten prinzipiell die gleichen Ergebnisse (14.9 mmol/l bei 500 m, 13.0 mmol/l bei 1000 m) wie bei den *Kajakfahrern.* Diese Laktatkonzentrationen zeigen die deutliche *muskuläre und metabolische Anpassung* der Arm-/Schultergürtelmuskulatur durch das Training. Trotz geringerer tätiger Muskelmasse können genauso hohe Laktatwerte wie bei der Auslastung dieser Personen auf Fahrrad- oder Laufbandergometer (mit mehr Muskelanteilen) produziert werden. Dies ist letztlich auf den entsprechenden Enzymbesatz zurückzuführen.

Für die disziplinspezifische aerobe Leistungsfähigkeit sind nur Testergebnisse von *Kajakergometern* aussagekräftig. Für Spitzenkanuten wurden dabei *durchschnittliche VO_2max-Werte* von 4.7 l/min festgestellt. Die auf dem Fahrradergometer erhobenen Werte lagen um nur ca. 7% höher (Laufbandergebnisse 20%). Dies ist ein Hinweis, daß auch die *lokale aerobe Ausdauer* (Schultergürtel-Arme) hoch ausgeprägt ist. Die *Fasertypenverhältnisse* (ca. 63% ST-Fasern; Kontrollgruppe 44%) in der Arbeitsmuskulatur bekräftigen dies. Die *anaerobe Schwelle* (4 mmol) liegt bei Kajakfahrern ebenfalls sehr hoch. In verschiedenen Quellen werden Werte von 83–86% VO_2max angegeben.
Insgesamt wird durch die Angaben deutlich, daß bei dieser typischen »Arm-Schultergürtel« Sportart trotz hoher *disziplinspezifischer Trainingsanpassung* die energetischen Verhältnisse nicht mehr den typischen Durchschnittswerten bei den verschiedenen speziellen Ausdauertypen (KZA, MZA; vgl. Tab. 29, S. 81 u. 31, S. 98) entsprechen.
Im **Skilanglauf** werden die Wettkampfstrecken (5–30 km bei Frauen, 10–50 km bei Männern) in Belastungszeiten von 15–100 Min. bzw. 25–115 Min. zurückgelegt. Im wesentlichen liegen damit LZA-I-und-II-Disziplinen vor. Die langen Volksläufe (50–90 km) sind unter LZA III einzuordnen. Die *Belastungssituation* ist im Vergleich zu den leichtathletischen Laufstrecken eine andere. Auf Grund des wechselnden Geländes (Anstiege, Flachstücke, Abfahrten) kommt es abschnittsweise zum *Einsatz großer Muskelgruppen* mit Beanspruchung der vollen VO_2max, dann wieder zu hohen Ansprüchen an die *lokale aerobe Ausdauer* und zu *relativen Erholungsphasen.* Da zeitlich betrachtet die erstgenannte Belastungsart überwiegt und für den Rennverlauf meist entscheidend ist, spielt die *Größe der VO_2max* neben der Höhe der *anaeroben Schwelle* (IANS) den wichtigsten leistungsbestimmenden Faktor dar. Im Skilanglauf werden ja auch die *höchsten Werte der rel. VO_2max* des Spitzensports verzeichnet (85–90 ml/kg/min und in Einzelfällen darüber).
Aussagekräftiger für die spezifische Ausdauerfähigkeit (gleitende Fortbewegung!) ist die *absol. VO_2max* (international durchschnittlich 6.3–6.5 l/min). Da in dieser Disziplin Athleten unterschiedlichere Körpergrößen und -gewichte haben, wird dem *auf die Körperoberfläche bezogenen Wert der rel. VO_2max* eine noch höhere Aussagekraft zugemessen (rel. VO_2max/Oberfläche = absol. VO_2max : Körpergewicht$^{2/3}$). Für Siegchancen in internationalen Rennen wird eine *Mindestgröße von 350 ml / kg$^{2/3}$* (Männer) bzw. *290 ml / kg$^{2/3}$* (Frauen) vorausgesetzt. (Beispiel: rel. VO_2max 84.9 ml/kg/min bei 72 kg Körpergewicht ergibt 363 ml/kg$^{2/3}$).
Von den Lauftechniken ist bei gleicher Geschwindigkeit *Skating* gegenüber der Diagonaltechnik *ökonomischer,* da nachweislich weniger Sauerstoff verbraucht wird. Im Anstieg sind die Erfordernisse an die VO_2max (bei jeweils höchstmöglicher Geschwindigkeit) kaum nennenswert geringer.
Für die sehr langen Wettbewerbe (LZA III) spielt die *Fettverbrennung* eine ausschlaggebende Rolle. Hohe Konzentrationen von freien Fettsäuren verhindern eine vorzeitige Glykogenspeicherentleerung und einen Proteinabbau. Die Verwertung der FFS geschieht hauptsächlich in den ST-Fasern. Der *anaeroben Kapazität* wird eine geringere Bedeutung beigemessen; die nach Rennen festge-

stellten Laktatwerte von 12–14 mmol/l (bei kürzeren Distanzen) bzw. 4–8 mol/l (bei längeren Distanzen) werden in erster Linie auf das *Finishverhalten* zurückgeführt. Bei Gleichwertigkeit im aeroben Bereich kann die anaerobe Kapazität natürlich wettkampfentscheidend sein.
Im Vergleich zu den leichtathletischen Laufstrecken darf nicht der hohe Stellenrang der *Lauftechnik (Bewegungsökonomie)* für die Sauerstoffersparnis vergessen werden. Selbst im internationalen Leistungsbereich gibt es hier deutliche Unterschiede.

Im **Biathlon** ist durch die Kombination von Skilanglauf und Schießen die *Leistungsstruktur noch komplexer.* Innerhalb der Teildisziplin Laufen sind die Anforderungen zunächst einmal weitgehend identisch mit denen auf den kürzeren Wettkampfstrecken des Spezialskilanglaufs (Wettkampfstrecken im Biathlon zwischen 7,5 und 20 km). Einige Besonderheiten verändern jedoch den Beanspruchungscharakter. Diese sind die *Laufunterbrechungen* wegen des Schießens mit dem notwendigen verhaltenen Anlaufen des Schießstands (= Umstellung der vegetativen Reaktionslage), die kurze Dauer der *Schießzeit* (meist unter 1 Minute), die *keine Erholung* zuläßt, und das mitzuführende *Gewehr als Zusatzlast* und *Störfaktor* für die Lauftechnik. In Verbindung mit den kürzeren Gesamtbelastungszeiten (unter 1 Std.) führt dies zu mehr *intervallartiger Belastung,* stärkerer Inanspruchnahme der *anaeroben Fähigkeiten* (abschnittsweise während der gesamten Wettkampfdauer deutlich über der anaeroben Schwelle), hoher *Bedeutung der VO_2max* und der *Glykogenspeicher* sowie höheren Ansprüchen an die *Kraftausdauer.*

Im **Radsport** ist sehr deutlich zwischen den kürzeren Bahnwettbewerben (1000 m, 4000 m 1–5 Min.) als KZA- und MZA-Disziplinen und dem Straßenradfahren (30–180 km) als LZA-II-und-III-Disziplinen zu unterscheiden. In den *Bahnwettbewerben* hat die *anaerobe Leistungsfähigkeit* einen noch hohen Stellenrang. Hinweise darauf sind die *Laktatwerte* nach Sprintwettbewerben von 18–22 mmol/l (nach Neumann in Shephard/Åstrand 1993, 560 ff., auch alle weiteren Angaben), die Laktatkonzentrationen von Bahnradfahrern bei Labortests (10–14 mmol/l), die *hohen Energieflußraten* von 33–38 kcal/min und der relativ hohe *FT-Fasertypanteil* mit einem hohen *anaeroben Enzymbesatz* bei Radsprintern. Die *aerobe* Leistungsfähigkeit ist auf der 1000-m-Sprintstrecke immerhin noch mit ca. 50% beteiligt. Die *typischen Werte der VO_2max* für Radsprinter liegen entsprechend um *65 ml/kg/min.* Bei den längeren Bahnstrecken (4000 m) hat die aerobe Energiebereitstellung bereits 70%igen Anteil. Die VO_2max-Werte liegen hier um durchschnittlich 10 ml/kg/min höher.
Im *Straßenradsport* ist natürlicherweise die *aerobe Kapazität* von relevanter Bedeutung, was durch die dafür *typischen VO_2max-Werte* (75–80 ml/kg/min), die *ST-Faseranteile* (80–95%) und die niedrigen Laktatwerte bei Labortests (6–10 mmol/l) unterstrichen wird. Da wegen der langen Wettkampfbelastungszeiten bestenfalls 70–75% der VO_2max eingesetzt werden können, ist die *Höhe der anaeroben Schwelle (IANS)* für die Leistungsfähigkeit aussagekräftiger als die VO_2max selbst.

Der **Triathlon** in seiner Kombination von Schwimmen, Radfahren und Laufen wird häufig als Synonym für Ultralangzeitausdauer (LZA IV) genannt. Das trifft jedoch nur für den ***Langtriathlon*** (3,8 km Schwimmen, 180 km Radfahren, 42,2 km Laufen) zu. Der ***Mitteltriathlon*** (2,0–2,5 km, 80 km, 20 km) wird in 4–6 Stunden, der ***Kurztriathlon*** (1,0–1,5 km, 40 km, 10 km) in ca. 2,5–3,5 Stunden absolviert (beide LZA III). Im Hinblick auf den Beanspruchungscharakter darf außerdem nicht nur von der *Gesamtbelastungszeit* ausgegangen werden, sondern es müssen auch die *typischen Belastungen der Einzeldisziplinen* auf den Teilstrekken Berücksichtigung finden. So ist der Mitteltriathlon die Summe aus LZA I + LZA III + LZA II, der Kurztriathlon die Summe aus LZA I + LZA II + LZA I. Das bedeutet für die Leistungsstruktur, daß neben einer *hohen allgemeinen Basisausdauer* auch Anforderungen der *speziellen Ausdauertypen* eine mitbestimmende Rolle spielen. Insgesamt räumt dies der *VO_2max* einen höheren Stellenrang ein, als dies sonst der Fall wäre. Die Bedeutung der *Höhe der anaeroben Schwelle* (IANS) wächst natürlich vom Kurz- zum Langtriathlon immer mehr. Genauso nimmt der Einfluß der *Fettverbrennung* zu. Im Mittel- und Langtriathlon (>4 Std.) sind auch der *Proteinkatabolismus* in Verbindung mit der *Glukoneogenese* und die Störungen im *Elektrolyt- / Wasserhaushalt* als Einflußfaktoren auf die Leistungsfähigkeit nicht zu vergessen.
Die Werte der rel. VO_2max von Spitzentriathleten liegen zwischen denen von Schwimm- und Rad- bzw. Laufspezialisten, was durch das gemischte Training erklärbar ist. Die relative Größe hat lediglich Aussagekraft für das Laufen.
Die Kombination der Einzeldisziplinen im Wettkampf verlangt Fähigkeiten, die Spezialisten nicht besitzen. Der *Triathlet* darf deshalb nicht als Summe aus Schwimmen + Radfahren + Laufen gesehen werden. Er ist ein *eigenständiger Typ von Ausdauersportler*. Für die Endleistung ist auch das Ineinandergreifen der 3 Disziplinen – nicht nur die Leistung auf jeder Teilstrecke – entscheidend.

6 Methodik des Ausdauertrainings

Für eine effektive Entwicklung der Ausdauer im Trainingsprozeß hat es sich als günstig erwiesen, das Ausdauertraining in gewisse ***Anforderungsbereiche*** (= *Trainingsbereiche*) einzuteilen. Das Einteilungskriterium ist die Belastungsintensität, weshalb auch von ***Intensitätsstufen des Trainings*** gesprochen wird. Wenn auch die Intensität wohl als der wesentlichste Einflußfaktor hinsichtlich der Trainingswirkungen anzusehen ist, so ist es eigentlich nicht ganz einwandfrei, die Trainingsbereiche alleine davon abzuleiten. Einflußfaktoren auf die Wirkungsrichtung sind neben der *Intensität* auch *Belastungsdauer, Belastungsumfang* und die *Art der Pausengestaltung*. Diese alle werden von den ***Trainigsmethoden,*** die den ***Trainingsbereichen*** *zuzuordnen* sind, berücksichtigt. Die *Trainingsbereiche* sind deshalb mehr als *Orientierungsgrundlage* für die Belastungsintensitäten, die für die beabsichtigte Wirkung notwendig sind, zu sehen. Relevanter sind die Trainingsmethoden, die später eine eingehende Beschreibung erhalten.

Trainingsbereiche (Intensitätsstufen des Trainings)

Alle in den verschiedenen Sportdisziplinen vorliegenden Einteilungen leiten sich von der pauschalen *Gliederung der Anforderungsbereiche aus der Sportbiologie / Sportmedizin* in ***Grundbereich, Entwicklungsbereich*** und ***Grenzbereich*** ab (Tab. 32, Abb. 42). Mittlerweile wurde diese 3-Gliederung um den ***Kompensationsbereich*** erweitert (Tab. 33). Die *Intensitäten* werden dabei in Prozenten der Bestleistung und der VO_2max, in Laktatwerten und Herzfrequenzen ausgedrückt.

Tabelle 32 Anforderungs- bzw. Trainingsbereiche zur Ausdauerentwicklung (modifiziert, nach Neumann, 1984, 175).

Anforderungsbereich	Belastungskriterien
Grundbereich	60–70 % der Streckenbestleistung (≡ 50–60 % VO_2max.); HF/min 130–150 Lac-Mengen < 2 mmol/l
Entwicklungsbereich I und II	70–90 % der Streckenbestleistung (> 70 % VO_2max.); HF/min 160–180 Lac-Mengen 3–7 mmol/l
Grenzbereich	95–100 % der aktuellen Streckenbestleistung (≡ 100 % VO_2max.); HF/min 180–200 Lac-Mengen > 7 mmol/l

Abbildung 42 Einfluß der Intensität von Ausdauerbelastungen in den drei Regulationsbereichen des Organismus auf Stoffwechselprozesse.

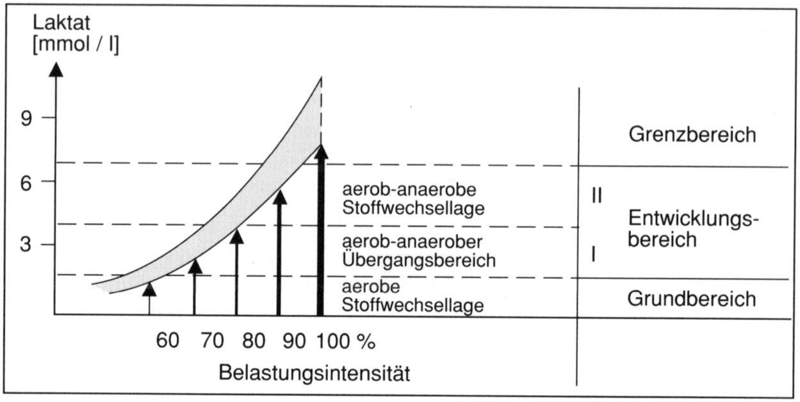

Tabelle 33 Einordnung von Trainingsbelastungen in Ausdauersportarten in die Trainingsbereiche (ENGELHARDT/NEUMANN 1994, 113).

Trainingsbereich	Belastungsintensität	Kontrollgrößen
Kompensationsbereich	60–75% der Bestleistung (60–70% max. O_2-Aufnahme)	Lactat < 2 mmol/l Hf 110–140 Schläge/min
Grundlagenbereich I	75–85% der Bestleistung (70–85% max. O_2-Aufnahme)	Lactat 2–3 mmol/l Hf 120–160 Schläge/min
Grundlagenbereich II	85–95% der Bestleistung (85–95% max. O_2-Aufnahme)	Lactat 3–6 mmol/l Hf 140–180 Schläge/min
Wettkampfspezifischer Bereich	> 95% der Bestleistung (95–100% max. O_2-Aufnahme) Wettkämpfe > 100% bei Unterdistanzen	Lactat 6–22 mmol/l Hf 180–210 Schläge/min

Mehr trainingspraktischen Bezug haben *Kontrollgrößen* wie Herzfrequenz (als Schwellenherzfrequenz aus dem Conconitest) oder Laktatwerte (aus Feldstufentests), wie sie in der Einteilung nach MARTIN et al. (1991, 199) verwendet werden. In diesem Konzept werden auch die Haupttrainingsmethoden zur Bereichstypisierung herangezogen. Ebenso wird auf die Unterschiede zwischen LZA- und KZA/MZA-Disziplinen eingegangen (Tab. 34).
Wie unterschiedlich die *Einteilung und Bezeichnungen* in den *einzelnen Ausdauerdisziplinen* sein können, soll die Zusammenstellung in Tab. 35 zeigen.

Tabelle 34 Bereich der Belastungsintensitäten für KZA-, MZA-, LZA-Disziplinen bezogen auf die Herzfrequenz (pd) bzw. Geschwindigkeit (vd) an der Conconi-Schwelle (= Knickpunkt in der HF-Kurve aus dem Conconi-Test) und auf Laktatwerte aus Feld-Mehrstrecken-Tests (nach MARTIN/CARL/LEHNERTZ 1991, 199).

	Intensität LZA-Disziplin	Intensität KZA-/MZA-Disziplin
Regenerationsbereich	75–80% von pd	75–80% von pd
Stabilisierungsbereich für aerobe Leistungsfähigkeit	ca. 85% von pd	ca. 85% von pd
Entwicklungsbereich für aerobe Leistungsfähigkeit (opt. Lac-steady-state)	ca. 92% von pd ca. 2–2.5 mmol/l	ca. 92% von pd ca. 2.5–3 mmol/l
Grenzbereich für Dauermethoden (max. Lac-steady-state)	ca. 97% von pd ca. 3 mmol/l	ca. 97% von vd > 3 mmol/l
Bereich für extensives Intervalltraining	100% von pd ca. 3.5–4 mmol/l	105% von vd > 4 mmol/l
Bereich für intensives Intervalltraining	103% von pd	–90% HFmax (Schnelligkeitsausdauer) –100% HFmax (Sprintausdauer)

Tabelle 35 Trainingsbereiche in disziplinbezogener Einteilung und Bezeichnung

Leichtathletik Mittel-/Langstrecke (DLV-Rahmentrainingsplan)	**Leichtathletik Mittel-/Langstrecke** (MARTIN/COE, 1992)	**Straßenradsport** (LINDNER, 1993)
Kompensationsbereich		***Kompensationsbereich*** aerob; HF⁺ 90–110/min Lac 0–2 mmol/l
Grundlagenausdauer-I-Bereich 40–60% VO_2max Lac < 2, < 3 mmol/l	***aerobes Konditionstraining*** 55–75% VO_2max Lac 2–3.5 mmol/l 70–80% HFmax**	***Grundlagenausdauerbereich*** ausschließlich aerob; HF 100–150/min Lac 0–3 mmol/l
Grundlagenausdauer-II-Bereich 65–90% VO_2max Lac 3–5 mmol/l (DL*) Lac 3–8 mmol/l (TL*)	***anaerobes Konditionstraining*** 75–90% VO_2max Lac 3.5–5 mmol/l 80–90% HFmax; IANS-Geschw.	***Schnellkraftbereich*** (K_1–K_2) aerob + alaktazid
Schnelligkeitsausdauerbereich 90% VO_2max Lac 8–12 mmol/l	***aerobes Kapazitätstraining*** 90–100% VO_2max Lac 5–7 mmol/l; VO_2max-Geschw.	***Entwicklungsbereich*** aerob–anaerob; HF 150–190/min Lac 3–6 mmol/l
Wettkampfspezifischer Ausdauerbereich 100% VO_2max Lac 12–18 mmol/l	***anaerobes Kapazitätstraining*** 100–130% VO_2max Lac > 8 mmol/l	***Kraftausdauerbereich*** (K_3–K_4) Lac > 6 mmol/l
Schnelligkeitsbereich alaktazid		***Spitzenbereich*** anaerob; HF 180/min–HFmax Lac 6–20 mmol/l

* DL = Dauerlauf
TL = Tempolauf

** HF-Stufen nach Karvonenverfahren
HF = Herzfrequenz

⁺ HF-Werte als Erfahrungswerte aus Leistungsdiagnostik; individuelle Werte günstiger.

Trainingsmethoden

Die Entwicklung der Ausdauer ist in Anbetracht der verschiedenen Ausdauerarten und Ausdauertypen mit ihren jeweils *komplexen organismischen Beanspruchungen* nur in Ausnahmefällen Angelegenheit einer einzigen Trainingsmethode (evtl. im Gesundheitstraining). Normalerweise können die Zielsetzungen eines Ausdauertrainings (besonders im Leistungssport) nur unter ***Einsatz verschiedener Trainingsmethoden*** erreicht werden. Jede Ausdauerbelastungsmethode hat über die *grundsätzlichen Wirkungen* hinaus ihre *spezifischen physiologischen Wirkungen,* die es eben zu gegebener Zeit zu nutzen gilt. Je differenzierter trainingsmethodisch vorzugehen ist, desto mehr spielen die *Varianten der Grundmethoden* und *Trainingsformen* eine Rolle. Zunächst sollen jedoch die Ausdauertrainigsmethoden grundsätzlich erfaßt werden.

Grundmethoden

Es lassen sich *vier Grundmethoden* herausstellen. Abb. 43a–e und die folgenden Kurzbeschreibungen charakterisieren die Durchführungsweisen und die prinzipiellen Wirkungsmechanismen.

Abbildung 43a–e Schematischer Vergleich der Grundmethoden des Ausdauertrainings (in Anlehnung an Autorenkollektiv, 1982). S = Serie, SP = Serienpause, B. = Belastung, v. P. = volle Pause, l. P. = lohnende Pause.

Abbildung 43a

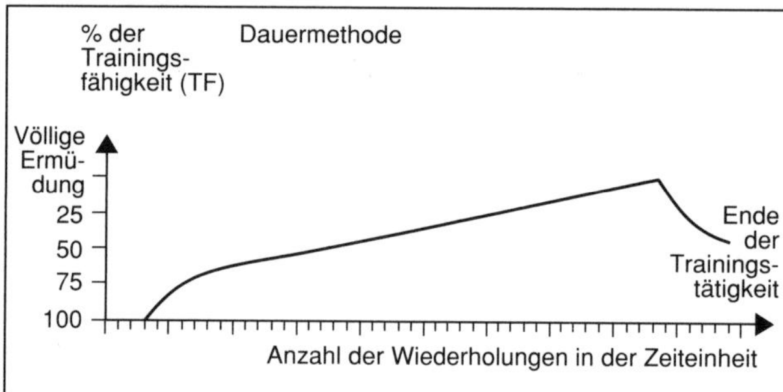

Belastungsintensität	Pause	Belastungsumfang	Belastungsdauer
70–90% der Bestleistung	Üben ohne Pause	Sehr groß	Sehr lang 30 min–2 h

Abbildung 43b

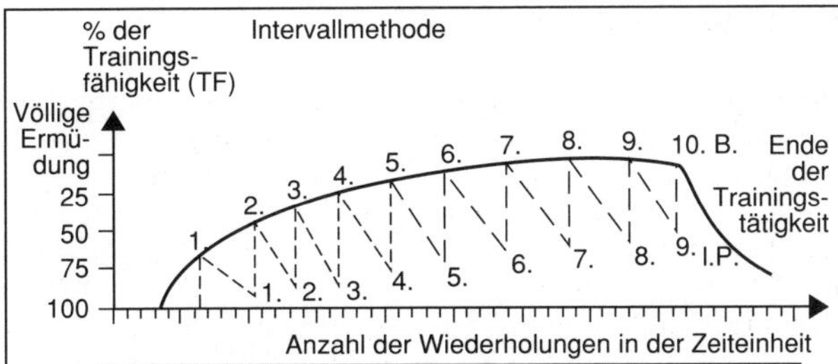

Belastungs-intensität	Pause	Belastungs-umfang	Belastungs-dauer
60–80%	»Lohnende Pause«	Mittel 10–12 Wiederholungen	Kurz – Mittel 15–60 s (KZI) auch 1–8 min (MZI) u. 8–15 min (LZI)

Abbildung 43c

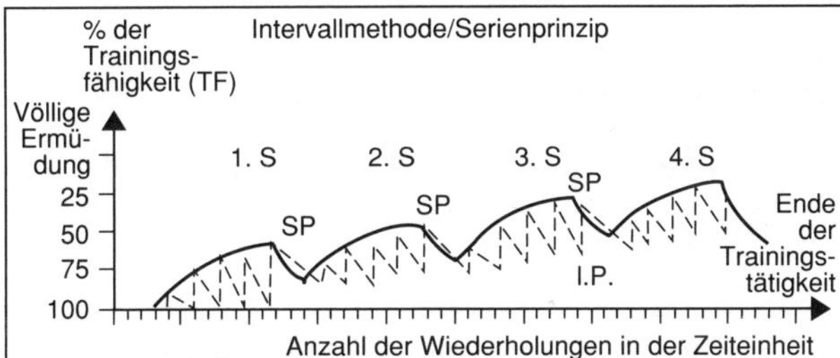

Belastungs-intensität	Pause	Belastungs-umfang	Belastungs-dauer
70–90%	»Lohnende Pause« Serienpause (3–10 min)	Hoch 12–40 Wiederholungen	Mittel 30–90 s auch 2–3 min

Abbildung 43d

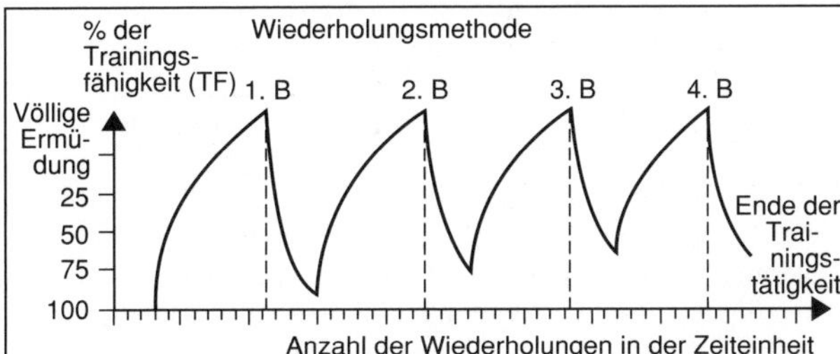

Belastungs-intensität	Pause	Belastungs-umfang	Belastungs-dauer
90–100%	(4–30 min) volle Pause	gering	nach Streckenlänge kurz – mittel

Abbildung 43e

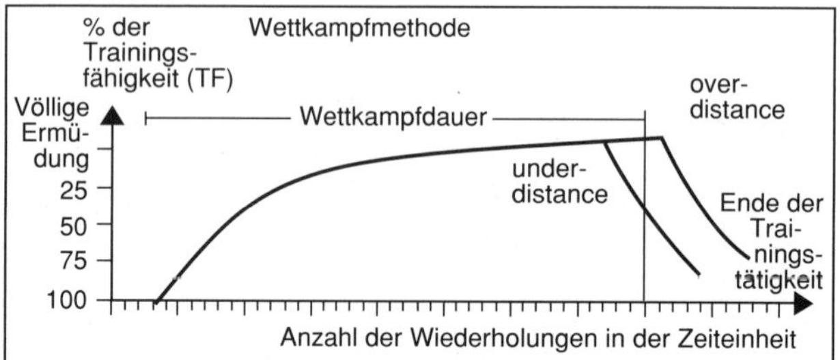

Belastungs-intensität	Pause	Belastungs-umfang	Belastungs-dauer
95–105%	ohne	gering – mittel	nach Streckenlänge mittel – lang

Spezielle Methoden

Aus den *Grundmethoden* können durch eine aufeinander *abgestimmte Gestaltung von Belastungsintensität und -dauer* Methoden herausgestellt werden, deren Hauptwirkungsrichtungen relativ gut zu fassen sind. Man kann sie auch als ***Methoden mit akzentuierter Wirkung*** bezeichnen (Tab. 36).

Um eventuellen Mißverständnissen vorzubeugen, sei hier nochmals betont, daß die *Anpassungen* an die verschiedenen Belastungen *grundsätzlich als komplexer Vorgang* von mehreren der kardiopulmonalen, muskulären und metabolischen Veränderungen (Tab. 19, 20, 21, 25, S. 59f. bzw. 69) zu verstehen ist. Das Herausheben von Hauptwirkungen ist immer im Rahmen dieses vielschichtigen Geschehens zu sehen.

Die ***Intensitätsangaben*** können sich auf verschiedene Parameter beziehen:

- auf die prozentuale Beanspruchung der *aeroben Kapazität (% VO_2max),*
- auf die verschiedenen *Laktatschwellen* wie *aerobe Schwelle (AS, 2 mmol), individuelle anaerobe Schwelle (IANS)* und *anaerobe Schwelle (ANS, 3 oder 4 mmol),*
- auf die *Herzfrequenz* (als Direktangabe oder Prozentsatz der maximalen Herzfrequenz, %HFmax),
- auf die *Fortbewegungsgeschwindigkeit* (Direktangabe oder Prozentsatz der Bestleistungsgeschwindigkeit bzw. Schwellengeschwindigkeit an der IANS).

Allgemeingültigkeit (für verschiedene Disziplinen, Leistungsniveau, Alter) haben lediglich die Angaben zu den Laktatschwellen, zur Beanspruchung der VO_2max und zur IANS-Geschwindigkeit.

Allgemeine Angaben (Durchschnittswerte) zur Herzfrequenz und Fortbewegungsgeschwindigkeit sind kein verläßliches Kriterium, da die individuellen Schwankungen je nach Sportart sehr groß sein können. Im *leistungssportlichen* Bereich sollten für eine ausreichend hohe Genauigkeit in Tests die den Laktat-

Tabelle 36 Übersicht zu den speziellen Trainingsmethoden (mit akzentuierter Wirkung).

Methodenbezeichnung	mögliche Zielsetzungen, Anwendungen
– extensive Dauermethode	Ökonomisierung der Herzkreislaufarbeit, Erweiterung der aeroben Kapazität (Grundbereich), Fettstoffwechseltraining, Regenerationsbeschleunigung, Stabilisierung eines Leistungsniveaus, Ökonomisierung der Bewegungstechnik
– intensive Dauermethode	Erweiterung der aeroben Kapazität (Entwicklungsbereich), Anheben der IANS/ANS, Glykogenstoffwechseltraining (Superkompensation), Laktatkompensation, Stabilisierung der Bewegungstechnik
– variable Dauermethode	Erweiterung der aeroben Kapazität (wie bei extensiver und intensiver Dauermethode), Erhöhung der Belastungsverträglichkeit bei variierenden Langzeitbelastungen, Beschleunigung der Wiederherstellung bei intermittierenden Belastungen, Variation der Bewegungsmuster (keine unerwünschte Stabilisierung)
– extensive Intervallmethode + LZI (3–8 Min.) – extensive Intervallmethode + MZI (1–3 Min.)	Erweiterung der aeroben Kapazität (Entwicklungsbereich), Anheben der IANS/ANS, Laktatkompensationstraining, Entwicklung der anaeroben-laktaziden Kapazität, Kraftausdauertraining
– intensive Intervallmethode + KZI (20–40 Sek.) – intensive Intervallmethode + MZI (60–90 Sek.)	Entwicklung und Erweiterung der anaerob-laktaziden Kapazität, Säuretoleranztraining, Verbesserung der kurzfristigen Erholungsfähigkeit, Bewegungstechnik mit Wettkampfgeschwindigkeit, Schnelligkeitsausdauer- und Kraftausdauertraining
– intensive Intervallmethode + extreme KZI (6–9 Sek.)	Erweiterung der anaerob-alaktaziden Kapazität, Verbesserung der Laktatelimination, Schnelligkeits- und Schnellkraftausdauertraining, Förderung der aeroben Leistungsfähigkeit
– Wiederholungsmethode + LZI (3–8 Min.) – Wiederholungsmethode + MZI (1–2 Min.) – Wiederholungsmethode + KZI (20–30 Sek.)	Anpassung an wettkampfspezifische Belastungen, Erweiterung der komplexen Funktionsamplitude, Schnelligkeitsausdauer- und Kraftausdauertraining
– Wettkampf- oder Kontrollmethode	Entwicklung der wettkampfspezifischen Ausdauer, Erweiterung der spezifischen Leistungsfähigkeit auf höchstem Funktionsniveau, Erfahrungserwerb und Anwendung taktischen Verhaltens

schwellen entsprechenden Herzfrequenzen bzw. Geschwindigkeiten festgestellt werden. Im *Gesundheits-/Fitneßbereich* ist aus pragmatischen Gründen die Festlegung nach allgemeinen Formeln noch akzeptabel. (Weiteres s. S. 164ff.)
In den folgenden Beschreibungen der speziellen Methoden wird bei den Dauer- und extensiven Intervallmethoden auf die ***Laktatschwellen, VO_2max*** und ***IANS-***

Geschwindigkeit (= 100%), bei den intensiven Intervall- und Wiederholungsmethoden auf die ***Wettkampfgeschwindigkeiten*** Bezug genommen.

Dauermethoden (Abb. 44)

Bei ihrer Anwendung liegt eine ***ununterbrochene trainingswirksame Belastung*** über eine lange Zeitspanne vor *(continuous work)*. Der Trainingsgewinn ist vorrangig aus der relativ langen Zeitdauer, in der die physiologischen Prozesse ziemlich konstant laufen, zu erwarten. Es kommt zu ***wirtschaftlichen Ausführungen der Bewegungsleistung*** und ***Funktionserweiterung der Organsysteme***. Ersteres geschieht mehr im Bereich des Grundlagentrainings, letzteres mehr im Entwicklungsbereich. Auf koordinativer Ebene wird das ***Einschleifen des angewandten Bewegungsablaufs*** (dynamisch-motorischer Stereotyp), auf psychischer Ebene die ***Gewöhnung an die Arbeitsmonotonie*** erreicht.

Abbildung 44
Varianten der Dauermethode.

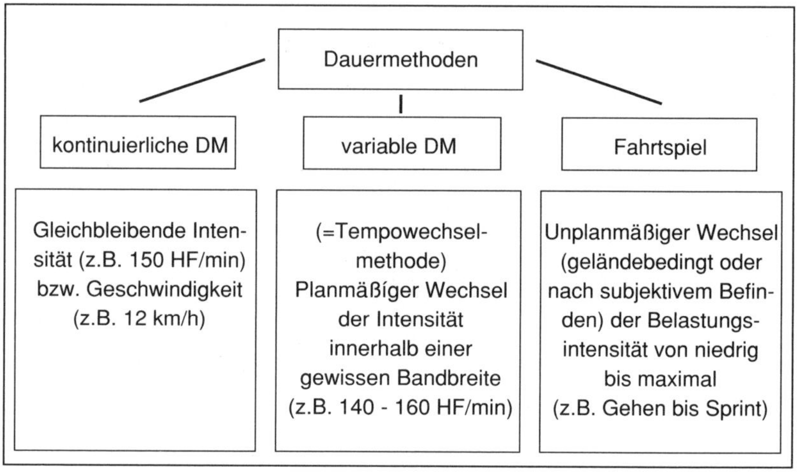

Extensive (kontinuierliche) Dauermethode (ext. DM)

Belastungsintensität:	leicht–mittel; **unter und an der AS**, identisch mit 0.75–2.0 mmol/l Lac; 45–70% VO_2max; **75–80% IANS-Geschwindigkeit**
Belastungsdauer:	**30 Min.–6 Std.** (je nach Sportart, Zielsetzung)

Trainingswirkungen v. a.:

- ***Ökonomisierung der Herzkreislaufarbeit***,
- Verbesserung der ***peripheren Durchblutung***,
- Erweiterung des aeroben Stoffwechsels mit Verbesserung der ***Fettverbrennung***,

- Nutzung der ***Glukoneogenese*** (bei überlanger Dauer),
- Ausbildung einer ***Vagotonie***,
- Ausbildung eines ***stabilen Bewegungsstereotyps*** (ST-Faserrekrutierung).

Anwendung/Zielsetzungen:
- **Gesundheits-/Fitneßtraining** (Dauer* minimal 10–12 Min., optimal 30–45 Min.),
- **Regenerationsbeschleunigung** (Dauer 20–40 Min.),
- **Fettstoffwechseltraining** (> 90 Min.),
- **Ökonomisierung der Bewegungstechnik** (für lange Belastungen),
- **Stabilisierung** eines zuvor **erhöhten Leistungsniveaus**.

Intensive (kontinuierliche) Dauermethode (int. DM)

Belastungsintensität: mittel–submaximal; **an der IANS bzw. ANS**, identisch 4–6 mmol/l Lac (nach Belastung); 75–85% VO_2max; **90–95% IANS-Geschwindigkeit**

Belastungsdauer: **20 Min.–3 Std.** (je nach Sportart, Zielsetzung)

Trainingswirkungen v. a.:
- ***Entwicklung des Herz-Kreislauf-Systems*** (Herz, Sauerstofftransportkapazität),
- ***Kapillarisierung*** der Skelettmuskulatur,
- Verbesserung des aeroben Stoffwechsels unter verstärkter ***Glykogennutzung,***
- Glykogenentleerung und ***Superkompensation,***
- Nutzung des ***Laktat-steady-state*** (Laktatbildung und -kompensation),
- Ausbildung eines ***Bewegungsstereotyps*** (erweiterte Faserrekrutierung).

Anwendung/Zielsetzungen:
- **Erweiterung der aeroben Kapazität** (VO_2max über zentralen und peripheren Faktor),
- **Glykogenstoffwechseltraining** (Speichervergrößerung, Dauer > 45 Min.),
- **Laktatkompensationstraining,**
- **Anheben von IANS/ANS,**
- Schnelles **Anheben des aeroben Leistungsniveaus** (geringe Stabilität),
- **Stabilisierung** wettkampfgemäßer **Bewegunstechnik** in LZA-Disziplinen.

* Zeitangaben für Laufen; bei Trainingsübungen mit gleitender/rollender Fortbewegung 2- bis 3fache Dauer.

Variable Dauermethode (var. DM)

Belastungsintensität:	zwischen leicht und submaximal systematisch* wechselnd; **zwischen AS und ANS,** identisch mit 1.5–4.0 mmol/l Lac; 60–85% VO_2max; **80–95% IANS-Geschwindigkeit**
Belastungsdauer:	**30–60 Min.–3 Std.** (je nach Sportart, Zielsetzung)

Trainingswirkungen v. a.:

- ***Anpassungen im Herz-Kreislauf-System,*** in der ***Skelettmuskulatur*** und im ***vegetativen Bereich*** ähnlich denen der extensiven Dauermethode und intensiven Dauermethode, jedoch mit geringerem Ausprägungsgrad,
- ***verbesserte Umstellung*** zwischen rein aerober (Glykogen/FFS) und gemischt aerob-anaerober (Glykogen) Energiebereitstellung,
- ***verbesserte Laktatkompensation*** und ***Laktatelimination*** in den extensiven Belastungsphasen,
- ***Unterbrechung der Ausprägung*** stabiler Bewegungsstereotypen.

Anwendung/Zielsetzungen:

- **Erweiterung der aeroben Kapazität** (Dauer >45 Min.),
- **erhöhte Belastungsverträglichkeit** bei langen Belastungen mit wechselnder Energiebereitstellung,
- **Beschleunigung der Wiederherstellung** zwischen den Belastungsphasen bei intermittierenden Belastungen,
- **Verhinderung der Stabilisierung unerwünschter Bewegungsstereotypen** (z. B. disziplinunspezifische Bewegungsfrequenzen).

Intervallmethoden (Abb. 45)

Gemeinsames Kennzeichen aller Varianten der Intervallmethoden ist der *planmäßige Wechsel zwischen Belastungs- und Entlastungsphasen (intermittent work).* In der Entlastung kommt es nicht zur vollen Erholung; es liegen ***unvollständige (= »lohnende«) Pausen*** vor (siehe S. 13f.). Die Pausendauern können in Abhängigkeit von Belastungsintensität, Belastungsdauer und Trainingszustand zwischen einer halben Minute und mehreren Minuten liegen. Das ***Erholungskriterium ist die Herzfrequenz*** *(120–130 HF/min).* Wird im Seriensystem vorgegangen, so liegen zwischen den Serien (mit meist 4–6 Wiederholungen) sog. *Serienpausen*

* Sonderform mit unsystematischem Wechsel ist ***Fahrtspiel*** (Fartlek) = Spiel mit der Geschwindigkeit.

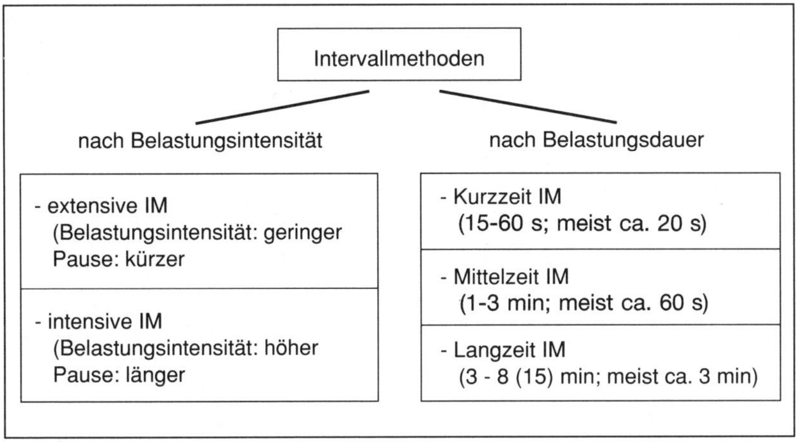

Abbildung 45
Varianten der Intervallmethode.

von längerer Dauer, um die sich schnell aufstockende Ermüdung hinauszuschieben. Der Wirkungsgewinn ist zunächst in dem häufigen Wechsel von *Ankurbeln und Abschalten der Belastungsphase* zu suchen, dann *in der Belastungsphase* und der *»lohnenden Pause«* selbst. Während der Belastung kommt es wegen der ***Herzdruckarbeit*** (infolge höheren peripheren Widerstandes) zu einem *Hypertrophiereiz auf den Herzmuskel,* in der Erholungsphase wegen der vorherrschenden ***Herzvolumenarbeit*** (infolge des gefallenen peripheren Widerstandes) zu einem *Herzerweiterungsreiz.*
Allgemein wird mit den Intervallmethoden eine ***Erweiterung der Funktionsbreite einzelner Organsysteme*** erreicht. Auf koordinativem Gebiet erfolgt ***Festigung der anspruchsvolleren (schnelleren, kräftigeren) Bewegungsausführung*** gegenüber Störeinflüssen (z. B. Ermüdung wegen Übersäuerung oder Phosphatspeicherentleerung), im psychischen Bereich ***Gewöhnung an erneute Arbeitsaufnahme*** trotz unangenehmer Empfindungen.

Extensive Intervallmethode mit Langzeitintervallen (ext. IM + LZI)
(für LZA-Athleten)

Belastungsintensität:	submaximal; **an der IANS bzw. ANS,** identisch mit 3–4 mmol/l Lac; 75–85% VO_2max; **100% IANS-Geschwindigkeit**
Belastungsdauer:	**3–8 Min.,** auch bis 15 Min.
Pause:	mit reduzierter Aktivität bis **HF-Abfall unter 120/Min.;** Richtzeit **3 Min.** (nicht länger)
Belastungsumfang:	**50–60 Min.** (inkl. Pausen); **6–10 Belastungen**

Extensive Intervallmethode mit Mittelzeitintervallen (ext. IM + MZI)
(für MZA/KZA-Athleten)

Belastungsintensität:	submaximal-maximal; **über der IANS bzw. ANS,** identisch mit 5–6 mmol/l Lac; 80–90% VO_2max; **100–105% IANS-Geschwindigkeit**
Belastungsdauer:	**1–3 Min.**
Pause:	mit reduzierter Aktivität bis **HF-Abfall unter 120/Min.;** Richtzeit **2(–3) Min.**
Belastungsumfang:	**40–45 Min.** (inkl. Pausen); **9–15 Belastungen**

Trainingswirkungen v. a.:

- ***Entwicklung des Herz-Kreislauf-Systems*** (Herz, Sauerstofftransportkapazität),
- ***Kapillarisierung*** (geringer als bei DM)
- Verbesserung des gemischt ***aerob-anaeroben*** Stoffwechsels unter ***Glykogennutzung,***
- Aktivierung der ***Laktatproduktion*** (ST-Fasern), ***Laktatelimination***.

Anwendung/Zielsetzungen:

- **Ausbildung der aeroben Kapazität** im oberen Entwicklungsbereich unter Einbezug anaerober Prozesse,
- **Erweiterung der VO_2max** (vorrangig zentraler Faktor),
- **Anheben der IANS, ANS,**
- **Entwicklung der anaeroben Kapazität,**
- **Laktatkompensationstraining,**
- **Kraftausdauertraining** (Zusatzlasten, erschwerte Bedingungen).

Bei den intensiven Intervallmethoden liegen die ***Belastungsintensitäten*** bei Bezugnahme auf die VO_2max (wie bei den vorherigen Methoden) im ***maximalen bis supramaximalen*** Bereich (100–130% VO_2max). In der Trainingspraxis wird deshalb die Intensität meist über die *Geschwindigkeit* bestimmt, und zwar als ***Prozentsatz der aktuellen Bestleistungsgeschwindigkeit*** aus der *Hauptwettkampfdistanz im KZA/MZA-Bereich* (% Wettkampfgeschwindigkeit).
Hinsichtlich der *Pausengestaltung* kommt auch das ***Serienprinzip*** (Abb. 43c, S. 107) mit *kurzen Intervallpausen* und *längeren Serienpausen* zum Einsatz. Damit soll eine zu rasche Ermüdungsaufstockung vermieden werden. Nach derartigen Trainingseinheiten liegen sehr hohe Laktatwerte vor (> 8–10 mmol).

Intensive Intervallmethode mit Kurzzeitintervallen (int. IM + KZI)

Belastungsintensität:	**95–100% Wettkampfgeschwindigkeit** aus KZA/ MZA-Distanz)
Belastungsdauer:	**20–40 Sek.** (KZI)
Pausen:	**30–90 Sek.** Intervallpausen, **3–5 Min.** Serienpausen oder **3 Min.** Intervallpausen, 3fache Belastungsdauer
Belastungsumfang:	**20–30 Min.; 6–10 Belastungen** insgesamt

Intensive Intervallmethode mit Mittelzeitintervallen (int. IM + MZI)

Belastungsintensität:	**90–95% Wettkampfgeschwindigkeit** (aus KZA/ MZA-Distanz)
Belastungsdauer:	**60–90 Sek.** (MZI)
Pausen:	**3 Min.** (evtl. länger) Intervallpausen
Belastungsumfang:	**20–25 Min.; 3–6 Belastungen** insgesamt

Trainingswirkungen v. a.:

- Aktivierung und Steigerung der ***Laktatproduktion*** (vor allem bei KZI),
- Verbesserung der ***Pufferkapazität*** und ***Säuretoleranz*** (vor allem bei MZI),
- ***Beanspruchung der FT-Fasern,***
- Aktivierung ***aerober Prozesse*** zur Beseitigung der Sauerstoffschuld (in Pausen),
- verstärkte ***Herzleistung***.

Anwendung/Zielsetzungen:

- Entwicklung und **Erweiterung der anaeroben Kapazität,** über verbesserte Laktatproduktion (KZI), über verbesserte Pufferkapazität und Säuretoleranz (MZI),
- Verbesserung der **kurzfristigen Erholungsfähigkeit,**
- **Säuretoleranztraining,**
- **Schnelligkeits-, Kraftausdauertraining,**
- Ausprägung der **Bewegungstechnik unter Wettkampfgeschwindigkeiten.**

Intensive Intervallmethode mit extremen Kurzzeitintervallen (int. IM + extr. KZI)

Belastungsintensität:	**fast maximale bis maximale Schnelligkeit** (über der Wettkampfgeschwindigkeit)
Belastungsdauer:	**6–9 Sek.**
Pausen:	**2(–3) Min. aktive Intervallpausen, 5 Min.** Serienpausen (nach 3–4 Belastungsintervallen)
Belastungsumfang:	**25–30 Min.** (inkl. Pausen); **9–15 Belastungen** insgesamt (bei besonderer Zielsetzung auch länger)

Trainingswirkungen v. a.:
- Wiederholter ***Phosphatabbau und Resynthese,***
- Aktivierung der ***anaeroben Glykolyse,***
- Beanspruchung der ***FT-Fasern*** (voll),
- ***Stimulierung des aeroben Stoffwechsels*** für die Phosphatresynthese (in den Pausen),
- verstärkte ***Herz- und Atemarbeit.***

Anwendung/Zielsetzungen:
- **Erweiterung der anaeroben-alaktaziden Kapazität,**
- Verbesserung in der **Umstellung zwischen anaerober und aerober Energiebereitstellung,**
- Verbesserung der **Laktateliminierung,**
- **Schnelligkeits-/Schnellkrafttraining,**
- **Förderung der aeroben Ausdauer** (Aufsummierung von Pausen).

Wiederholungsmethoden

Sie sind gekennzeichnet durch *wiederholtes, intensives Belasten* mit dazwischenliegenden ***vollständigen Pausen.*** In den Erholungsphasen sollen alle beanspruchten Funktionssysteme annähernd in die Ausgangslage vor der Belastung zurückkehren. Die ***Herzfrequenz*** sollte auf ***unter 100/min*** absinken. Der Unterschied zur *»lohnenden« (unvollständigen)* Intervallpause kann nur theoretisch exakt bestimmt werden. In der Trainingsrealität ist der Übergang fließend, weshalb manchmal zwischen Intervall- und Wiederholungsmethode nicht mehr getrennt wird.

Der Wirkungsgewinn ist aus den intensiven Belastungsphasen zu erwarten, in denen jeweils alle *physiologischen Prozesse bzw. Regulationsmechanismen* bis *zum notwendigen Funktionsniveau* durchlaufen werden müssen.

Insgesamt geht es um die *wiederholte Ausführung wettkampfspezifischer Belastungen in verkürzter Dauer* (meist Unterdistanzen).

Die vorrangige Zielsetzung ist deshalb stets:
- **Anpassung** erworbener Grundlagenfähigkeiten **an die wettkampfspezifische Belastung,**
- **Erweiterung der komplexen Funktionsamplitude,**
- **Training der wettkampfspezifischen Ausdauer.**

Wiederholungsmethode mit Langzeitintervallen (WM + LZI)
(für LZA-Athleten)

Belastungsintensität:	**100% Wettkampfgeschwindigkeit** (über LZA-Distanz von ca. 15 Min.)
Belastungsdauer:	**3–8 Min.**
Pause:	>**5 Min.;** Richtzeit ist auch die Belastungsdauer
Belastungsumfang:	**3–5 Belastungen**

Trainingswirkungen:
- Verbesserung der ***komplexen Beanspruchung für LZA-Belastungen,***
- Beanspruchung und Verbesserung der ***gemischt aerob-anaeroben Energiebereitstellung,***
- Verbesserung der ***Laktatkompensation*** bei ***geschwindigkeitstypischen Laktatkonzentrationen*** (ca. 6–8 mmol).

Wiederholungsmethode mit Mittelzeitintervallen (WM + MZI)
(für LZA I/MZA-Athleten)

Belastungsintensität: **100% Wettkampfgeschwindigkeit** (über MZA-Distanz von 5–6 Min.)
Belastungsdauer: **1–2 Min.**
Pause: **>3 Min., –5 Min.**
Belastungsumfang: **4–6 Belastungen**

Trainingswirkungen:
- Verbesserung der ***komplexen Beanspruchung für MZA-/LZA-I-Belastungen,***
- Beanspruchung und Verbesserung der ***anaerob-laktaziden Energiebereitstellung,***
- Verbesserung der ***Säuretoleranz bei geschwindigkeitstypischen Laktatwerten*** (ca. 8–10 mmol).

Wiederholungsmethode mit Kurzzeitintervallen (WM + KZI)
(für KZA-Athleten)

Belastungsintensität: **100% Wettkampfgeschwindigkeit** (über KZA-Distanz von 1–2 Min.)
Belastungsdauer: **20–30 Sek.**
Pause: **>5 Min.; –7 Min.**
Belastungsumfang: **4–8 Belastungen**

Trainingswirkungen:
- Verbesserung der ***komplexen Beanspruchung für KZA-Belastungen,***
- Beanspruchung und Verbesserung der ***anaerob-alaktaziden und laktaziden Energiebereitstellung,***
- Verbesserung der ***Laktatelimination*** (Laktataufstockung in der Pause).

Wettkampf- oder Kontrollmethode

Bei dieser Methode liegt eine ***einmalige wettkampftypische Beanspruchung*** im *angemessenen Zeitraum* vor.
Es wird entweder die ***Wettkampfdistanz,*** eine ***Unterdistanz*** (mit etwas höherer Geschwindigkeit) oder eine ***Überdistanz*** (mit leicht reduzierter Geschwindigkeit) absolviert. Dies kann *im Training* mit Wettkampfsimulation oder wirkungsvoller *als Testwettkampf* (Aufbauwettkampf) durchgeführt werden.
Die Aufteilung der ***Wettkampfdistanz in Teilstrecken mit sehr kurzen Unterbrechungen*** (Pausen) und maximaler bis supramaximaler Wettkampfgeschwindigkeit stellt eine weitere Variante der Wettkampfmethode dar. Das *»gebrochene«* Schwimmen ist ein Musterbeispiel dafür. Diese Trainingsform wird allerdings im Training häufiger eingesetzt als die vorherigen Varianten.
Damit werden *wettkampfgemäße Funktionszustände der Organsysteme* erreicht. In der Folge wird eine *Erweiterung der komplexen Leistungsfähigkeit auf höchstem Funktionsniveau* ermöglicht: Konditionelle, koordinative, bewegungstechnische, psychische und taktische Faktoren werden gleichermaßen gefordert.
Die *Wettkampfmethode* dient der *unmittelbaren Vorbereitung* auf die Wettkampfperiode, sie wird auch als *Kontrollmethode* zu diagnostischen Zwecken eingesetzt.

Wettkampfmethode (Methode der wettkampfspezifischen Einzelbelastung – wspM)

Belastungsintensität:	**Maximalbereich** der Wettkampfgeschwindigkeit
Belastungsdauer:	**Wettkampfdistanz** oder **Unterdistanz** (−10–25%) oder **Überdistanz** (+10–25%) oder **»gebrochene Strecke«**

Anwendung/Zielsetzungen:
- Entwicklung der **wettkampfspezifischen Ausdauer,**
- Erweiterung der **spezifischen Leistung auf höchstem Funktionsniveau,**
- Erfahrungserwerb unter Wettkampfbedingungen und **Anwendung taktischer Verhaltensweisen** (Einteilung des Rennens, Verhalten gegenüber Konkurrenten).

Methodenbezeichnungen in den verschiedenen Ausdauersportarten

Bei der Sichtung *sportartspezifischer Literatur* fällt auf, daß unter der Rubrik »Methoden« viele Bezeichnungen über die hier verwendeten Begriffe hinaus zu finden sind. Dafür liegen verschiedene Gründe vor.
Einmal ist beim Zusammenstellen von Belastungsintensitäten mit Belastungsdauern und Pausengestaltungen ein sehr *variationsreiches Kombinieren* möglich.

Zum zweiten werden nicht selten *Trainingsformen* (= Übungen + Belastungsverfahren) an Stelle der oder neben den Methoden genannt. Aus den Namen ist nicht immer eindeutig der Belastungsmodus zu erkennen.
Drittens entstanden in verschiedenen Sportarten auf Grund der besonderen Gegebenheiten (z. B. Gerät, Fortbewegungsmedium) *Sonderformen des Trainings,* deren Namen nur dem Experten vertraut und klar sind. Mitunter wird in solchen Fällen auch eine *Namensgebung vermieden* und die Belastungsgestaltung mit genauen *Angaben zu den Belastungskomponenten* sehr präzise angesprochen.
Einige Beispiele aus ausgewählten Sportarten sollen die angesprochene Vielfalt unterstreichen. Die Begriffe werden ohne weiteren Kommentar lediglich aufgezählt.

Leichtathletischer Mittel- und Langstreckenlauf:

- Gemäß Rahmentrainingsplan – Lauf (Aufbautraining) des Deutschen Leichtathletikverbands (1992):
  Dauerlauf lang-mittel, Dauerlauf mittel-kurz, Tempowechsellauf, Fahrtspiel, Tempolauf (lang, mittel, kurz in ext. IM, int. IM, WM), Kontrolläufe, (Wettkämpfe).
- Gemäß Martin/Coe (1992), beispielhaft für England:
  Grundlagenarbeit, Überdistanztraining, Marathontraining, Training im Renntempo, Tempotraining, Langintervalle (lang – schnell), Kurzintervalle (kurz – schnell; Wiederholungsläufe).

Schwimmen:

- Gemäß Wilke (1992): *Dauerbelastungsmethode, extensive Intervallmethode* (beide für schwimmerische Grundlagenausdauer), *Schnelligkeitsausdauertraining, Grundschnelligkeitstraining.*
- Gemäß Gambril/Bay (1988): *Belastungswechseltraining in Form von Pyramiden, Lokomotiven, Intervallwiederholungen (7 Möglichkeiten), gebrochenes Schwimmen, Overloadtraining, Hypoxietraining.*
- Gemäß Counsilman (1977): *Fahrtspieltraining, Overdistancetraining (Marathontraining, langsames und schnelles Intervalltraining (als Mengentraining in 9 Varianten), Wiederholungstraining, Sprinttraining, Zeitversuche / Wettkämpfe.*

Radsport:

- Gemäß Lindner (1993): Zuordnung von Methoden zu 7 Trainingsbereichen.
  - Kompensationsbereich: *freudebetonte niedrige Belastung*
  - Grundlagenausdauerbereich: *Dauerleistungsmethode*
  - Entwicklungsbereich: *Wiederholungsmethode*
  - Spitzenbereich: *Intervallmethode mit hohen und höchsten Intensitäten*
  - Schnellkraftbereich: *Rad- oder Ergometertraining mit bestimmenden methodischen Faktoren* (u. a. *Steigung, Übersetzung, Tretfrequenz, Widerstand)*
  - Kraftausdauerbereich
  - Wettkampfbereich: Wettkämpfe

Rudern:
- Gemäß Fritsch (1990): *Kontinuierliche Dauerbelastungen (beliebiger oder systematischer Intensitätswechsel), progressive Dauerbelastungen, Dauerbelastungen mit alaktaziden Einlagen, Schlagfrequenzwechsel (beliebig oder systematisch), komplexer Wechsel (Schlagfrequenz + Krafteinsatz), Test- und Kontrollmethoden, Kraftausdauer extensiv, Kraftausdauer intensiv, Schnellkraftausdauertraining.*

Trainingsmethoden in den verschiedenen Trainingsbereichen

Wenn auch bei der *Zuordnung bestimmter Trainingsmethoden zu den einzelnen Trainingsbereichen* die disziplinspezifischen Verhältnisse (KZA bis LZA IV; Laufen, Schwimmen, Radsport etc.) jeweils mitbestimmend sind, so kann über die breite Palette der Ausdauersportarten hinweg eine *hohe Übereinstimmung* in den genannten Methoden festgestellt werden. Dies erlaubt, ein mehr oder minder allgemeingültiges Schema zu erstellen (Tab. 37).

Tabelle 37 Vorrangige Trainingsmethoden in den einzelnen Trainingsbereichen

Trainingsbereich	vorrangig angewandte Methoden
Kompensationsbereich	– ext. Dauermethode (kurze, mittlere Dauer)
Grundlagenbereich I (Entwicklung und Stabilisierung der Grundlagenausdauer = GLA-I-Training; Schnellkraftentwicklung)	– ext. Dauermethode – var. Dauermethode – int. Intervallmethode + extr. KZI
Grundlagenbereich II (Weiterentwicklung der Grundlagenausdauer = GLA-II-Training; Kraftausdauertraining)	– int. Dauermethode – var. Dauermethode/Fahrtspiel – ext. Intervallmethode + LZI/MZI
Wettkampfspezifischer Bereich (Entwicklung der wettkampfspezifischen Ausdauer, der Schnelligkeitsausdauer, spez. Kraftausdauer)	– Wiederholungsmethode + KZI/MZI/LZI – Wettkampfmethode – int. Intervallmethode + MZI/KZI für LZA-III-Athleten auch: – ext. Intervallmethode + LZI – int. Dauermethode, var. Dauermethode

Unterstützende methodische Maßnahmen

In der Praxis des Ausdauertrainings haben sich über die verschiedenen Belastungsmethoden hinaus auch Maßnahmen eingebürgert, die einerseits nicht den Trainingsmethoden zuzuordnen sind, andererseits mehr als Trainingsformen (= Verbindung einer bestimmten Belastungsmethode mit einer Übung) darstellen. Die beiden wesentlichen Möglichkeiten sind im folgenden kurz dargestellt.

Höhentraining

In der Zielsetzung muß unterschieden werden, ob eine *Ausdauerleistungsverbesserung zur Anwendung im Flachland* (unter 1500–1800 m) oder die *Vorbereitung auf eine Ausdauerleistung in Höhenlagen* (über 1800–2000 m) beabsichtigt ist.
Im zweiten Falle ist Höhentraining zum Zwecke der Adaptation an die Leistungsfähigkeit unter Höhenbedingungen unerläßlich und muß (je nach Höhenlage) über eine Dauer von 3–5 Wochen durchgeführt werden. Nach dieser Zeitspanne haben sich die wesentlichen Anpassungsvorgänge vollzogen.
Völlige Anpassung (bis in Höhen von 5000 m) läßt sich erst nach 8–9 Monaten erreichen. Dieses Höhentraining wird hier nicht weiter verfolgt.
Zur ***Vorbereitung für Wettkämpfe im Flachland*** stellen ***Höhenlagen von 1800–2800 m*** die *günstigste Reizhöhe* dar. Es liegt einerseits unter körperlicher Belastung ein reizwirksamer »Sauerstoffmangel« vor, andererseits gestatten Lufttemperatur und Luftfeuchtigkeit noch die Durchführung eines geregelten Trainings. Bei der Durchführung sind gewisse Erfahrungen bzw. Regeln zu beachten:

- Höhentraining *setzt einen guten Ausdauertrainingszustand voraus.* Dieser ist im Flachland zu erwerben.
- Mit der Wiederholung von Höhenaufenthalten verbessern sich die Anpassungserscheinungen des Organismus. Deshalb ist ein *wiederholtes Höhentraining effektiver* als ein einmaliger Aufenthalt.
- *Zu Beginn (3–4 Tage)* eines Höhenaufenthalts ist *mit reduzierter Belastungsintensität* und *längeren Pausen* als gewohnt zu trainieren. Dann ist die Trainingsleistung des Flachlands anzustreben, wobei die Pausendauern auch weiterhin länger als die gewohnten sein werden.
- Wegen vermehrter Abatmung an Wasserdampf (Flüssigkeitsverlust) und verstärkter Glykogenbeanspruchung (Sauerstoffmangel schränkt Fettverbrennung ein) ist mehr als sonst auf *ausreichende Wasser- / Elektrolyt-Zufuhr* und *Kohlenhydraternährung* zu achten.
- Bis die *wesentlichen Anpassungen* vollzogen sind, verstreichen *2–3 Wochen.* Für ein gewinnbringendes Höhentraining sollten also wenigstens 10–12 Tage, besser 15–18 Tage angesetzt werden.
- Es stellen sich durch das Höhentraining bezüglich der Ausdauerleistungsfähigkeit ***positive und negative Veränderungen*** ein. Sie sind in Tab. 38 zusammengefaßt. Blutverdickung und Hyperventilation fallen weniger ins Gewicht.

Tabelle 38 Anpassung des Organismus bei Höhentraining.

positiv für die Ausdauerleistungsfähigkeit	negativ für die Ausdauerleistungsfähigkeit
■ Zunahme der roten Blutkörperchen und des Hämaglobins; damit: erhöhtes O_2-Bindungs- und Transportvermögen	■ Blutverdickung (Viskositätszunahme) durch die Vermehrung der roten Blutkörperchen; damit: vermehrte Herzarbeit für den Blutumtrieb
■ Erhöhung des Myoglobingehalts in den Muskelzellen; damit: verstärkte Sauerstoffspeicherung bzw. beschleunigter Sauerstofftransport zum Mitochondrium	■ verstärkte Atmung (Hyperventilation); damit: erhöhter Energiebedarf für die Atemmuskulatur
■ Kapillarisierung in der Skelettmuskulatur; damit: verbesserte Blut- und Sauerstoffversorgung	■ Abnahme des Bikarbonatpuffers im Blut durch die verstärkte CO_2-Abatmung (= respiratorische Alkalose); damit: geringe Säure-Neutralisation und früher einsetzende Übersäuerung.
■ Vermehrung der Mitochondrien und der oxidativen Enzyme (für Glykogen- und Fettverbrennung)	

- Nach Rückkehr ins Flachland ist zunächst mit einer *3- bis 5tägigen Anpassungsphase* (Reakklimatisationszeit) zu rechnen. Damit ist meist eine Leistungsverschlechterung verbunden. Erst danach kann im allgemeinen mit *erhöhter Ausdauerleistungsfähigkeit* gerechnet werden. Diese hält nicht länger als *ca. 2–3 Wochen* an. Die individuellen Abweichungen von der allgemeinen Reaktionslage sind allerdings sehr groß.
- Aus dem Anpassungsgeschehen ist ersichtlich, daß bei individuell richtig durchgeführtem Höhentraining eine ***Steigerung der aeroben Ausdauerleistungsfähigkeit – weniger der anaeroben Ausdauer*** – zu erwarten ist.

Weitergehende Ausführungen zum Höhentraining, vor allem hinsichtlich der genaueren Belastungsgestaltung in der Höhe und der Anwendung im Rahmen der lang- und mittelfristigen Trainingsperiodisierung sind nachzulesen bei Fuchs/Reiss (Höhentraining – Das Erfolgskonzept der Ausdauersportarten. 1990).

Anwendung erschwerender Bedingungen

Grundsätzlich geht es mit dem Schaffen von Erschwerungen, unter denen das Training absolviert wird, um eine verstärkte Auslastung und damit um einen *vertieften Eingriff in die Homöostase.* Die *Erschwerungen dürfen graduell jedoch nicht so weit getrieben werden, daß eine andersgeartete physiologische Reaktion daraus entsteht* (z. B. daß aus beabsichtigter intensiver aerober Auslastung eine stark anaerobe wird). In der Trainingsphase ist die Leitlinie für diese Direktive: Erschwerung nur in dem Ausmaß, daß die ***Bewegungen (Übungen) über die Zeitdauer der Wettkampfbelastung noch durchführbar*** sind. Bei Zusatzlasten bedeutet das etwa *2–3% des Körpergewichtes* (u. U. bis 5% bei gleitender oder rollender Fortbewegungsart).

Je nach Sportdisziplin liegen für das Schaffen erschwerender Bedingungen verschiedene Möglichkeiten vor. Beispiele:

- Im *leichtathletischen Lauf und Skilanglauf:* Zusatzlasten (Gewichtsweste, Gewichtsgürtel, Gewichtsmanschetten), Laufen bergan (Hügelläufe, Bergläufe) bei Steigungen im Bereich von 3–5% (im Skilanglauf bis 12%), Laufen bei Gegenwind.
- Im *Radsport:* Bergfahren, größere Übersetzungen als gewohnt, Fahren bei Gegenwind.
- Im *Schwimmen:* Benutzen von paddles, Schwimmen in Gegenströmungen.
- Im *Rudern und Kanusport:* Abschleppen von eingetauchten Büchsen, Eimern etc., Fortbewegung in Gegenströmungen, Änderung der Hebelarmverhältnisse an den Rudern.

Aus diesen erschwerenden Bedingungen ist – soweit sie richtig gestaltet sind – ein etwas *erhöhter Krafteinsatz der Funktionsmuskulatur* und damit eine *größere Trainingswirkung auf die maximale Sauerstoffaufnahme* zu erwarten.

Es ist bekannt, daß Ausdauerübungen mit einem gewissen Kraftanteil höhere Sauerstoffaufnahmen als die reinen Ausdauerübungen mit sich bringen. So lassen sich z. B. beim Bergauflaufen und Skilanglaufen bergan Steigerung der VO_2max. um 3–5% gegenüber Flachläufen feststellen (HOLLMANN/HETTINGER 1980, 375). Untersuchungen von NURMEKIWI (1975, 1385) zu Hügelläufen (11–15 Grad Steigung) zeigen z. B., daß Streckenlängen von 150 m (mit einer höheren Intensität) mehr die anaerob-laktazide Kapazität steigern, während für die Förderung der VO_2max. die Streckenlänge von 400 m besser geeignet ist.

Auf die Erweiterung der VO_2max. zielt diese methodische Maßnahme der erschwerenden Bedingungen ab. Es geht primär nicht um eine akzentuierte Kraftausdauerschulung mit Wirkungen auf die Skelettmuskulatur. Auch dies kann ein Trainingsziel bei der Anwendung von Hügelläufen und Zusatzlasten sein. Dazu werden jedoch größere Lasten und auch andere Belastungsmethoden gewählt.

Training der verschiedenen Ausdauertypen

Die optimale Entwicklung des Ausdauertyps verlangt stets eine geschickte *Kombination mehrerer spezieller Methoden.* Dies schließt jedoch nicht aus, daß über gewisse Zeitspannen hinweg *einzelne Methoden eine schwerpunktmäßige Anwendung* erfahren. Maßgebend dafür ist die momentane Zielstellung im mittel- und langfristigen Trainingsprozeß.

Die ***biologischen Trainingswirkungen*** einer Methode sind üblicherweise das vorrangige *Kriterium für die Methodenauswahl.* Um diesbezüglich optimale Entscheidungen treffen zu können, müssen
a) *die leistungsbestimmenden Faktoren des betreffenden Ausdauertyps,*
b) *die schwerpunktmäßigen Wirkungen der anzuwendenden Trainingsmethode* bekannt sein.
Im weiteren gehören für die Gestaltung von Trainingszyklen noch *Kenntnisse zu den Regenerationszeiten* nach bestimmten Belastungsverfahren und zu den Zeitspannen, in denen sich die beabsichtigten *Trainingswirkungen* einstellen. Diese letzteren Gesichtspunkte werden in einem späteren Kapitel (S. 185 bzw. S. 187) angesprochen.
Im Hochleistungssport können gelegentlich auch ***pädagogisch-psychologische Überlegungen*** *für die Methodenauswahl* eine Rolle spielen. Neben den rein körperlichen Trainingszielen sind ja u. U. auch solche wie *Willenspannkraft, Willensstoßkraft, Härte gegen sich selbst, Steigerungsfähigkeit zu höheren Leistungen, wettkampfspezifische Belastungsverträglichkeit* oder *Streßtoleranz* zu verfolgen.

Training der allgemeinen Grundlagenausdauer (allg. GLA)

Zielsetzung:
- Erhalt bzw. Stabilisierung des Gesundheitszustandes,
- Schaffen einer guten Ausgangsbasis für das Training in Nicht-Ausdauersportarten.

Biologisch bedeutet dies:
- Ökonomische Nutzung der vorhandenen aeroben Kapazität (VO_2max.),
- gegebenenfalls Verbesserung einer noch ungenügenden VO_2max. bis zum Normbereich (45–55 ml/kg/min).

Gesundheitstraining / Fitneßtraining

Zum Gesundheits- bzw. Fitneßtraining, das hier angesprochen wird, liegen zahlreiche Untersuchungen mit konkreten Ergebnissen vor.
Zur klaren Abgrenzung des angesprochenen Trainingsbereiches sei auf zwei Punkte verwiesen:

1. Es handelt sich um den Bereich ***gesunder Untrainierter*** (Abb. 46), die ihren Gesundheitszustand erhalten bzw. verbessern wollen. Damit liegt ein *präventives Ausdauertraining* vor, das die Entwicklung degenerativer Veränderungen des Herz-Kreislauf-Systems, die von Risikofaktoren und dem Alterungsprozeß verursacht werden, vermeidet bzw. verzögert.
Rehabilitatives Ausdauertraining, das die durch *koronare Herzkrankheiten* bereits stark beeinträchtigende Leistungsfähigkeit des Herz-Kreislauf-Systems wieder wettmachen soll, ist nicht Gegenstand dieses Buches. Bei der Belastungsdosierung ist nämlich vorsichtig und sehr differenziert vorzugehen, da die verschiedenen Grade der kardialen oder koronaren Beeinträchtigungen zu berücksichti-

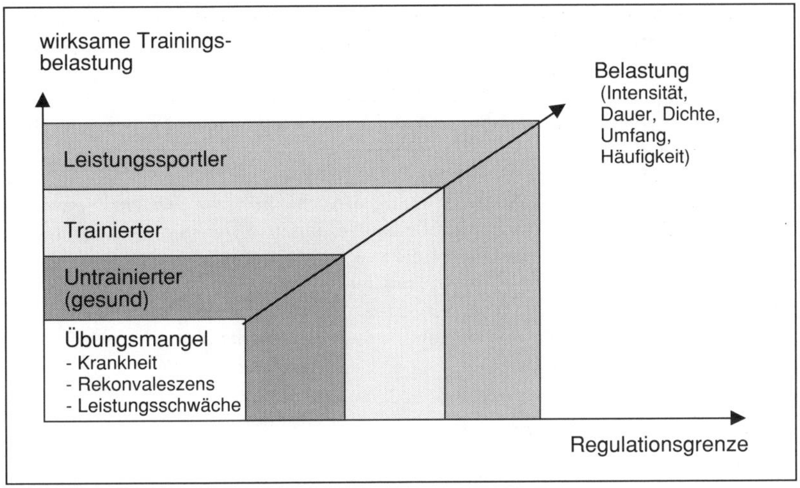

Abbildung 46 Schematische Darstellung der Beziehung von wirksamer Trainingsbelastung und funktioneller Regulationsbreite zur Kennzeichnung des Unterschieds zwischen Gesundheits- und Leistungstraining.

Tabelle 39 Anpassungsveränderungen durch Ausdauer-Gesundheitstraining (Zusammengestellt nach Angaben von REINDELL, BERG, HERMANN et al., ROST, HOLLMANN).

1. mit Wirkung auf das Herz-Kreislauf-Geschehen		
– Pulsfrequenz und systolischer Blutdruck in Ruhe und submaximaler Belastung – Systolen- und Diastolendauer – Schlagvolumen (ohne Herzvergrößerung) – peripherer Widerstand – Kapillaroberfläche im Skelettmuskel – Koronare Kollateralgefäße (bei vorliegender Koronarinsuffizienz) – Katecholaminausschüttung	↓ ↑ ↑ ↓ ↑ ↑ ↓	Dies führt zu: Einsparung des Sauerstoffverbrauchs im Herzmuskel und damit zur **Ökonomisierung der Herzarbeit**
2. mit Wirkung auf das Stoffwechelsystem		
– Blutlaktatspiegel bei submaximaler Belastung – Laktatbeseitigung nach Belastung	↓ ↑	Dies weist auf **Begünstigung des oxidativen Stoffwechsels** hin
– Bluttriglyzeridspiegel – Lipaseaktivität – Verhältnis freier Fettsäuren zu Glyzerol	↓ ↑ ↓	Dies bedeutet: **Zunahme des Fettstoffwechselanteils** in der Energiebereitstellung
– HDL-Cholesterin – LDL-Cholesterin	↑ ↓	Deutet auf erhöhte **Schutzwirkung gegenüber Arteriosklerose** hin
3. mit Wirkung auf das Blutgerinnungsmuster		
– Fribrinolyse – Thrombozytenaggregation	↑ ↓	Dies bedeutet: **herabgesetzte Thrombusbildung im Blut** (geringeres Infarktrisiko)

↑ Zunahme ↓ Abnahme

gen sind. Dieses Training hat unter *strenger ärztlicher Kontrolle mit individueller Belastungsdosierung* stattzufinden.

2. Die Ausdauerbelastungen, die zur *Prävention gesundheitlicher Störungen* und zum *Leistungserhalt* genutzt werden, liegen im **Grundbereich** (Tab. 32, S. 103) **der Ausdauerentwicklung.** Abb. 42 auf S. 104 weist anhand der Laktatleistungskurve auf die anzuwendenden Belastungsintensitäten hin.
Nicht jedes Gesundheits-Ausdauertraining erreicht die ***volle präventiv-gesundheitliche Wirkung.*** Dazu sind nach neueren Befunden *Anpassungserscheinungen im Herz-Kreislauf-System, im Stoffwechselgeschehen und in der Blutgerinnung* nötig (Tab. 39, S. 125). Meist werden mit einem reduzierten Trainingsaufwand *nur die Wirkungen auf das Herz-Kreislauf-System* erreicht. Wegen dieser Fakten muß strenggenommen im Gesundheitstraining ein ***Minimal- und Optimalprogramm*** unterschieden werden.

Gesundheits-Minimalprogramm

Das Minimalprogramm ist wirksam bei Personen, deren *rel. VO_2max. weniger als 40 ml / kg / min (Männer) bzw. 32 ml / kg / min (Frauen)* oder deren Maximalleistung weniger als 2 W / kg bzw. 1,5 W / kg (getestet auf dem Fahrradergometer) ist. Die **Belastungskomponenten** sind wie folgt zu gestalten:

■ Bruttobelastungszeit / Woche:	**60 Minuten** = ca. 9–12 km Laufen oder 20–25 km Radfahren
■ Belastungsintensität:	**50% der Herz-Kreislaufleistung (VO_2 max.)** = HF / min von ca. 130 oder HF = 160 minus Lebensalter (in Jahren)
■ Belastungsdauer (kontinuierlich):	Minimum **10–12** Minuten, Maximum **30** Minuten
■ Trainingshäufigkeit:	**5** (× 12 Minuten) bis **2** (× 30 Minuten) / Woche

Anmerkungen:

- Die *Herzfrequenz 130 / min* stellt für Untrainierte einen guten *Kompromiß dar zwischen Beanspruchungsgefühl und notwendiger Belastungsdauer.* Für eine altersgemäße Dosierung liegen bereits in Tabellenform Orientierungswerte vor (s. S. 165).
- Nicht selten werden zu Beginn eines Ausdauertrainings die notwendigen Herzfrequenzen kaum in der *erforderlichen Minimalzeit von 5 Minuten* durchgehalten. Dann sind *Aufbauprogramme* notwendig (siehe im Anschluß S. 127 f.).
- Die *kontinuierliche extensive Dauermethode* ist die physiologisch *wirksamste.* Sie ist möglichst anzustreben, auch wenn zu Trainingsbeginn oder aus psychologisch-pädagogischen Gründen intermittierende Belastungen ebenfalls durchgeführt werden.

- Das *tägliche 10-Minuten-Programm* ist zwar physiologisch *noch nützlich,* birgt aber den *Nachteil der geringen Belastungsdauer* und die Tatsache in sich, daß ein vernünftiges langsames Aufwärmen bis zum Intensitätsrichtwert die Wirkungsdauer zeitlich nochmals beschneidet.
- Wegen der Bedeutung der Trainingshäufigkeit für die Trainingswirkung *scheidet ein Training von 1 × pro Woche nahezu aus.* Die Zeitspanne für den Erhalt der erreichten Adaption ist damit im Grenzbereich. Wer noch seltener trainiert, fängt gewissermaßen immer wieder von vorne an.
- Der *Energieverbrauch für die Minimalbelastung* (ca. 9–12 km Lauf pro Woche oder 20–25 km Radfahren) beträgt nicht mehr als *bestenfalls ca. 800–900 kcal/Woche.* Damit wird aber die *Schwelle für ein voll wirksames präventives Ausdauertraining* von 2000 kcal/Woche (PAFFENBERG 1982) *nicht erreicht.* Es muß also mit eingeschränkten Trainingswirkungen gesundheitlicher Art gerechnet werden.
- Bei *völlig Untrainierten* haben auch *Belastungsintensitäten unter der Dauerleistungsgrenze (HF 130/min)* wie ca. 100–110/min *noch Trainingswirkungen,* sofern Belastungsdauern von ca. 1 Std./Tag vorliegen (HOLLMANN 1980). Damit ist auch der Wert langer Bergwanderungen zu erklären.

Aufbauprogramme

Aufbauprogramme zu einer möglichen kontinuierlichen Dauerbelastung von 30 Minuten können unterschiedlich ausfallen. Das Prinzip ist, über die beabsichtigte Gesamtdauer die *kontinuierliche Belastung zunächst intervallartig durch Belastungspausen* (z. B. Gehen) *zu erleichtern* und allmählich die Pausenzeiten und die Pausenhäufigkeit zu verkürzen.
Programmbeispiele sollen diesen Grundsatz verdeutlichen (Abb. 47, 48 S. 128 ff.; Tab. 40, S. 131).

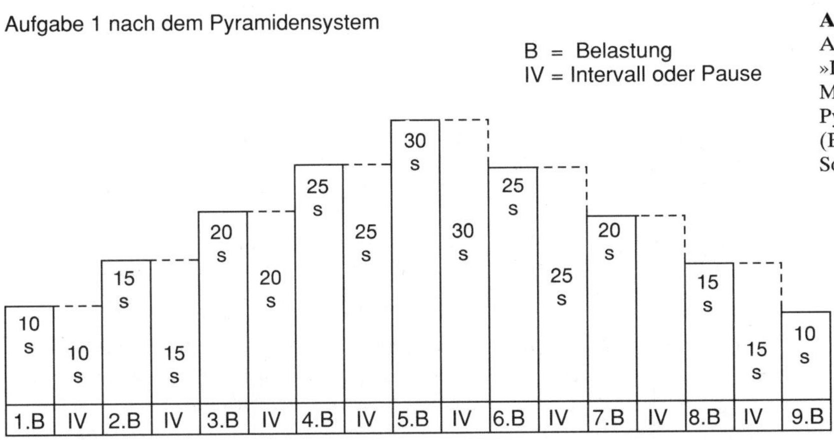

Abbildung 47
Aufbauprogramm »Laufen« durch Minutentraben im Pyramidensystem (BLÖDORN/SCHMIDT 1983, 81).

Aufgabe 2 nach dem Pyramidensystem

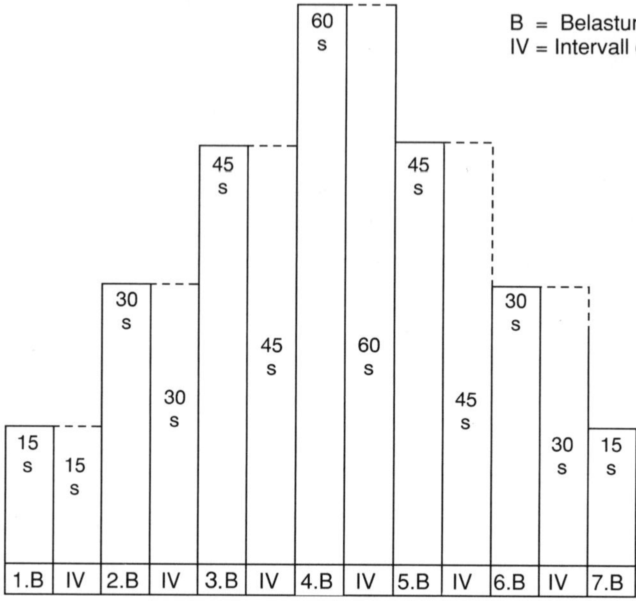

B = Belastung
IV = Intervall oder Pause

Aufgabe 3 nach dem Pyramidensystem

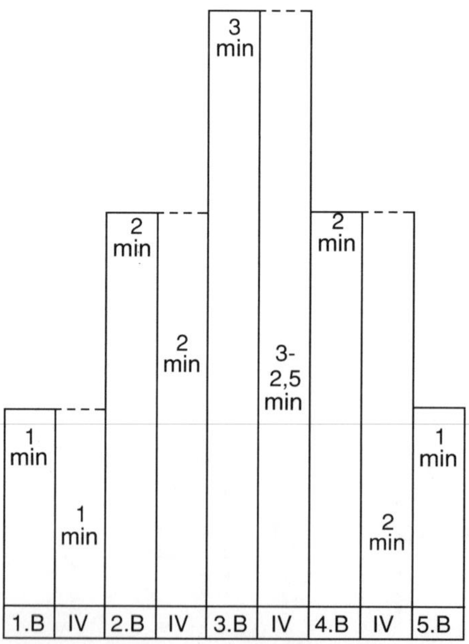

B = Belastung
IV = Intervall oder Pause

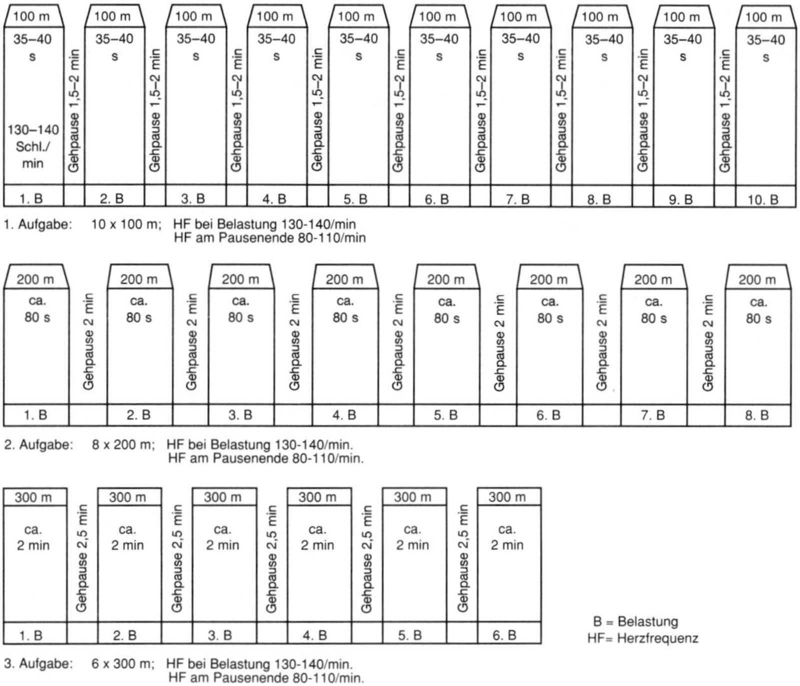

Abbildung 48 Aufbauprogramm »Laufen« durch Intervalltrablauf (BLÖDORN/SCHMIDT 1983, 84).

Tabelle 40 Aufbauprogramm »Laufen« von 12 Wochen Dauer (GROSSER et al. 1985, 123).

3 Trainingseinheiten pro Woche. **Programm für die ersten vier Trainingswochen:** (G = zügiges Gehen, L = Laufen)		
Woche	Gehen/Laufen (in Minuten)	Gesamtzeit (Min.)
1	GG L GGG LGG L GG L GG L GGGG	20
2	G L G L GG L GG G L G L GG L GGG	20
3	G L G L G L GG L G L G L G L G LL GG	20
4	G L G L G L GG L G L G L G L G LLL G	20
Programm für den 2. Trainingsmonat:		
Woche	Gehen/Laufen (in Minuten)	Gesamtzeit (Min.)
5	G LL G LL G LL GGG LL G LL GGG LL G LL GGGGG	30
6	G LL G LL G LL GG LL G LL GGG LL G LL GG LL GG	30
7	G LL G LL G LL GG LL G LL GGG LL G LL GG LL GG	30
8	G LLL G LL G LLL G LL GG LLL GG LLL G LL GGG	30
Programm für den 3. Trainingsmonat:		
Woche	Gehen/Laufen (in Minuten)	Gesamtzeit (Min.)
9	G LLL G LLL G LLL GG LLL G LLL G LLL LL GG	30
10	LLLL G LLL G LLLL GG LLL G LLLL G LLLL GG	30
11	LLLL G LLL G LLLL GG LLL G LLLL G LLLL GG	30
12	LLLLL G LLLL G LLL GG LLLLL G LLLL G LLL	30

Gesundheits-Optimalprogramm

Mit dem Optimalprogramm können bei entsprechendem *Ausgangszustand (rel. VO_2max. ca. 45 ml / kg / min bzw. 38 ml / kg / min)* in der relativen Sauerstoffaufnahme Werte von 50–55 ml/kg/min oder Wattleistungen in Höhe von 3–4 W/kg erreicht werden. Diese Werte stellen die *Idealnorm für Gesundheitsstabilität und allgemeine Fitneß dar.*

Die **Belastungskomponenten** sind wie folgt zu gestalten:

- Bruttobelastungszeit/Woche: **3 Stunden (2–4 Stunden)** = ca. 35–40 km Laufen mit einer Geschwindigkeit von 12 km/Std.
- Belastungsintensität: **70% (**Hollmann 1980 bzw. **70–80%** (Neumann 1984) **der Herz-Kreislauf-Leistung** = HF/min von ca. 150 oder nach der Formel 170 minus 1/2-Lebensalter (in Jahren)
- Belastungsdauer (kontinuierlich): Minimum **30–35** Minuten, Maximum **60–70** Minuten
- Trainingshäufigkeit: **6** (× 30 Minuten) bis **3** (× 60 Minuten)

Anmerkungen:

- Die *Berechnungsformel für die* ***optimale Trainingspulsfrequenz*** (nach Schmith/Israel 1983) lautet exakt:

  HF / min = 170 − 1 / 2 LA (in Jahren) + / − 10 / min

  Die Formel ist gültig bis zum 60. Lebensjahr. Der Spielraum von +/− 10/min ergibt sich aus dem Anstrengungscharakter verschiedener Sportarten, der Zeitdauer der Belastung und dem Trainingszustand.
  Im übrigen wird auch hier auf die Bedeutung der individuell ausgerichteten Herzfrequenzbestimmung hingewiesen (s. S. 166).
- Damit eine *günstige Konstellation des Fettstoffwechsels* erreicht wird, sind mindestens 2–4 Stunden (Israel 1979, Neumann 1984) Belastungsumfang pro Woche notwendig. Als *Optimum* werden *3 Stunden* betrachtet.
- Aus der Sicht des Energieverbrauchs ist ein Optimum an Prävention erreicht, wenn wöchentlich ca. 3000 kcal (12 600 kJ) durch sportliche Ausdaueraktivitäten umgesetzt werden oder der *tägliche Kalorienverbrauch durch körperliche Aktivitäten bei 350–400 kcal / Tag* liegt. Dieser Forderung entspricht in etwa bei einer 75 kg schweren Person und bei einer Laufgeschwindigkeit von 5 Minuten/1000 m eine Laufstrecke von ca. 35–40 km pro Woche bzw. ein 6-km-Lauf in 30 Minuten pro Tag.
- Trainingsphysiologische Untersuchungen haben ergeben, daß die *Trainingshäufigkeit* für eine *optimale Wirkung* bei minimal *3 Trainingseinheiten pro Woche* liegen soll.

- Weitere Steigerungen im Trainingsprogramm haben präventiv-gesundheitlich keinen Wert. Es wird dann in den Bereich des Leistungstrainings vorgedrungen. Den GLA-Belastungsanforderungen pro Woche gemäß dem Optimalprogramm entsprechen in etwa die in Tab. 42, S. 132 angeführten praktischen Leistungen.
- Als *Trainingsmethoden* kommen neben der *extensiven Dauermethode* (bei 1stündiger Belastung) vor allem die *intensive Dauermethode* und *variable Dauermethode* (bei 1/2stündiger Belastung) sowie eben Belastungen im AANÜ zur Anwendung.

Steuerung der Belastungsintensität
Im *Gesundheitstraining* wird die Belastungsintensität aus praktischen Gründen gerne über die ***Herzfrequenz*** gesteuert. Trainingspulsfrequenzen werden am besten und zuverlässigsten über *Herzfrequenzmesser* festgestellt.
Bei der Pulsmessung durch Tasten ist die damit verbundene Problematik (s. S. 164) zu berücksichtigen.
Es liegen auch einige Untersuchungsergebnisse zur *Intensitätssteuerung über den* ***Atemrhythmus*** vor. Für niedrige Laufintensität wird meist ein *4-Schritt-Atemrhythmus,* für mittlere Intensitäten ein *3-Schritt-Atemrhythmus* empfohlen. Die Untersuchungen von Jablonski et al. (1985) haben bestätigt, daß das Laufen im Vierer-Rhythmus (4 Schritte einatmen, 4 Schritte ausatmen) für das präventive Training geeignet ist. Damit wird unter der anaeroben Schwelle geblieben. Ein

Tabelle 41 Aufbauprogramm »Radfahren« von 12 Wochen Dauer (Grosser et al. 1985, 122).

RF – 2 bis 3 Trainingseinheiten pro Woche.		
Programm für die ersten vier Trainingswochen:		
Woche	km pro Trainingseinheit	km-Empfehlung pro Woche
1	6– 8	12–24
2	8–10	16–30
3	8–10	16–30
4	10–11	20–33
Programm für den 2. Trainingsmonat:		
Woche	km pro Trainingseinheit	km-Empfehlung pro Woche
5	11–12	22–36
6	11–12	22–36
7	12–13	24–39
8	12–13	24–39
Programm für den 3. Trainingsmonat:		
Woche	km pro Trainingseinheit	km-Empfehlung pro Woche
9	13–14	26–42
10	13–14	26–42
11	14–15	28–45
12	14–15	28–45

Tabelle 42 Körpergewichtsbezogene sportpraktische Wochenleistungen in Anlehnung an das optimale Gesundheitstrainingsprogramm.

Sportliche Tätigkeit	Körpergewicht 60 kg	70 kg	80 kg
Lauf i. d. Ebene (v = 1000 m/5 min)	48 km oder 4^h	41 km oder $3^h25'$	36 km oder 3^h
(v = 1000 m/7 min)	53 km oder $6^h10'$	45 km oder $5^h15'$	40 km oder $4^h40'$
Brustschwimmen (höchstmögliche v)	5^h	$4^h45'$	$3^h50'$
Radfahren (v = 1000 m/4 min)	8^h oder ca. 120 km	$7^h10'$ oder ca. 110 km	$6^h15'$ oder ca. 95 km

Laufen im 3-Schritt-Atemrhythmus ergibt Belastungsintensitäten, die bei Untrainierten deutlich jenseits der ANS liegen. Bei Ausdauertrainierten liegen sie im engeren Bereich um die ANS.
Insgesamt muß aber das Laufen nach dem Atemrhythmus einige Male praktiziert werden, um damit eine zufriedenstellende Belastungssteuerung zu erreichen.
Trainingsinhalte des Gesundheitstrainings
Allg. GLA kann *unspezifisch* erworben werden. Deshalb sind eigentlich alle zyklischen Fortbewegungsformen geeignet, soweit sie mehr als ⅙ der Skelettmuskulatur beanspruchen und über längere Zeit durchzuführen sind. Unter dem Aspekt des Kalorienverbrauchs (Abb. 49) sind als besonders geeignet und wirkungsvoll anzuführen:
Laufen, Bergaufgehen (auch mit Skistöcken), Skilanglaufen, Skirollerlaufen, Eisschnellaufen, Rudern (auch Heimtrainer), Radfahren und Schwimmen.
Geeignet sind auch *Spiele,* wenn sie mit möglichst kurzen Belastungsunterbre-

Abbildung 49 Kalorienverbrauch bei verschiedenen körperlichen Tätigkeiten (Kalorienverbrauch in Kilokalorien pro 1 kg Körpergewicht in 1 Stunde).

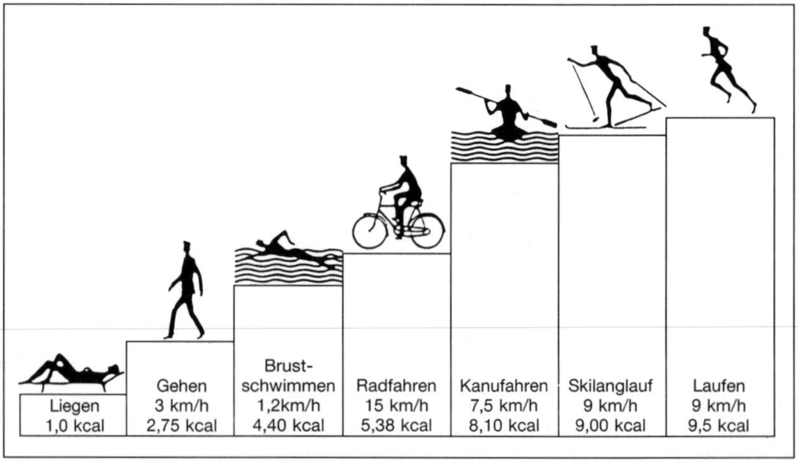

chungen durchgeführt werden können bzw. eben durchgeführt werden (u. U. Regelabänderungen). Hierher gehören: *Fußball, Badminton, Handball, Feldhockey* und *Eishockey*. Trainingswirksam ist nur die effektive Belastungszeit, in der die Minimalherzfrequenz überschritten ist. Das bedingt meist Spielzeiten, die auf alle Fälle 2–3fach solange sind wie die notwendigen Belastungszeiten beim Laufen. Aus diesem Grunde scheiden als praktikable Sportarten für ein zeitlich vertretbares Grundlagenausdauertraining z. B. Tennis, Tischtennis, Volleyball und Faustball aus.
Der Qualitätsunterschied in der präventiven Wirkung von Laufen gegenüber beliebten Freizeitsportarten wird in Tab. 43 nochmals verdeutlicht.

Tabelle 43 Präventive Werte von 3 Sportarten. Kriterien dabei sind: 1. Steigerung der O_2-Koronarreserve. 2. Steigerung der allgemeinen oxidativen Kapazität. 3. Präventive Wirkungen auf das Blut. 4. Wirkungen auf das vegetative und endokrine System. 5. Erholungs- und Entspannungswert (Anti-Streß-Wert). 6. Dosierbarkeit (MELLEROWICZ 1981).

	1.	2.	3.	4.	5.	6.	Summe
Dauerlauf (A-Sportart)	+++	+++	+++	+++	+++	+++	18+
Volleyball (S-Sportart)	+	+	?	+	+++	+	7+
Segeln (V-Sportart)	○	○	○	+	+++	○	4+

Energieorientiertes Ausdauerkonzept
Um die gesundheitlichen Wirkungen zu erreichen, kann nach ISRAEL (1991, 101) auch ein Ausdauerkonzept verfolgt werden, das sich *intensitätsunabhängig am Energieaufwand für eine bestimmte Strecke sportlicher Tätigkeit* orientiert. Die Gesundheitseffekte beruhen auf dem *Nachbelastungsanabolismus,* der dem katabolen Prozeß während der Belastung folgt.
Arbeitsorientiert (nicht leistungsorientiert) werden 3 Ausdauerkategorien unterschieden:
- ***Ausdauer I: 200–500 kcal*** = 3–6 km Laufen
- ***Ausdauer II: 500–1000 kcal*** = 6–12 km Laufen
- ***Ausdauer III: 1000 kcal*** = 12 km Laufen

Diese Kategorien sind auch auf *andere sportliche Tätigkeiten* anzuwenden. Es sind *kalorienäquivalente Strecken* zu berechnen (s. auch Tab. 42 u. Abb. 49). Ein 10-km-Lauf entspricht in etwa 30–35 km Radfahren.
Die optimale Energiewandlung von 1500–3000 kcal/Woche ist heute allgemein anerkannt. Das Minimalprogramm stützt sich z. B. auf einen Energieverbrauch von 800–900 kcal/Woche, das Optimalprogramm auf einen von 2400–2800 kcal/Woche. In Anlehnung an die 3 Ausdauerkategorien werden 3 Möglichkeiten für ein Wochenprogramm vorgeschlagen:
- ***Ausdauer-I-Programm: 5–7mal 3–6 km Laufen***
- ***Ausdauer-II-Programm: 3mal 6–12 km Laufen***
- ***Ausdauer-III-Programm: 2mal 12 km Laufen***

Adaptionszeiten im Gesundheits-/Fitneßtraining

Die Effektivität eines *Minimalprogramms* zeigt sich bei entsprechend niedrigem Ausgangsniveau nach ***ca. 8–10 Wochen*** mit einer Verbesserung der maximalen Sauerstoffaufnahme um ***ca. 12–15%*** (HOLLMANN/HETTINGER 1980). Die Optimierung geht natürlich langsamer voran, wenn ein höheres Ausdauerniveau zu Beginn vorliegt. Nach ***12–15 Wochen*** lassen sich aber auch Verbesserungen bis in den Bereich der *Gesundheits-Normwerte* feststellen, selbst bei älteren Personen.

COOPER setzt z. B. bei Männern folgende Zeitspannen für den Aufstieg in seine Leistungsgruppe IV (über 2400 m Laufleistung, über 42 ml/kg/min relative Sauerstoffaufnahme) an: von Gruppe I (unter 28 ml/kg/min) *16 Wochen,* von Gruppe II (unter 34 ml/kg/min) *13 Wochen,* von Gruppe III (unter 42 ml/kg/min) *10 Wochen.*

Auch beim *Optimalprogramm* zeigen sich Trainingswirkungen in Zeitspannen von ***10–12 Wochen*** in der Art, daß die aerobe Ausdauer gegenüber einem entsprechenden Ausgangsniveau (ca. 45 ml/kg/min rel. VO_2max) um ***ca. 20%*** gesteigert werden kann. Eine weitere Fortsetzung des Trainings nach gleichen Programmen wirkt sich dann in geringeren Steigerungen, aber in der *Stabilisierung* des erreichten Niveaus aus.

Allgemeine Grundlagenausdauer (Allg. GLA) im Leistungssport
(Nichtausdauer-Disziplinen)

Zielsetzung und Sportarten

Es ist allgemein anerkannt, daß im Leistungssport der *Kraft-, Schnelligkeits- und kompositorischen Disziplinen* eine gewisse »Ausdauer« erforderlich ist, um ein hohes Trainingspensum, lange Wettkampfdauern und Wettkampfstreß ohne wesentliche Leistungseinbußen überstehen zu können.

Diese meist als »spezielle Ausdauer« bezeichnete Ausdauerfähigkeit ist nach unserer Meinung die Grundlagenausdauer. Wirkungsrichtung (Erholungsfähigkeit!) und die beispielhaften biologischen Parameter wie rel. VO_2max. (Tab. 18, S. 57) und Höhe der ANS (ca. 70–75%) bei den einschlägigen Disziplinen sprechen dafür.

Allg. GLA ist z. B. erforderlich in den Sportarten *Gewichtheben, Geräteturnen, Eiskunstlauf, Ski alpin, leichtathletische Sprint-, Sprung-, Wurf- und Stoßdisziplinen.*

Inhalte und Umfang

Das Trainingsprogramm hat sich auf alle Fälle am *Gesundheits-Minimalprogramm* (60 Minuten Belastungszeit pro Woche) zu orientieren, um überhaupt eine Anpassungswirkung zu erzielen. Dies verlangt ***eine Trainingseinheit pro Woche mit zentraler GLA-Schulung (30–45 Minuten) und 1–2 ergänzende Maßnahmen (12–15 Minuten)*** innerhalb anderer Trainingseinheiten.

Eine *Ausrichtung auf das Optimalprogramm* wäre von der physiologischen Trainingswirkung her zwar wünschenswert, das Grundlagenausdauertraining in diesen Sportarten darf allerdings nicht zu Lasten der Vervollkommnung wichtiger

konditioneller Fähigkeiten gehen. Umfangreiche Dosierungen (z. B. 3 Stunden pro Woche) könnten z. B. im Sprint oder im Gewichtheben negative Auswirkungen auf das Fasertypenmuster der Skelettmuskulatur (Ausprägung in Richtung ST- und FTO-Fasern) haben. Dies ist auch der Grund dafür, daß *nicht ausschließlich die extensive Dauermethode* zur Verwendung kommt, sondern *auch die extensive Intervallmethode mit MZI* (vor allem im Zirkeltraining) und die *intensive Intervallmethode mit extremen KZI und hohem Umfang* (mit dem primären Trainingsziel: Verbesserung der aeroben Stoffwechselkapazität).
Da die Auswirkungen des Grundlagenausdauertrainings sich auch in Änderungen der ***disziplinspezifischen Skelettmuskulatur*** niederschlagen sollen, ist bei der Übungsauswahl auch auf entsprechenden Einsatz dieser Muskeln zu achten. Aus diesem Grunde sind in manchen Sportarten (z. B. Gewichtheben, leichtathletische Wurf- und Stoßdisziplinen) *neben dem Laufen auch Skilanglaufen, Schwimmen, Seilspringen, Zirkelübungen, Rudern* usw. wertvolle und unerläßliche Übungen. Die Disziplinbewegung selbst muß jedoch nicht eingesetzt werden. Tab. 44 zeigt ein Beispiel für die Ausdauerentwicklung im Gewichtheben, in dem die obengenannten Methoden und unterschiedlichen Inhalte zur Anwendung kommen.
Das Grundlagenausdauertraining muß im Rahmen der Jahresperiodisierung über eine *Zeitspanne von etwa 3 Monaten* durchgeführt werden, um ausreichende Verbesserungen (ca. 10%) zu erzielen.
Die *Intensitätssteuerung* geschieht besser über die *Fortbewegungsgeschwindigkeit* als über die Herzfrequenz. In beiden Fällen ist aber für eine genaue Dosierbarkeit die Kenntnis der *Schwellenwerte zur AS und ANS* unbedingt notwendig.
Die Zeitspannen, in denen sich deutliche ***Trainingsanpassungen*** zeigen, liegen in Abhängigkeit von der Ausdauerqualität bei ***10–15 Wochen (30–40 Trainingseinheiten).*** Es ist zu berücksichtigen, daß die *Leistungssportler* aus den Nichtausdauer-Sportarten bezüglich der Ausdauer nicht völlig untrainiert sind, was sich in einem *etwas trägeren Anpassungsverlauf* gegenüber dem untrainierten Gesundheitssportler zeigt. Nach der Hälfte der Zeit ***(ca. 6 Wochen, 15–18 Trainingseinheiten)*** ist ein erster *Zuwachs* der Ausdauerfähigkeit zu verzeichnen. Dieser Trainingsgewinn ist auch wesentlich *instabiler*. Es ist mit sehr schnellen Verlusten (in ca. 3 Wochen) zu rechnen.

Tabelle 44 Trainingsformen für die Grundlagenausdauer-Entwicklung im Gewichtheben (Zusammenstellung nach Tschernjak/Butincinow 1978).

Inhalte	Belastungsmethode
– Kurzsprints 30–60 m:	int. Intervallmethode + extr. KZI
– Pyramidenläufe (100–200–300–200–100):	ext. Intervallmethode
– Distanzläufe (800–1000):	ext./int. Dauermethode
– Seilspringen (Serien 200–400mal):	ext. Intervallmethode
– Kugelwürfe (10–12er Serien):	Wiederholungsmethode
– Schwimmen (150–300 m):	ext. Intervallmethode

Diese Zeitspanne von ***5–6 Wochen*** hat sich auch als charakteristisch dafür herauskristallisiert, daß weiterhin *gleichbleibende äußere Belastungsintensitäten* (z. B. HF/min) ihre *Wirksamkeit verlieren.* Es muß deshalb im Rahmen der Periodisierung (Makrozyklengestaltung) zu *Änderungen des Belastungsmodus* kommen.
In der Trainingspraxis ist es aus zwingenden Gründen oft notwendig, nach der weniger günstigen zweiten Art und Weise das Ausdauertraining zu periodisieren. Man muß sich dabei im klaren sein, daß dann eine oft unbefriedigende Lösung vorliegt und in gewissen Fällen (starke Ausdauerdefizite, die die Leistung beeinträchtigen) die längere Periodisierungsmöglichkeit durchgeführt werden sollte. Ein mögliches Vorgehen ist auch, *zweimal einen 6-Wochen-Zyklus* mit nur kurzer Unterbrechung (ca. 2 Wochen) hintereinander zu legen.

Training der azyklischen Grundlagenausdauer (az.GLA)
(Spiel- und Zweikampfsportarten)

Zielsetzung:
- Schaffen eines ausreichenden Ausdauerniveaus für die relativ hohen Belastungsumfänge mit intervallartigem Belastungscharakter der Spiel- und Kampfsportarten.
- Gewöhnen an den häufigen Wechsel der Bewegungsformen in Verbindung mit der Belastungsänderung.

Biologisch bedeutet dies:
- Überdurchschnittliche aerobe Kapazität (rel. VO_2max. 55–65 ml/kg/min),
- rasche Umstellungsfähigkeit zwischen anaerob-alaktazider, anaerob-laktazider und aerober Energiebereitstellung,
- Wechsel der Bewegungsmuster (Bewegungsprogramme).

Die azyklische Grundlagenausdauer ist hinsichtlich der aeroben Ansprüche, die an sie gestellt werden, zwischen allg. und spez.GLA einzustufen. Dies zeigen einerseits die Werte der rel. VO_2max. (Tab. 18, S. 57) von Fußball-, Handball- und Eishockeyspielern und andererseits die Laufgeschwindigkeiten an der ANS (Abb. 50), die z. B. für Bundesliga-Fußballspieler mit ca. 14 km/h angegeben werden (Föhrenbach et al. 1986, 115).
Azyklische Grundlagenausdauer wird vor allem benötigt in den Spielen *Fußball, Handball, Eishockey, Rasenhockey, Wasserball, Basketball, Badminton und Volleyball* und in den Zweikampfsportarten *Boxen, Ringen, Judo und Fechten.*
Für die Spiele Fußball und Handball (Spiele mit hohem Laufpensum!) liegen Spielanalysen hinsichtlich Laufstrecken, Herzfrequenzen und Laktatwerten vor (Winkler 1983, Sichelschmidt/Klein 1986, Liesen 1983), die darauf hinweisen, daß eine überdurchschnittliche aerobe Ausdauerfähigkeit zur Kompensation der Beanspruchung aus den unregelmäßigen Kurzsprints (mehr anaerob-alaktazider Art) sehr wesentlich ist.
In den *Spielsportarten* stehen für das Training der GLA häufig durch äußere Gegebenheiten (z. B. lange Spielsaison mit großer Wettkampfdichte) nicht ausreichende Zeitspannen in der Trainingsperiodisierung zur Verfügung.

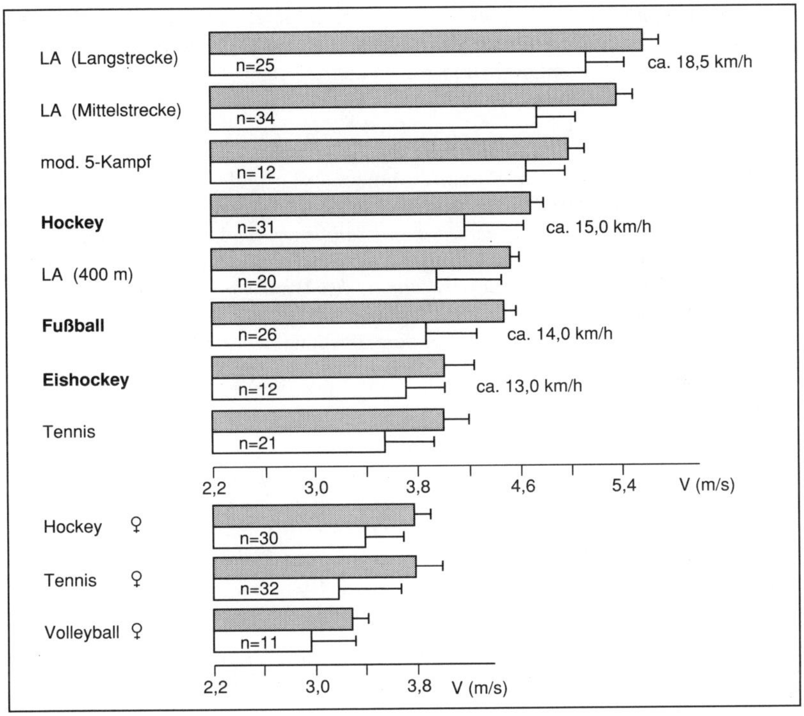

Abbildung 50
Laufgeschwindigkeiten (V in m/s) an der anaeroben Schwelle (ANS). Mittelwerte und Streubreiten für die einzelnen Sportarten sowie für die 5 Spitzenathleten jeder Disziplin (dunkler Balken) bei Laufbandbelastung.

Um tatsächliche Verbesserungen zu erzielen, ist in der *Phase des forcierten Ausdauertrainings* mit einem ***effektiven Wochenumfang von 2–3 Stunden und einem Trainingszyklus von 8–12 Wochen*** zu rechnen.
Das üblicherweise praktizierte Training mit kürzeren Zeitspannen stellt notgezwungen eine mehr oder minder gute Kompromißlösung zwischen dem Soll und den tatsächlichen Möglichkeiten dar. Bundesligaspieler sollten allerdings ihren GLA-Normwert bereits vor Eintritt in die höchste Spielklasse, also im Aufbautraining der unteren Ligen, erreichen.
Zum Erhalt eines ausreichenden Niveaus ist in Verbindung mit dem sonstigen Training (Schnelligkeits-, Taktik-/Technik-Training) *eine Trainingseinheit pro Woche* ausreichend.
Während der Spielsaison hat das Ausdauertraining in erster Linie *regenerativen Charakter* und ist nicht mehr die Weiterentwicklung der azyklischen Grundlagenausdauer.
In den Zweikampfsportarten ist das Problem nicht so latent. Hier kann von einer optimalen Periodisierung ausgegangen werden.

Methoden, Inhalte und Umfang
Trainingsmethoden, die dem intervallartigen Charakter und dem starken Intensitätswechsel besonders entgegenkommen, sind:
- **Variable Dauermethode,**
- **intensive Intervallmethode mit extremen KZI,**
- **intensive Intervallmethode mit KZI** (besonders im Zirkeltraining).

Die ***extensive Dauermethode*** wird im Rahmen des Grundlagenausdauertrainings bei Spiel- und Zweikampfsportarten zwar auch zur Anwendung kommen, sie dient aber dann mehr der *Regeneration* und *Stabilisierung des allgemeinen Konditionsniveaus* als etwa der Entwicklung der azyklischen Grundlagenausdauer.
Trotz der ***azyklischen Belastungsstruktur in den Wettkämpfen*** sollte die ***azyklische GLA mit zyklischen Bewegungen*** trainiert werden. Allerdings sind dazu die der Sportdisziplin am nächsten stehenden Bewegungen anzuwenden:
- für Fußball: *Laufen und Springen,*
- für Handball: *Laufen und Werfen,*
- für Volleyball: *Springen und Schlagen,*
- für Basketball: *Laufen + Springen + Werfen,*
- für Wasserball: *Schwimmen,*
- für Eishockey: *Eisschnellauf bzw. Rollerskating,*
- für Boxen: *Laufen, Seilspringen, Sandsackboxen, Schattenboxen,*
- für Ringen und Judo: *einfaches Bodenturnen und Zirkelübungen,*
- für Fechten: *Lauf-, Sprung- und Stoßübungen* u. a.

Es können damit auch grundlegende Fertigkeiten stabilisiert und vor allem die *Bewegungsökonomie verbessert* werden.
Eine besondere Bedeutung hat auch das *Kreistraining* (mit intensiver Intervallbelastung), soweit *Spezialübungen und Elemente der Wettkampfübung* eingebracht werden können. Hier sind der nötige Muskelgruppenwechsel und die Belastungskomponentengestaltung (Belastungsdauer, Pausenlänge) gut dosierbar.
Die ***Intensitätssteuerung*** kann wegen der ungleichmäßigen Belastung hier nur über die *Herzfrequenz bzw. Wiederholungen* pro Zeiteinheit oder ein entwickeltes *Laktatgefühl* geschehen. Allerdings sind dazu Laktatbestimmungen für die verschiedenen Belastungsbereiche Voraussetzung. *Azyklisches GLA-Training* bewegt sich überwiegend im *Entwicklungsbereich I (AANÜ).*

Training der spezifischen Grundlagenausdauer (spez.GLA)
(Ausdauersportarten)

Zielsetzung:
- Schaffen einer stabilen hohen Ausgangsbasis für den speziellen Ausdauertyp,
- Erschließen neuer Reserven für weitere Leistungssteigerungen.

Biologisch bedeutet dies:
- eine hohe aerobe Kapazität,
- aerobe und auch aerob-anaerobe Energiebereitstellung.

Die spez.GLA muß ***sportartspezifisch*** trainiert werden, d. h. der Erwerb der hohen aeroben Kapazität ist an die *Disziplinbewegung* oder zumindest an *struk-*

turverwandte Übungen gebunden. Denn entscheidende Anpassungsvorgänge spielen sich bereits in der Skelettmuskulatur ab. Daraus leitet sich die Tatsache der Trainigspraxis ab, daß eben *Läufer durch Laufen, Schwimmer durch Schwimmen, Radsportler durch Radfahren, Ruderer durch Rudern, Eissschnelläufer durch Eislaufen usw.* ihre Grundlagenausdauer trainieren.
Das Training mit *Imitationsgeräten* (z. B. Ruderergometer, Skiroller) und mittels *spezieller Zirkel* (= Zirkeltraining mit Spezialübungen) ist mit inbegriffen. Es stützt sich auf die Strukturverwandtschaft der Übungen.
Die *Entwicklung und Stabilisierung der spez. GLA* geschieht mit dem ***Grundlagenausdauer-1-Training,*** das als die *extensivere* Form in den *Grundbereich des Trainings* fällt. Die energetische Absicherung bei den gewählten Trainingsformen soll rein aerob geschehen. Die geeignetste Trainingsmethode ist die ***extensive Dauermethode***; auch die ***variable Dauermethode*** kommt zum Einsatz.
Die *Erweiterung der spez. GLA* geschieht mit dem ***Grundlagenausdauer-2-Training,*** das als die *intensivere Form* in den *Entwicklungsbereich* (= Grundlagenbereich II) fällt. Metabolisch bedeutet dies eine gemischt aerob-anaerobe Energiebereitstellung während der Belastung (3–7 mmol/l Lac). Wegen dieser Übersäuerungsgrade ist *GLA-2-Training wohlüberlegt zu dosieren.* Es kann nicht in dem Umfang durchgeführt werden wie GLA-1-Training. Als Methoden kommen hier die ***intensive*** und ***variable Dauermethode*** sowie die ***extensive Intervallmethode*** (+ LZI/MZI) hauptsächlich zum Einsatz.
GLA-Training ist in den Ausdauersportarten die *vorherrschende Trainingsart,* mit einem durchschnittlichen Anteil von *60–80%,* wobei das GLA-2-Training am gesamten Trainingsumfang je nach Sportart mit lediglich *8–15%* vertreten ist. Die Anteilsverhältnisse sind trotz dieser grundsätzlichen Gültigkeit je nach Ausdauerdisziplin (KZA, MZA, LZA), Trainingsstufe (Grundlagen-, Aufbau-, Anschluß-, Hochleistungstraining), Trainingsperiode und Athletentyp recht unterschiedlich. Einige ausgewählte Beispiele sollen dies bestätigen.

- Für den *Hochleistungsbereich* wird hinsichtlich der Umfangsverteilung (% Gesamtkilometer) auf den Kompensations-, GLA-1-, GLA-2- und Wettkampfspezifischen Bereich folgendes festgehalten (NEUMANN/PFÜTZNER/HOTTENROTT 1993, 39):
  - *Lauf* (9000 km insges.) 30:***50***:***15***:5
  - *Skilanglauf* (10 000 km insges.) 31:***34***:***20***:15
  - *Biathlon* (9000 km insges.) 10:***35***:***40***:15
  - *Triathlon* (20 800 km insges.) 7:***69***:***19***:5
  - *Radsport* (40 000 km insges.) 3:***55***:***7***:35
  - *Schwimmen* (3000 km insges.) 18:***60***:***20***:2
- Im *Straßenradsport* verändern sich die Anteile (% Gesamttrainingskilometer auf dem Rad) des GLA-1- und GLA-2-Training in den verschiedenen Trainingsstufen wie folgt (nach exemplarischen Berechnungen aus LINDNER 1993):
  - Grundlagentraining (13–14 LJ): ***85***% Grundbereich, ***2,5***% Entwicklungsbereich
  - Aufbautraining (15–16 LJ): ***75***% Grundbereich, ***5,5***% Entwicklungsbereich
  - Anschlußtraining (17–18 LJ): ***75***% Grundbereich, ***6***% Entwicklungsbereich
  - Hochleistungstraining: ***50***% Grundbereich, ***2–3***% Entwicklungsbereich

Die übrigen Prozente entfallen zusammen auf Kompensations-, Schnellkraft-, Kraftausdauer-, wettkampfspezifisches Training und Wettkämpfe. Letztere nehmen im Hochleistungstraining einen großen Anteil ein.

- Eine rumänische *1500 m-/3000 m-Läuferin* internationalen Niveaus absolvierte in einem dreijährigen Aufbautraining von ca. 15 000 Laufkilometern *38% im Intensitätsbereich von 4–8 mmol/l Laktat,* 55% unter 4 mmol/l und ca. 6% über 8 mmol/l.
- Eine russische *Olympiasiegerin im Mittelstreckenlauf* trainierte in den letzten 9 Monaten vor ihrem Olympiasieg 3277 km mit folgender Intensitätsverteilung: 90% unter 4 mmol/l Laktat, *7–8% im Bereich 4–8 mmol/l,* ca. 3% über 8 mmol/l (Creti 1987, 77).
- Im *Rudertraining für Leichtgewichtsruderer* verändert sich der veranschlagte Anteil der Intensitätskategorie III (4–6 mmol) wie folgt: allgemeine Vorbereitungsperiode 0%, spezielle Vorbereitungsperiode ca. 25%, formbringende Wettkampfperiode 50–60%. (Angaben errechnet aus Fritsch 1981).

Training der speziellen Ausdauertypen (KZA, MZA, LZA I–IV)

Die *Entwicklung und vor allem Ausprägung* eines speziellen Ausdauertyps erfordert im langfristigen Trainingsaufbau ein *stufenförmiges Durchschreiten* verschiedener Entwicklungsstadien (Grundlagen-, Aufbau-, Leistungstraining) und im mittel- bis kurzfristigen Trainingsprozeß (allgemeine Vorbereitungsperiode, spezielle Vorbereitungsperiode, formprägende Wettkampfperiode, formerhaltende Wettkampfperiode) ein *zyklisiertes Vorgehen.* Dies bringt einen starken Wechsel der Trainingsmethoden mit sich, da Phasen mit vorrangigem GLA-Training mit Phasen der Ausprägung wettkampfspezifischer Ausdauer bzw. der eigentlichen Wettkampfform sich ablösen.
Da für genauere Angaben jede Ausdauersportart für sich behandelt werden müßte, kann an dieser Stelle nur auf mehr allgemein zutreffende Punkte eingegangen werden.
Während für die *Methodik des GLA-Trainings* insgesamt die Auswahl von *Trainingsmethoden mit analoger Wirkung* (Ökonomisierung des Funktionsniveaus, Entwicklung der aeroben Kapazität, funktionelle Stabilität) typisch ist, kommen nun im Training der speziellen Ausdauertypen vermehrt *Methoden* zum Einsatz, die entweder eine *Übertragung des spez. GLA-Zustands in die spezielle Ausdauer* bewirken oder eine *komplexe Beanspruchung* (konditionell, koordinativ-bewegungstechnisch, psychisch) mit sich bringen.
Für die *Übertragung des GLA-Zustands* wird sowohl das Prinzip der ***»Summation von kürzeren Einzelbelastungen«*** als auch das Prinzip der ***»längeren wettkampfgemäßen Belastung«*** angewandt.
»Summation von kürzeren Einzelbelastungen« bedeutet:

- *wettkampfähnliche Belastungsintensität* mit Abweichungen um ca. ± 5–10%,
- *kürzere Einzelbelastungsdauer* als im Wettkampf (zwischen 40 und 75%), wobei möglichst die Nähe zur Wettkampfdauer anzustreben ist,
- bedeutend *höhere Gesamtbelastung* als im Wettkampf durch die Summe der Einzelbelastungen (2- bis 5fach).

Dazu können die ***Intervall- und Wiederholungsmethoden*** eingesetzt werden. Beispiel: 800-m-Läufer mit Bestleistung von 1:50 Minuten läuft in der intensiven Intervallmethode 6 × 400 m in Zeiten von 53,5 Sek. (= 103% Wettkampfintensität), 55 Sek., 55 Sek., 56,5 Sek., 56,5 Sek. und 57,7 Sek. (= 95% Wettkampfintensität). Die Gesamtbelastung steigt damit auf das 3fache an.

Die **»längere wettkampfgemäße Belastung«** besagt:

- *Ausdehnung der Belastungsdauer* um 50–150% gegenüber dem Wettkampf.
- *Wettkampfgemäße Intensität über Teilabschnitte* (kürzer als Wettkampfstrecke) und reduzierte Intensität in den Zwischenabschnitten.

Dazu können die ***variable Dauermethode (Wechselmethode)*** und die ***Intervallmethoden*** angewandt werden.

Beispiel: 5000-m-Läufer legt ca. 8 km in der variablen Dauermethode zurück und ändert abschnittsweise sein Wettkampftempo mit Geschwindigkeiten, die um etwa 6–8% darunter liegen. Oder: 400-m-Schwimmer legt insgesamt 1000 m zurück, wobei jeweils 150–200 m im Wettkampftempo geschwommen werden und dazwischen eine lohnende Pause liegt.

Das Training der speziellen Ausdauertypen berührt mit den darin angewandten Belastungsmethoden *neben dem Grund- und Entwicklungsbereich* auch den *Grenzbereich der Ausdauerentwicklung* (Abb. 42, S. 104). Es wird dabei mit 95–100% der aktuellen Bestleistungen trainiert, und es werden dabei Laktatwerte von über 7–8 mmol/l ereicht.

Der *Anteil dieser »Grenzbelastungen«* am Jahresumfang liegt jedoch nur durchschnittlich *bei ca. 10%. 20–30% werden im Entwicklungsbereich, 60–70% im Grundlagenbereich* absolviert (Badtke et al. 1987, 364). »Übersäuerungsmethoden« können nicht laufend angewandt werden. Sie erfordern längere Regenerationszeiten bzw. Regenerationsmaßnahmen, da ansonsten die aerobe Kapazität beeinträchtigt wird (Mitochondrienzerstörung).

Methoden im KZA-Training

Zur Verbesserung der anaeroben Kapazität mit den Teilbereichen alaktazide und laktazide Energieproduktion, Pufferkapazität, Säuretoleranz eignen sich folgende Methoden, die in einem bestimmten Mischungsverhältnis einzusetzen sind:

- ***intensive Intervallmethode mit KZI, Wiederholungsmethode + KZI, intensive Intervallmethode + extreme KZI*** für *Phosphatspeicherbeanspruchung und Laktatproduktion,*
- ***intensive Intervallmethode + MZI, Wiederholungsmethode + MZI, Wettkampfmethode*** für Verbesserung der *Laktatproduktion, Puffersubstanz und Säuretoleranz.*

Im *unteren KZA-Bereich (35–45 Sek.)* ist mehr die alaktazide (Phosphatspeicher) und laktazide (Glykolyserate) Energieproduktion entscheidend, im *oberen Zeitbereich (90 Sek.–2 Min.)* mehr die *Säuretoleranz.* Die höchsten Laktatwerte fallen bei 400- und 500-m-Läufen an. Sie liegen um 25 mmol/l (Kindermann/Keul) und einem entsprechenden pH-Wert von 6,9. Bei Eisschnellauf (500 m) und Schwimmen (100 m) ist die Übersäuerung geringer (ca. 20 mmol), was auf die

geringere eingesetzte Muskelmasse (Schwimmen) bzw. die nicht volle Inanspruchnahme der anaeroben Glykolyse (beim Einsschnellauf wegen negativer Auswirkungen auf die Lauftechnik) zurückzuführen sein dürfte.
Die Entwicklung und Verbesserung der notwendigen *aeroben Kapazität* wird durch das *GLA-Training* (mit den entsprechenden Methoden) abgedeckt.

Methoden im MZA-Training
In diesem Zeitbereich spielt bereits die ***aerobe Kapazität*** *die entscheidende Rolle* für die Leistungsfähigkeit. Sie wird 100%ig in Anspruch genommen, weshalb das *Sauerstofftransportsystem* (Herz-Kreislauf) einschließlich der *Kapillarisierung* Bedeutung erlangt. Benötigt wird auch eine gut ausgeprägte Glykogenverwertung.
Trainingsmethoden, die diese Eigenschaften gezielt fördern, sind:

- ***intensive Dauermethode,***
- ***extensive Intervallmethode mit LZI,***
- ***extensive Intervallmethode mit MZI.***

Im ***anaeroben Bereich*** ist die *Laktattoleranz* gegenüber hohen bis höchsten Konzentrationen entscheidender als das Tempo der Laktatproduktion, vor allem bei Belastungsdauern von über 4 Min. Für die Herausbildung dieser Fähigkeiten sind geeignet:

- ***extensive Intervallmethode mit MZI,***
- ***intensive Intervallmethode mit KZI,***
- ***Wiederholungsmethode mit LZI,***
- ***Methode der wettkampfspezifischen Einzelbelastung mit Unterdistanz (20%).***

Insgesamt ist im MZA-Bereich entscheidend die *Kombination der aerob und anaerob gerichteten Methoden im angepaßten Verhältnis.* Dieses Verhältnis beeinflussen die Sportdisziplin (z. B. 1500-m-Lauf, 3000-m-Hindernislauf, Rudern, 5000-m-Eisschnellauf) und die bereits vorhandene individuelle aerobe bzw. anaerobe Kapazität.
Tab. 45 zeigt beispielhaft die Methodenanwendung im Rudern.

Methoden im LZA-Training
Für alle LZA-Typen sind die ***aerobe Kapazität*** (VO_2max.) und ihre ***prozentual hohe Nutzung*** (= hohe ANS) – wenn auch in unterschiedlicher Akzentuierung – von grundlegender Bedeutung.
Deshalb kommen im Training aller LZA-Typen die zur Verbesserung der VO_2max. geeigneten Methoden zur Anwendung. Je nachdem, ob die Größe der VO_2max. oder die Höhe der ANS den höheren Stellenwert besitzt, werden auch die für die Anhebung der ANS geeigneten Methoden gegenüber den anderen im Vordergrund stehen.
Für die Methodenauswahl ist weiterhin die charakteristische Energiebereitstellung zu berücksichtigen. Aus dieser Sicht kommen bei den einzelnen LZA-Typen weitere Methoden hinzu.
Unter Berücksichtigung aller Gesichtspunkte läßt sich dann jeweils eine gewisse *Rangordnung nach der Bedeutung* erstellen.

Tabelle 45 Belastungsstrukturen und Methoden im Rudertraining (aus FRITSCH, 1981).

Strukturbereich Kategorie	Intensität	Umfang in der beabs. Intensität in min	Dauer des Einzelreizes in min	Dichte (Pausenlänge) in min	Anzahl der Wiederholungen	Lactatbildung in mmol/l	Beispiel	Effekt	Methoden (nach HARRE)
I	103–110%	5–8	0,5–1,5	2–15	3–8×	>10	6×40 Schläge aus dem Stand maximale SF 1–3×500 m auf Zeit mit Start	Entwicklung der – anaeroben Kapazität – Start- u. Spurtfähigkeit – max. Geschwindigkeit	Wiederholungsmethode, Wettkampf- und Kontrollmethode
II	93–100%	15–20	2–5	2–15	4–6×	6–10	6×2 min Str.-Schlag 4×4 min Str.-Schlag mit Druckspurts 3×1000–1500 m ohne Startspurt	– takt. Fähigkeit – Gefühl für Renntempo – Koordination	intensive Intervallmethode, Wettkampf- und Kontrollmethode
III	85–93%	25–40	6–10	3–10	4–6×	4–6	4×7 min 2–4 Schläge unter Str.-Schlag 3×2000 m ohne Startspurt 2–4 Schläge unter Str.-Schlag	– aerobe Kapazität – Kraftausdauer – Taktik – mannsch. Koordination	Extensive Intervallmethode, Wettkampf- und Kontrollmethode
IV	80–85%	15–60	15–45	5–10	1–3×	3,5–4	2×20 min volle Kraft SF-Wechsel von 18–28 3×5 km 4–6 Schläge unter Str.-Schlag 10 km auf Zeit	– aerobe Kapazität – Kraftausdauer	Dauermethoden, vornehmlich Wechselmethode
V	70–80%	30–100	30–100	–	1×	2,5–3,5	Langstreckenarbeit mit 10–12 Schlägen unter Str.-Schlag z. B. 25 km in SF. 23–25	– Stabilisierung und – Wiederherstellung des aer. Niveaus – Koordination	Dauermethoden, vorn. kontin. Methode, Fahrtspiel
VI	–70%	30–150	30–40	beliebig	1×	–2,5	15–30 km beliebig Techniktraining	– Regeneration – Koordination (Technik) – Willensschulung	Fahrtspiel, kontin. Methode

SF = Schlagfrequenz, Str.-Schlag = Streckenschlag

LZA I:

- ***intensive Dauermethode*** (Glykogenstoffwechsel, Laktatkompensation, Verbesserung der VO_2max.),
- ***extensive Intervallmethode mit LZI*** (Sportherzentwicklung und Kapillarisierung),
- ***variable Dauermethode*** (Umstellung in der aeroben Energiebereitstellung),
- ***extensive Intervallmethode mit MZI*** (Herzarbeit),
- ***Wiederholungsmethode mit LZI*** (3–8 Min.; gemischt aerob-anaerobe Energiebereitstellung, Laktatkompensation).

Das Beispiel einer Mikrozyklusgestaltung in der *speziellen Vorbereitungsperiode* mit Aufbauwettkämpfen für *einen 5000-m-Läufer* (Wessinghage 1987) gibt Einblick in die disziplinspezifische Anwendung (Tab. 46).

Tabelle 46 Trainingsbeispiel für die Wochengestaltung (5 Trainingseinheiten) in der speziellen Vorbereitungsperiode/Wettkampfperiode I für 5000-m-Lauf (aus Wessinghage 1987).

Trainingsform	Trainingsziele	Hinweise zur Durchführung	Häufigkeit pro Woche
In der Wettkampfperiode I			
Dauerlauf	aerobe Ausdauer	ca. 45 min, mittleres Tempo	2mal
Fahrtspiel	aerobe und anaerobe Ausdauer	z. B. 20 bis 30 min Kernprogramm; je 10 min Ein- und Auslaufen	1mal
Bahntraining **(extensives Intervalltraining)**	anaerobe und aerobe Ausdauer	z. B.: Gesamtmenge der Belastungsabschnitte 5 bis 7 km, Tempo höher als 10000-m-Renntempo; Trabpausen; 10 min Einlaufen, Koordinationsläufe; 10 bis 15 min Auslaufen	1mal
Bahntraining **(intensives Intervalltraining)**	anaerobe (und aerobe) Ausdauer	z. B.: Gesamtmenge der Belastungsabschnitte 4 bis 6 km, höheres Tempo und längere Pausen als bei ext. Intervalltr.; 10 min Einlaufen, 15 min Koordinationsübungen; 15 min Auslaufen	1mal

LZA II:

- ***intensive Dauermethode*** (Anheben der ANS; Glykogenspeichervergrößerung, VO_2max.-Verbesserung),
- ***extensive Dauermethode*** (Fettverbrennung),
- ***variable Dauermethode*** (Umstellung in der Energiewandlung, VO_2max.-Verbesserung),
- ***extensive Intervallmethode mit LZI*** (bis zu 15 Min.; Glykogenverbrennung, VO_2max.-Verbesserung),
- ***Methode der wettkampfspezifischen Einzelbelastung mit Unterdistanz.***

LZA III:

- ***extensive Dauermethode*** (über 2 Stunden; Fettstoffwechsel, Ökonomisierung der Herz-Kreislauf-Arbeit),
- ***intensive Dauermethode*** (Verbesserung der VO_2max., Anheben der ANS, Vermehrung der Glykogenspeicher),
- ***Methode der wettkampfspezifischen Einzelbelastung mit Unterdistanz*** (ca. 50% der Wettkampfstrecke; Gewöhnung an die Wettkampfbelastung),
- ***variable Dauermethode*** und
- ***extensive Intervallmethode mit LZI (3–15 Min.)*** (Verbesserung der aeroben Kapazität).

Aus Abb. 51 ist zu entnehmen, daß bei der *speziellen Vorbereitung eines Marathonläufers* neben der extensiven Dauermethode (langsamer Lauf) die intensive Dauermethode (Lauf mit mittlerem Tempo), die Wettkampfmethode mit Unter-

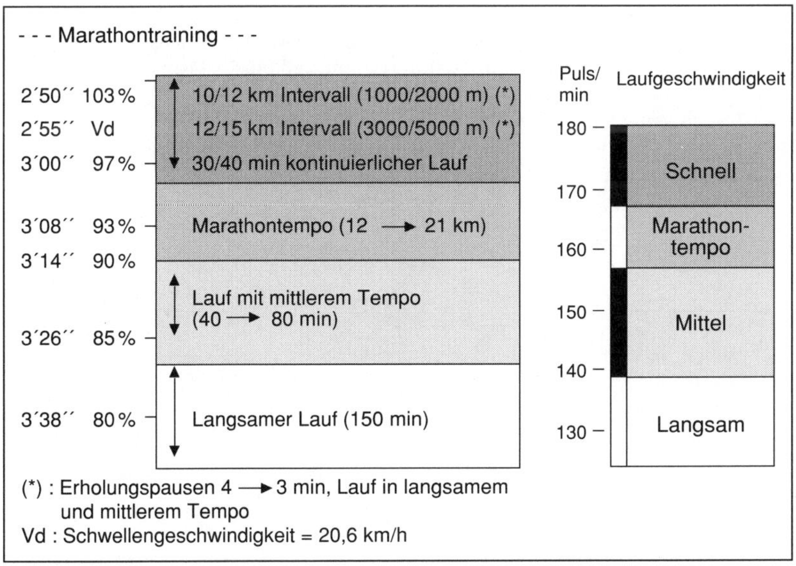

Abbildung 51
Unterschiedliche aerobe Trainingsformen in der speziellen Vorbereitung eines Spitzenmarathonläufers und die der Herzfrequenz entsprechenden Laufgeschwindigkeiten (= Intensitätsstufen) (Benzi 1987, 945).

distanz (Marathontempo, kontinuierlicher Lauf) und die extensive Intervallmethode + LZI zum Einsatz kommen.

LZA IV:
Die Ultra-LZA-Leistungen unterscheiden sich von Marathonleistungen (LZA III) vor allem darin, daß nur ein *niedriger Prozentsatz der VO_2max.* (ca. 60% beim 100-km-Lauf gegenüber 70–85% bei Marathonläufen; Keul et al. 1981) *über diese langen Belastungszeiten* gehalten werden kann.
Dafür zeigt sich eine *Steigerung der Fettoxidation* (bis auf 70–90% des Gesamtenergiebedarfs) und als Anpassungserscheinung ein gesteigerter Triglyzeridgehalt des Muskelgewebes (1,5mal höher als bei gut trainierten Orientierungsläufern; Oberholzer et al. 1976).
Den Unterschied prägen außerdem der *starke Eiweißabbau (Glukoneogenese),* die hohen *Wasser- / Elektrolytverluste* und die *Reaktionen des Stütz- und Bindegewebes* (Knorpel, Knochen beim Laufen), unter deren Einfluß die Leistung zu erbringen ist.
Insgesamt wird deutlich, daß trainingsmethodisch

- ***die extensive Dauermethode (über 2 Stunden),***
- ***extensive Dauerbelastungen mit nüchternem Ausgangszustand*** (zur verstärkten Fettverwertung),
- ***extensive Dauerbelastungen mit Flüssigkeits- und Kohlenhydratzufuhr*** (zur Gewöhnung an Nahrungsaufnahme im Verdauungstrakt während Belastung)

eine Rolle spielen.
Die Belastungszeiten dürfen jedoch nicht regelmäßig so weit gespannt sein, daß es zu deutlichem Substanzabbau kommt. Die entsprechenden Prozesse (hohe Fettutilisation, Glukoneogenese) sollten in Gang gebracht werden, jedoch nicht zu lange laufen. Der *starke Einfluß des energetischen Geschehens* auf die Ultra-LZA-Leistungen darf nicht zum Schluß führen, daß eine relativ hohe maximale Sauerstoffaufnahme keinen positiven Effekt mehr hätte. Die *VO_2max. ist ebenfalls bis zu einem gewissen Niveau zu entwickeln.* Dies erfordert allerdings Belastungen, im Laktatbereich von 4–6 mmol/l (intensive, variable Dauermethode).

7 Steuerung und Regelung der Ausdauerleistungsfähigkeit

Allgemeines zur Leistungssteuerung

Während man unter »***Training***« alle *Maßnahmen des Prozesses zur Optimierung, Stabilisierung und Reduzierung der komplexen sportlichen Leistungsfähigkeit* im Sinne eines Sammelbegriffes versteht, wird unter ***Trainingssteuerung*** (= Leistungssteuerung) die *gezielte Abstimmung aller kurz- und langfristigen Maßnahmen der Planung, Durchführung und Korrektur des Trainings zum Zwecke der Leistungsoptimierung* verstanden.
Aus der Sicht der Kybernetik (= Wissenschaft von den Regelsystemen) enthält der Trainingsprozeß sowohl *Steuerungs- wie auch Regelungsvorgänge.* Dabei ist ***Steuerung*** die Einflußnahme (Input, Trainingsanweisung) gemäß einer Zielvorgabe (Trainingsziel) auf das Ergebnis (Output, Trainingsergebnis). Abb. 52 veranschaulicht dies. Die ***Regelung*** ist die Rückmeldung und Korrektur der Einflußnahme aufgrund eines Soll-Ist-Wert-Vergleichs. Steuerung und Regelung des Trainings zusammen ergeben somit einen *Regelkreis,* der kurz gefaßt als *Trainingssteuerung oder Leistungssteuerung* bezeichnet wird.
Im einzelnen läuft die *Leistungssteuerung in 5 Schritten* ab, die in dem Modell (Abb. 53, S. 148) kurz aufgezeigt sind.
Im weiteren werden nur ausgewählte Punkte zur Trainingssteuerung angesprochen.

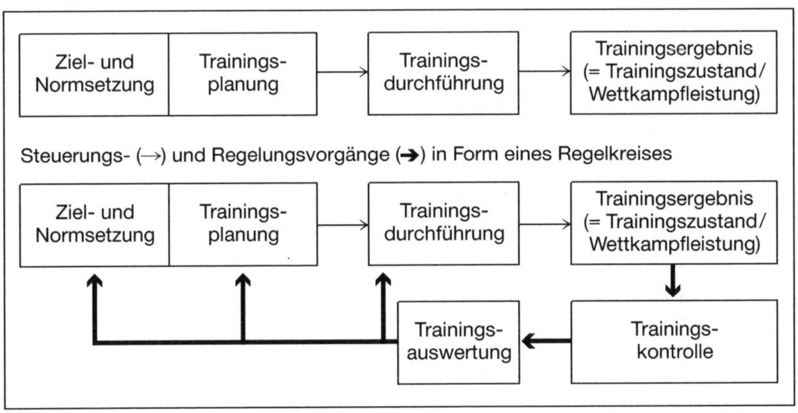

Abbildung 52
Steuerungsvorgang.

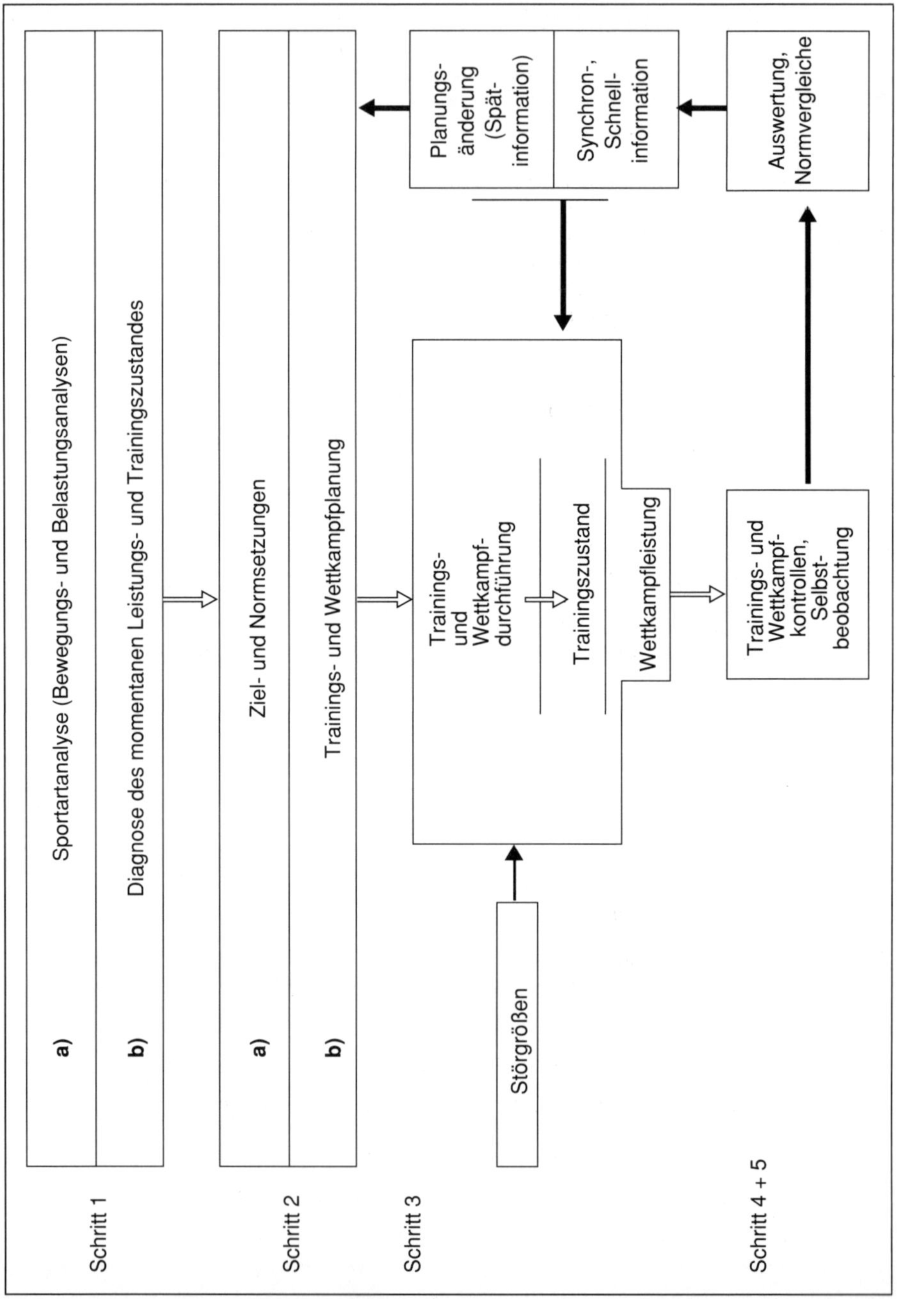
Schritt 1
a) Sportartanalyse (Bewegungs- und Belastungsanalysen)
b) Diagnose des momentanen Leistungs- und Trainingszustandes
Schritt 2
a) Ziel- und Normsetzungen
b) Trainings- und Wettkampfplanung
Schritt 3
Trainings- und Wettkampf-durchführung
Trainingszustand
Wettkampfleistung
Störgrößen
Schritt 4 + 5
Trainings- und Wettkampf-kontrollen, Selbst-beobachtung
Auswertung, Normvergleiche
Synchron-, Schnell-information
Planungs-änderung (Spät-information)

Tests zur Feststellung der Ausdauerleistungsfähigkeit

Sowohl zur Diagnose des *Ausdauerleistungszustandes (Schritt 1)* als auch zur *Trainingskontrolle (Schritt 4)* werden im allgemeinen *sportpraktische Verfahren* und *sportwissenschaftliche (sportmedizinische) Labor- und Feldtests* angewandt.
Die ***einfachen sportpraktischen Tests*** (Tab. 47) stützen sich auf die *Messung der Leistung und des Nachbelastungspulses nach einer definierten Belastung.* Über verschiedene Beschreibungsgrößen (z. B. Leistungsquotient, Ermüdungsindex) wird indirekt Auskunft über das aerobe und teilweise auch anaerobe Leistungsvermögen erteilt. Hinsichtlich weiterer Einzelheiten und Normwerte zu diesen Tests sei auf die einschlägige Literatur verwiesen (siehe: GROSSER/STARISCHKA, Konditionstests, BLV 1981).

Abbildung 53
Modell der Steuerung und Regelung der sportlichen Leistung in Training und Wettkampf (= Leistungssteuerung/Trainingssteuerung) (modifiziert nach GROSSER et al. 1986).

- **Cooper-12 Minuten-Lauftest**
  Zweck: ***Abschätzung der maximalen Sauerstoffaufnahme***

Anhand der in 12 Minuten maximal erreichbaren Laufleistung auf einer Laufbahn (standardisiertes Verfahren) kann zunächst eine *Klassifizierung der Laufleistung* (Tab. 48, S. 150) geschehen. Aufgrund der Vergleichsuntersuchung von Cooper und anderen Autoren (WEILER et al. 1985) zwischen den 12-Minuten-Laufergebnissen und Ergebnissen aus Laufbandtests zur Feststellung der VO_2max. konnte ein *Zusammenhang zwischen Laufleistung und rel.* VO_2max. erstellt werden.
Die von Cooper angegebenen Intervalle der rel. VO_2max. sind sehr breit angelegt, so daß nur eine Groborientierung gegeben ist. Bei Laufleistungen von mehr als 2800 m (Männer) ist nach der Original-Wertungstabelle eine weitere Differenzierung der Fitneßkategorien und damit eine Schätzung der rel. VO_2max. nicht mehr möglich. Die Fortführung (unterer Teil der Tab. 48) stellt gewissermaßen

Tabelle 47 Beispiele für sportartspezifische trainingspraktische Ausdauertests (nähere Beschreibung und Normwertangaben zu diesen Tests bei GROSSER/STARISCHKA, 1981).

Für die aerobe Ausdauer:
■ Im Schwimmen der Belastungstest nach KIPKE/LABITZKE, der Dauerschwimmtest und Intervallschwimmtest; ■ im Rudern der Ermüdungstest und Intervallrudertest; ■ im Radfahren der Ermüdungstest; ■ im Skilanglauf der Skilanglauftest nach BUBE; ■ im Boxen der Boxausdauertest.
Für die anaerobe Ausdauer:
■ Im Kanu- und Rudersport Bankziehen und Bankdrücken (45 s), Teilstreckentest (im Zeitbereich von 50–80 s); ■ für den leichtathletischen Mittelstreckenlauf Mittelstreckentest nach KOSMIN und OWTSCHINNIKOW (4 × 60 s); ■ für Geräteturnen der Liegestütztest (bis zur Erschöpfung nach vorgegebener Frequenz); ■ für Basketballer Basketballausdauertest (über 10× doppelte Spielfeldlänge, ca. 2–2½ min).

Tabelle 48 Richtwerte zum Cooper-Test (Männer) für die Klassifizierung der Laufleistung (Spalte 1) und zum Zusammenhang zwischen Laufleistung und relativer maximaler Sauerstoffaufnahme (ml/kg/min) (nach Cooper und Schürch, 1987).

Leistungsgruppe (Untrainierte)	zurückgelegte Entfernung (in m)	O_2-Verbrauch (in ml/kg/min)
I = sehr schlecht	< 1600	28,0 oder weniger
II = schlecht	1600–2000	28,1–34
III = mäßig	2000–2400	34,1–42
IV = gut	2400–2800	42,1–52
V = sehr gut	> 2800	52,1 oder mehr
	2900	52,1
	3000	53,8
	3100	55,5
Normbereich	3200	57,2
Leistungssport	3300	58,9
Nichtausdauerdisziplin	3400	60,6
	3500	62,3
	3600	64,0
	3700	65,7
	3800	67,4

eine Erweiterung für höhere Ausdauerniveaus dar. Damit ist auch die Beurteilung des GLA-Niveaus im Leistungssport für Nichtausdauer- und Spielsportarten gegeben. Die aus der Trainings- und Wettkampfpraxis dafür bekannten Erfordernisse sind in der Tabelle als Normbereich herausgehoben. Die Werte beziehen sich dabei in erster Linie neben den Spielsportarten auf die Kampfdisziplinen (z. B. Judo, Boxen).
Hinsichtlich der Testergebnisse bei untrainierten und trainierten Personen ist noch zu beachten, daß *Untrainierte* ihre Laufleistung *nur mit einem geringen Zuschuß aus der anaeroben Kapazität* bestreiten. Sie bewegen sich im Bereich der

Tabelle 49 Errechnete Geschwindigkeit eines intensiven Dauerlauftrainings auf ebenem Gelände bei gegebener Laufstrecke im 12-Minuten-Test (Mittelwerte u. Standardabweichung) Weiler et al. 1985).

12-min-Test (m)	Intensives Dauerlauftraining (km/h); V_{ANS}
2600	11,0 (10,5–11,5)
2700	11,5 (11,0–12,0)
2800	12,0 (11,6–12,4)
2900	12,6 (12,3–12,9)
3000	13,1 (12,8–13,4)
3100	13,6 (13,3–13,9)
3200	14,1 (13,7–14,5)
3300	14,6 (14,1–15,1)
3400	15,1 (14,6–15,6)
3500	15,6 (15,0–16,2)

V_{ANS} = Geschwindigkeit an der anaeroben Schwelle.

anaeroben Schwelle (4–5 mmol/l Laktat). *Trainierte* bestreiten dagegen die 12-Minuten-Laufleistung *mit relativ hohen Blutlaktatwerten* (über 13 mmol/l nach eigenen Untersuchungsergebnissen) und damit unter *beträchtlichem Einsatz der anaeroben Kapazität.*
Für ***Untrainierte*** kann also die ***mittlere Laufgeschwindigkeit aus dem Cooper-Test*** mit der ***Laufgeschwindigkeit an ihrer anaeroben Schwelle*** in etwa identisch gesetzt werden. Über die ANS-Laufgeschwindigkeit Trainierter gibt Tab. 49 Auskunft. Diese Werte ergaben sich aus der bestehenden engen Beziehung zwischen zurückgelegter Strecke im 12-Minuten-Test und der Laufbandgeschwindigkeit an der individuellen anaeroben Schwelle. Die *ANS-Werte* dienen ja als *Richtzahlen für ein intensives Dauerlauftraining.*
Anmerkung: Die Ergebnisse des Sauerstoffverbrauchs bei verschiedenen Nachuntersuchungen zu den Original-Coopertest-Ergebnissen weichen deshalb voneinander ab, da beim Feldtest nicht die gleichen Witterungsbedingungen und beim Labortest nicht der gleiche Laufbandergometertyp vorhanden waren.

- **Feststellung des Nachbelastungspulses**
  Zweck: ***Feststellung der Erholungsfähigkeit*** und damit der Qualität der Grundlagenausdauer.

Der *Grundlagenausdauer wird auch Einfluß auf die Erholungszeit nach einer Belastung* zugeschrieben. Damit ist mit der Methode der Erholungspulsfrequenzkontrolle ein *indirektes Indiz für das Niveau der Grundlagenausdauer* gegeben. Obwohl wegen beträchtlicher individueller Abweichungen (Höhe von Ruhe- und Maximalpuls, emotionelle Einflüsse) eine Ungenauigkeit vorliegt, kann für eine ***Groborientierung*** doch die *Zeitdauer vom Belastungsabbruch bis zum Wiedererreichen der Pulsfrequenz 100/min* herangezogen werden.
Die Pulsmessung selbst muß standardisiert erfolgen durch Tasten des Pulses über 10 sec Dauer. Bei gezählten Pulsfrequenzen von über 180/min ist das Ergebnis mit + 10 zu korrigieren. Die Feststellung mit Pulsmeßgeräten ist wesentlich genauer.
Normwerte für *Erholungszeiten nach längeren Belastungen* sind
– *gut bis sehr gut:* ***3 Minuten und weniger*** (bis HF 100/min),
– *befriedigend:* ***5 Minuten*** (bis HF 100/min).
Zur Feststellung der *Erholungsqualität nach kurzfristigen Maximalbelastungen* (mit Erreichen maximaler Herzfrequenz) wird nach Böhmer et al. (1975) die Pulsfrequenz zum *Zeitpunkt 5 Minuten nach Belastungsabbruch* verwendet. ***Richtzahlen*** dafür enthält Tab. 50.

Tabelle 50 Richtzahlen für die Qualität des Nachbelastungspulses nach Maximalbelastungen (nach Böhmer et al. 1975).

Pulsfrequenz 5 Minuten nach Belastungsende	
Über 130/min	schlecht
130–120/min	ausreichend
120–115/min	befriedigend
115–105/min	gut
105–100/min	sehr gut
unter 100/min	Hochleistungstrainingszustand

Unspezifische sportmedizinische Labortests

Die unspezifischen sportmedizinischen *Labortests mittels Laufband- oder Fahrradergometrie* haben heute ihre Bedeutung für die unmittelbare Trainingsregelung verloren, da die *Fahrradergometrie* aufgrund anderer Muskelbeanspruchung *ca. 5–10% niedrigere Werte der VO_2max.* als die Laufbandergometrie bringt (Hollmann, 1980) und selbst die *auf dem Laufband ermittelten Laufgeschwindigkeiten* (Tab. 51) und allgemeinen *Richtwerte für die aerobe Schwelle und anaerobe Schwelle* (Tab. 52) für einen Läufer *nicht ohne weiteres in das natürliche Laufgelände übertragen* werden können. Nach Heck et al. (1984) liegt im Geschwindigkeitsbereich der anaeroben Schwelle auf dem Laufband gegenüber dem freien Lauf auf der Bahn ein Unterschied von + 0,16 m/s (= 0,6 km/h) vor. Der Typ des Ergometers stellt hier noch einen zusätzlichen Einflußfaktor dar.
Die Labortests gewährleisten zuverlässige leistungsdiagnostische Aussagen mit einer Vielzahl von Meßgrößen und gute Reproduzierbarkeit. Da sie für die unmittelbare Trainingssteuerung wenig nützlich sind, werden im *Leistungssport* der verschiedenen Ausdauerdisziplinen heute deshalb primär *disziplinspezifische Feldtests* oder für bestimmte Zwecke auch noch *Tests auf speziellen Ergometern* (z. B. Ruderergometer, Skilanglaufergometer, Paddel-Trainer) bevorzugt.
Zur ***Feststellung der unspezifischen maximalen aeroben Kapazität bzw. submaximalen Ausdauerleistungsfähigkeit*** erfüllen folgende Labortests ihren Zweck:

- **Einfache Fahrradergometrie zur Feststellung der maximalen aeroben Leistungsfähigkeit** (Watt/kg Körpergewicht).
  Die Belastung wird stufenförmig in Schritten von 50 Watt gesteigert. In den meisten Untersuchungsstellen wird eine Stufendauer von 3 Min. eingehalten. Damit ist der Proband in durchschnittlich 15 Min. erschöpfend belastet. Auf jeder Belastungsstufe werden Herzfrequenz, Sauerstoffaufnahme und Laktatkonzentration bestimmt.

Tabelle 51 Richtzahlen für Laufgeschwindigkeiten an der anaeroben Schwelle bei Laufbandtests (nach Rost/Hollmann 1982, 124).

Richtzahlen		Leistungszustand
3,0 ± 0,5 m/s	=	Normwert nichtausdauertrainierter Männer
3,5 – 4,0 m/s	=	geringausdauertrainiert
4,0 – 4,7 m/s	=	mittelausdauertrainiert
4,8 – 5,2 m/s	=	hochausdauertrainiert
5,3 – 5,6 m/s	=	Spitzensportler

Tabelle 52 Durchschnittliche Richtwerte für die anaerobe Schwelle (gemäß spiroergometrischen Laufbanduntersuchungen).

Anaerobe Schwelle für Untrainierte	50–70% der VO_2max., Hf 140–150
Anaerobe Schwelle für Trainierte	70–80% der VO_2max., Hf 170–175
Anaerobe Schwelle für Hochtrainierte	85–95% der VO_2max., Hf 180–190

Die Testergebnisse (in Watt) sind für die Trainingspraxis erst von Nutzen, wenn die festgestellte Leistung in Laufgeschwindigkeiten oder VO_2max.-Werten ausgedrückt werden können. Ansätze liegen vor in den *Richtwerten von Lagerström* (ROST/HOLLMANN 1982, 94) für die Umsetzung der Wattzahlen in körpergewichtsabhängige Laufgeschwindigkeiten und in den *Nomogrammen von Åstrand und Rhyming bzw. Kaltenbach* für die Umsetzung in VO_2max.-Werte. Das *körpergewichtsbezogene Belastungsverfahren nach dem Gießener-Modell* (Abb. 54) soll einen Vergleich der Wattleistungen mit Laufgeschwindigkeiten auf dem Ergometerlaufband ermöglichen. Tabellen dazu wurden erstellt (NOWACKI 1983, 258).

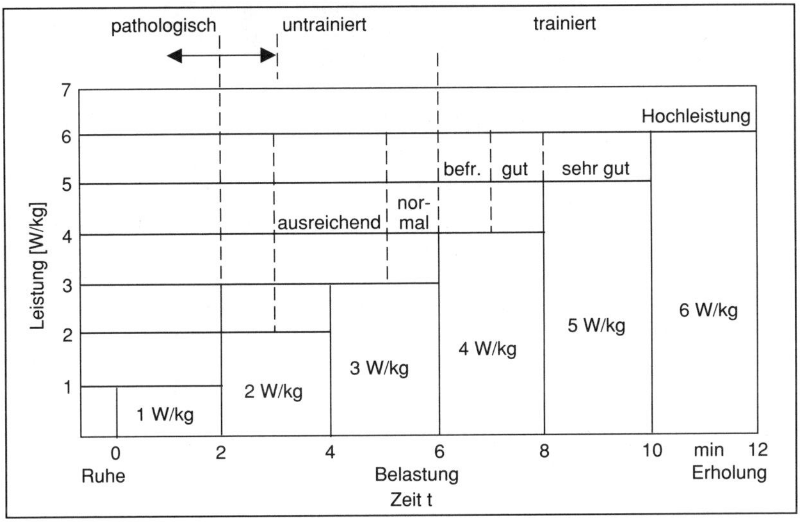

Abbildung 54
Gießener körpergewichtsbezogenes Belastungsverfahren (Watt/kg-Körpergewicht-Methode) (nach NOWACKI 1983, 261).

- **Einfache Fahrradergometrie zur Feststellung der PWC 170 und PWC 150.**
Die Ermittlung der *PWC 170 bzw. 150 (= physical work capacity),* d. h. der *Herz-Kreislauf-Arbeitskapazität bei Puls 170 bzw. 150,* hat den Vorteil, daß Motivationsfragen für den erforderlichen Belastungsgrad keine Rolle spielen wie beim obengenannten Maximaltest. Die Ergebnisse reichen für eine *Einschätzung der Leistungsfähigkeit bzw. der zugehörigen Herzfrequenz* an der *anaeroben Schwelle und aeroben Schwelle* aus. SCHWABERGER et al. (1985) haben bei Untersuchungen von Radrennfahrern festgestellt, daß PWC 170 einen signifikanten Zusammenhang zur ANS und PWC 150 zur AS aufweisen. Bei Untersuchungen an Mittelstrecklern konnte dieser Zusammenhang nur in etwa bestätigt werden.
Berechnet wird die Leistung bei der Herzfrequenz von 170/min (Abb. 55). Kriterium der Leistung ist somit die Steilheit des Herzfrequenzanstiegs.

Abbildung 55 Veränderung der Anstiegssteilheit der Herzfrequenz (Hf) und damit der Physical working capacity (PWC_{170}) in Abhängigkeit von der Leistungsfähigkeit (nach NEUMANN, 1991).

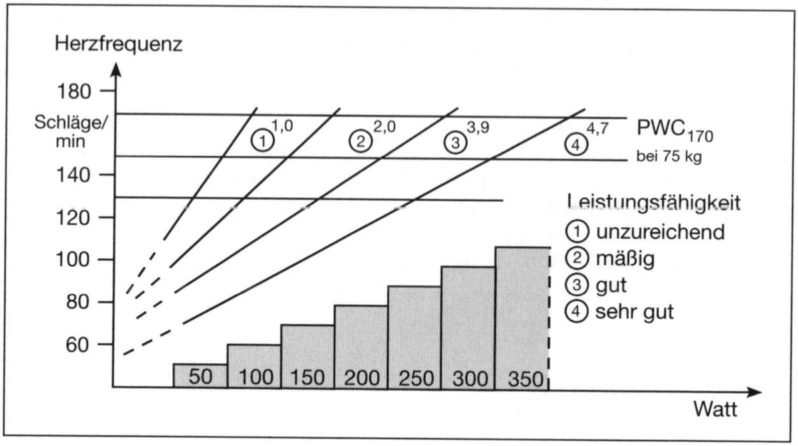

- **Anaerober 2-Phasen-Test mittels Fahrrad- oder Laufbandergometrie.** Die Varianten des Belastungsverfahrens gehen aus der Übersichtstabelle (Tab. 53) hervor. Bei vorgegebener konstanter Wattleistung bzw. Laufgeschwindigkeit einschließlich Laufbandsteigung werden die beiden Belastungsphasen mit einer dazwischenliegenden Pause von 30–45 Minuten absolviert. Der Laktatwert nach der ersten Belastung *(Submaximaltest)* gilt als *Schätzwert für die alaktazide anaerobe Kapazität,* der Laktatwert nach der zweiten Belastung *(Maximaltest)* als *Schätzwert für die globale anaerobe Kapazität.* Nach SZÖGY et al. (1984) bleibt die Gesamtleistung in Watt der aufschlußreichste Parameter für die anaerobe Kapazität und das *Verhältnis der Laktatproduktion zur Gesamtarbeit* nach zwei unterschiedlichen Belastungen (= *alaktazider Quotient*) für die alaktaziden Reserven.

Tabelle 53 Varianten (1, 2) der sportmedizinischen anaeroben 2-Phasentests (a, b).

Fahrradergometrie (sitzend)	Laufbandergometrie
7 Watt/kg *1. a) 40 s* *b) Ausbelastung* *2. a) 20 s* *b) 60 s* *Laktat: 1., 3., 6., 10. min*	*Männer 22 km/h (6,12 ml/s) (7,5%)* *Frauen 20 km/h (5,56 m/s) (5,0%)* *1. a) 40 s* *b) Ausbelastung* *2. a) 20 s* *b) 60 s* *Laktat: 1., 3., 6., 10. min*
Radrennfahrer *Ski alpin*	*400-m-Läufer* *Zehnkämpfer* *Fünfkampf (Frauen)* *Mittelstreckler* *Langstreckler (nicht Marathon)* *Skilangläufer* *Ballspielsportarten*

Für eine Interpretation der Ergebnisse kann folgendes festgehalten werden:

- ***Athleten mit einer hohen anaeroben Kapazität*** produzieren ***in der ersten Testphase weniger Laktat.*** Dies ist ein Ausdruck für die ***hohe alaktazide*** Kapazität.
- ***In der zweiten Testphase*** erreichen sie ***höchste Laktatkonzentrationen*** als Ausdruck hoher glykolytischer Energiebereitstellung und Säuretoleranz.
- Werden in der ***ersten Testphase*** bereits ***hohe Laktatwerte*** erreicht, so deutet dies auf eine ***geringere alaktazide Kapazität*** (Phosphatspeicher) hin.

Sportartspezifische Labor- und Feldtests

Da die meisten allgemeinen Labortests *nicht ausreichend* die Sportartspezifik in der *muskulären* Beanspruchung berücksichtigen (Tab. 54, S. 156), werden im leistungssportlichen Bereich die zur Trainingssteuerung notwendigen Parameter in *sportartspezifischen Labortests* oder in *sportartspezifischen Feldtests* erhoben.

Für **sportartspezifische Labortests** sind mittlerweile eine Reihe von ***Spezialergometern*** (Spezialfahrradergometer, Ruderergometer, Kanuergometer, breites Skilanglaufergometer, Strömungskanal für Schwimmen) entwickelt worden. Die Testverfahren sind zwar sportartbezogen, sie unterscheiden sich aber nur unwesentlich vom Vorgehen bei den allgemeinen Tests. Gemessen werden die *Sauerstoffaufnahme* (Spiroergometrie) und/oder die *Laktatwerte* zur Erstellung einer Laktatleistungskurve.

Bei den **sportartspezifischen Feldstufentests** wird von der gleichbleibenden Streckenlänge und nicht wie im Labortest von der gleichlangen Belastungsstufe ausgegangen. Die ***Streckenlängen*** sind in Anpassung an die ***Disziplinverhältnisse*** recht unterschiedlich (Tab. 55). Gemessen werden *Geschwindigkeit, Herzfrequenz* und häufig auch *Laktatkonzentrationen.* Bei der Durchführung ist folgendes zu beachten:

- Die ***Streckenlänge*** ist, unabhängig von der Stufengeschwindigkeit, ***gleich.***

Tabelle 55 Streckenlänge und Stufenzahl von praktizierten sportartspezifischen Feldstufentests.

Sportart		Test
Schwimmen	Kurzstrecke	4–6× 200 m
	Langstrecke	4–6× 400 m
	Triathlon	4–6× 400 m
Lauf	Sprintstrecke	4–6× 400 m
	Mittelstrecke	4–6× 1000 m
	Langstrecke	4× 4000 m
	Triathlon	4–6× 2000 m, 4× 4000 m
Rad	Straße	4–6× 8 km
	Triathlon	4–6× 6 km
Skilanglauf		3–4× 5 km
	Skiroller	3–4× 1800 m bergan
Kanu		4–5× 1000 m

Tabelle 54 Der Einfluß unterschiedlicher Ergometerarten und somit Bewegungsabläufe auf kardiopulmonale Leistungskriterien bei ein und denselben Personen. Die für den jeweiligen Sportler sportartspezifische Bewegungsform ergibt die besten Leistungswerte. Bei dem Kajak-Leistungssportler fällt die maximale Sauerstoffaufnahme/kg Körpergewicht sogar auf dem Laufband niedriger aus als am Kajak-ergometer (nach HOLLMANN/HETTINGER 1980, aus SCHÜRCH 1987, 14; abgeändert).

	Mittelstreckenläufer Größe: 172,5 cm, Gewicht: 58 kg, Alter: 21,7				*Leistungssportler im Kajak* Größe: 184 cm, Gewicht: 80 kg, Alter: 25,9			
	Laufband	Fahrrad-ergometer	Hand-ergometer	Kajak-ergometer	Laufband	Fahrrad-ergometer	Hand-ergometer	Kajak-ergometer
Gesamtarbeit Höchster Krafteinsatz oder größtes Tempo	* 22 km/h	8350 mkg	2000 mkg	1312 mkg	** 16 km/h	6200 mkg	5400 mkg	10700 mkg
Max. Herzfrequenz	210	198	156	166	174	168	170	188
VO_2max.	4,045	3,803	2,450	2,303	4,516	3,998	4,507	4,914
$\dot{R}Q$	1,00	1,02	1,14	0,82	1,04	1,01	1,04	1,02
$\dot{V}O_2$/kg	69,74	65,56	42,24	39,70	56,46	49,97	50,71	61,42
kcal/kg/min	0,352	0,331	0,213	0,193	0,285	0,252	0,256	0,310

* 2 min 14 km/h – 2 min 16 km/h – 2 min 20 km/h – 2 min 22 km/h

** 3 min 8 km/h – 3 min 12 km/h – 3 min 16 km/h

- Die ***Stufendauer*** liegt sportartabhängig zwischen ***5 und 16 Min.*** Auch in der letzten Belastungsstufe sollte noch eine Belastungsdauer von 5 Min. gewährleistet sein (wegen Laktatkinetik).
- Die ***Belastungssteigerung*** geschieht besser in ***5%-Stufen*** (70%–100%) bezüglich der aktuellen Bestleistung auf der Wettkampfstrecke als in gleichbleibenden Geschwindigkeiten (meistens 2 km/h).
- Die ***Maximalbelastung*** kann auch zeitlich abgesetzt getestet werden, damit die Ermüdung das Ergebnis nicht beeinflußt.
- Für die Erstellung der ***Laktatleistungskurve*** sind minimal 3–4 Belastungsstufen (Abb. 56), besser ***5–6 Stufen*** notwendig.
- Ein Stufentest mit Laktatmessung muß in der Trainingsplanung berücksichtigt werden, da erwiesenermaßen (BRAUMANN et al. 1987) eine möglichst ***optimale Glykogenauffüllung der Muskulatur*** und ein gleichgeartetes Training (Belastung) an den beiden letzten Tagen vor dem Test Voraussetzungen für die Vergleichbarkeit der Testergebnisse sind. Bereits auf Seite 64f. wurde auf die Einflußnahme verarmter Glykogenspeicher auf die Laktatwerte und auf die damit verbundene Problematik in der Interpretation von Laktatleistungskurven hingewiesen. *Glykogenarmut läßt die Laktatbildung erst bei höheren Belastungsintensitäten einsetzen* und *täuscht damit einen guten Trainingszustand vor.* Eine Trainingsintensitätssteuerung aufgrund solcher Ergebnisse würde dem Trainierenden zu hohe Belastungen vorgeben und in kurzer Zeit zu einem Übertraining führen.

  Aus den gewonnenen Meßdaten wird die ***Laktatleistungskurve*** erstellt. In Verbindung mit der Fortbewegungsgeschwindigkeit oder mit dem Herzfrequenzverlauf (Abb. 57) lassen sich dann die für die Intensitätssteuerung wesentlichen Kennwerte entnehmen: Fortbewegungsgeschwindigkeit an der AS und ANS bzw. die dazugehörigen Herzfrequenzen.

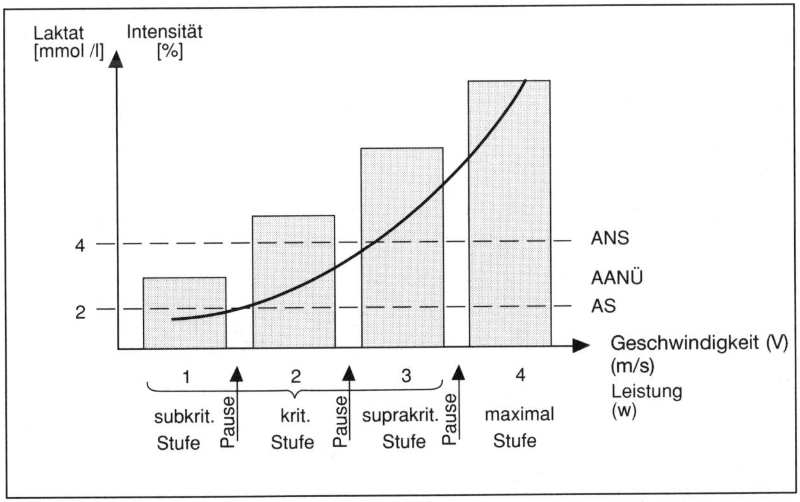

Abbildung 56 Schematische Darstellung des Stufentests zur Erstellung der Laktatleistungskurve.

Abbildung 57
Schematische Darstellung der Laktatleistungskurve mit Herzfrequenzverlauf und Feststellung der Geschwindigkeiten bzw. Herzfrequenzen an der aeroben und anaeroben Schwelle (V_{AS}, V_{ANS} bzw. HF_{AS}, HF_{ANS}).

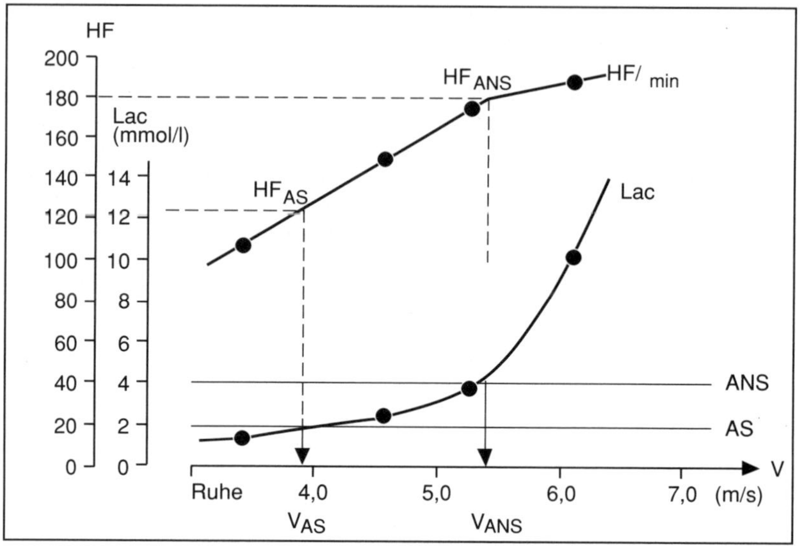

Aus dem ***Vergleich zweier Laktatleistungskurven*** desselben Athleten kann Entscheidendes über die Wirkung des dazwischen absolvierten Trainings festgestellt werden (Abb. 57a–d):

Abbildung 57 a–d
Grundsätzliche Änderungsmöglichkeiten der Laktatleistungskurve im Trainingsgeschehen (Erklärungen siehe Text).

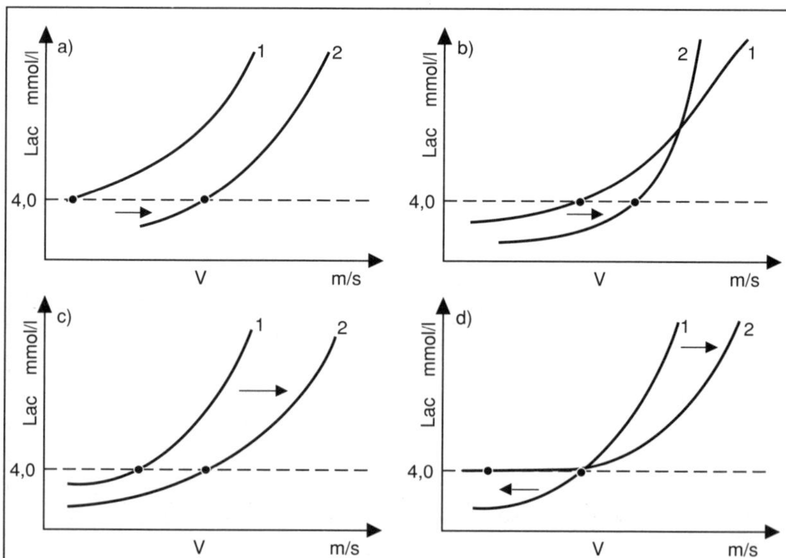

- Eine *Rechtsverschiebung* vor allem im *unteren Kurvenbereich* (Abb. 57a) bedeutet eine Verbesserung im unteren Intensitätsbereich, d. h. eine *Verbesserung der Grundlagenausdauer.* Eine Linksverschiebung weist demgemäß auf eine diesbezügliche Verschlechterung hin. Die Erfahrung aus Kurvenvergleichen zeigt, daß normalerweise mit der Rechtsverschiebung ein *Steilerwerden des Kurvenanstiegs* verbunden ist (Abb. 57b), was einerseits zur Verbesserung im Grundlagenausdauerbereich führt, andererseits eine *Verschlechterung im maximalen Leistungsbereich* bedeutet. Solche Kurven sind typisch für einen guten Trainingszustand im Langzeitausdauerbereich.
- Eine *Verflachung der Kurve* (Abb. 57c) deutet einen Intensitätsgewinn im Bereich höherer Laktatwerte an, was als *Zuwachs der anaeroben Kapazität* oder auch als Einfluß der Kraft gedeutet werden kann. Eine Rechtsverschiebung der Kurve ist damit kaum verbunden, eher eine Linksverschiebung. Dies weist auf ein *anaerob ausgelegtes Training* hin. Dabei kommt es gewöhnlich zu Verbesserungen im anaeroben und zu *Verschlechterungen im Grundlagenausdauerbereich.* Derartige Kurvenverläufe (Abb. 57d) sind typisch für einen guten Trainingszustand in der KZA und MZA.
- Es kann *nicht* davon ausgegangen werden, daß der Trainingsprozeß automatisch eine reine *Rechtsverschiebung der Kurve ohne Änderung der Kurvenkrümmung* mit sich bringt. Die Kurvengestalt ändert sich im Laufe des periodisierten Trainings mehrmals.

Der ***fußballspezifische Ausdauertest*** (MÜLLER/KORNEXL/LEITENSTORFER 1992) ist ein Beispiel dafür, daß auch in ausdauerorientierten Spielsportarten spezifische Tests entworfen werden: Ein 205 m langer Laufparcours (Abb. 58) muß nach

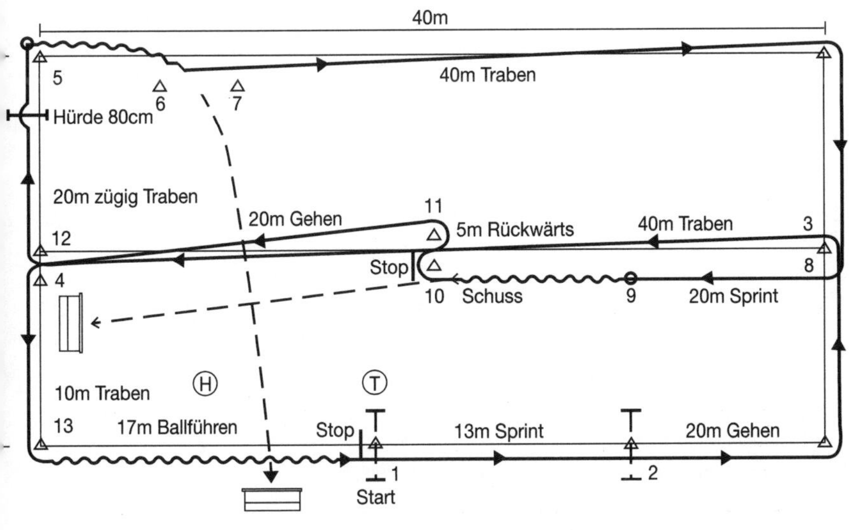

Abbildung 58
Laufparcours des fußballspezifischen Ausdauertests (nach MÜLLER et al. 1992).

definiertem Aufwärmen gemäß Zeitvorgabe (Tonband) 8mal durchlaufen werden. Gemessen werden Herzfrequenz und Laktatkonzentrationen. Tab. 56 beinhaltet Normwerte, die dazu erstellt wurden.

Tabelle 56 Normwerte für den fußballspezifischen Ausdauertest (Laktatkonzentration nach der Belastung) (nach MÜLLER et al. 1992).

Leistungsgruppe	sehr gut (mmol/l)	gut (mmol/l)	genügend (mmol/l)	ungenügend (mmol/l)
hohes Leistungsniveau (Bundesliga)	bis 3	3,1–6,0	6,1–8,0	größer 8,0
mittleres Leistungsniveau (Regionalliga)	bis 4,5	4,6–7,5	7,6–9,5	größer 9,5
Jugendklasse U 18 (hohes Leistungsniveau)	bis 4	4,1–7,0	7,1–9,0	größer 9,0

Conconi-Test

Zweck: ***Unblutige Bestimmung der ANS über die Herzfrequenzänderung*** zur Beurteilung der aeroben Leistungsfähigkeit und zur Steuerung der Trainingsintensität.

Der Test baut auf der physiologischen Tatsache auf, daß die *Herzfrequenz in einem weiten Bereich linear mit der Belastung ansteigt.* Dies gilt nicht bei kleineren und bei großen Belastungen (Abb. 59). Der *obere Kurvenknickpunkt* (Deflektionspunkt) kennzeichnet nach Conconi die anerobe Schwelle (ANS), die jedoch nicht mit der anaeroben Laktatschwelle identisch ist. Deshalb ist es besser, von *»Conconi-Schwelle«* zu sprechen.

Ursprünglich wurde der Test als Lauftest auf der Laufbahn konzipiert. Heute liegen auch für andere Sportarten (z. B. Skilanglauf, Radfahren, Eisschnellauf, Rudern, Kanu; dazu: DROGHETTI et al. 1985, 299) entsprechende Testprotokolle vor. Eine weitere Modifikation stellt der Intervall-Test nach Probst dar, bei dem

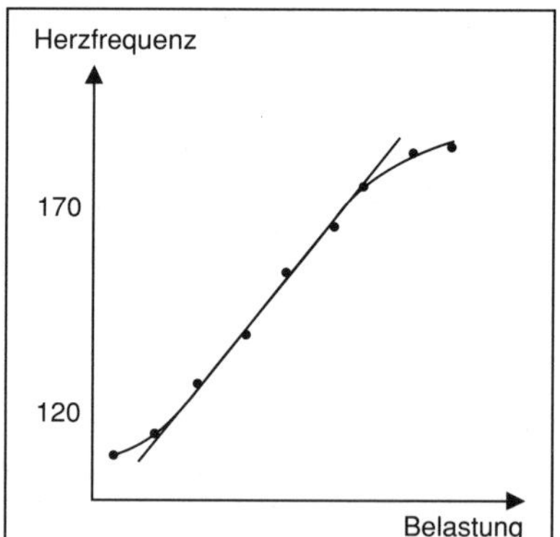

Abbildung 59 S-förmiger Verlauf der Herzfrequenz-Belastung-Beziehung. Der Verlauf ist nur im Herzfrequenzbereich zwischen 120 und 170/min linear.

spezifische Eigenarten der Sportspiele (Starts, Stops, Richtungsänderungen, Pausen) berücksichtigt werden (dazu: MONA et al. 1989, 157).
Die Tests können ohne Hilfe von Ärzten und Laborpersonal mit relativ geringem Aufwand durchgeführt werden.
Die *Anwendung des Conconi-Tests in der Trainingspraxis* ist *nicht unumstritten.* Während auf der einen Seite der Test seit Jahren uneingeschränkt Anwendung findet (z. B. im italienischen und schweizerischen Raum), haben andere Nachuntersucher (URHAUSEN et al. 1988, JAKOB et al. 1987, RIBEIRO et al. 1985) eine *kritische Einstellung zur Zuverlässigkeit* aus folgenden Gründen:

- Der *Knick* der Herzfrequenzkurve tritt *nicht bei allen untersuchten Probanden* ein. Die lineare Steigung geht mitunter bis zu Herzfrequenzen von 190/min.
- Der *Test fordert eine maximale Ausbelastung,* um mehrere Meßpunkte in der Herzfrequenzkurve nach dem oberen Knick zu erhalten. Ansonsten wird die *graphische Bestimmung des Kurvenknicks problematisch.*
- Die Laufgeschwindigkeiten an der ANS mittels Herzfrequenzbestimmung lagen *höher oder niedriger* als an der über die Laktatmessung bestimmten (ANS/Lac). Die Differenzen reichten bis zu 1,27 km/h. Trainingsempfehlungen aufgrund dieser Meßwerte würden den individuellen optimalen Trainingsintensitätsbereich nicht treffen.

HOTTENROTT (1993) führt Gegenargumente dazu auf und betont die Möglichkeit der Anwendung des Conconi-Tests im Lauftraining.
Durchführung des Conconi-Lauftests:

- Nach ca. *15- bis 20minütigem Aufwärmen* Beginn des Laufs auf einer 400-m-Rundbahn mit einer bestimmten Geschwindigkeit (wenig Trainierte 70 Sek. für 200 m, Trainierte 60 Sek. für 200 m).
- *Alle 200 m* kommt es *zu einer Geschwindigkeitssteigerung* (= Reduzierung der 200-m-Laufzeit um ca. 2–3 Sek.).
- Mittels Pulsmeßgerät und Stoppuhr (2 Helfer notwendig) werden an den 200-m-Abschnitten *Herzfrequenz* und *Laufzeit* im Protokollblatt notiert.
- Es kommt *bis zur vollen Auslastung auf etwa 12–16 Geschwindigkeitssteigerungen* bzw. Messungen (Laufstrecke ca. 2400–3200 m in etwa 10–12 Minuten).
- Aus den *Protokolldaten* werden die entsprechenden Wertepaare (Herzfrequenz und Laufgeschwindigkeit) als *Punkte auf Millimeterpapier* eingetragen. Anschließend wird durch Legen einer Geraden im linearen Teil der *Punkt der kritischen Geschwindigkeit* (Vd = Velocity deflection) bestimmt (Abb. 60, S. 162).

  Die zugehörige Herzfrequenz ist die kritische Herzfrequenz und wird mit Pd (= pulse deflection) bezeichnet.

Weitergehende Informationen zur Testdurchführung findet man bei PROBST (1988) und PROBST/NONELLA (1986). Bei NEUMANN/PFÜTZNER/HOTTENROTT (1993) wird auch auf die computergesteuerte Auswertung des Tests mittels entsprechender Software (Polar Electro) eingegangen.
Über den ursprünglichen Zweck (Feststellen der Vd) wird der Conconi-Test auch zur Beurteilung der aeroben und anaeroben Leistungsfähigkeit herangezogen. Dabei stützt man sich für die Einstufung der aeroben Fähigkeit auf die am Deflektionspunkt erreichte Geschwindigkeit (Tab. 57, S. 162) und die insgesamt

Abbildung 60 Beispiele eines Herzfrequenz-Verhaltens im Conconi-Test. Bestimmung der kritischen Geschwindigkeit (Vd) bei Abweichen der Herzfrequenz von der Linearität (aus: PROBST 1988, 185).

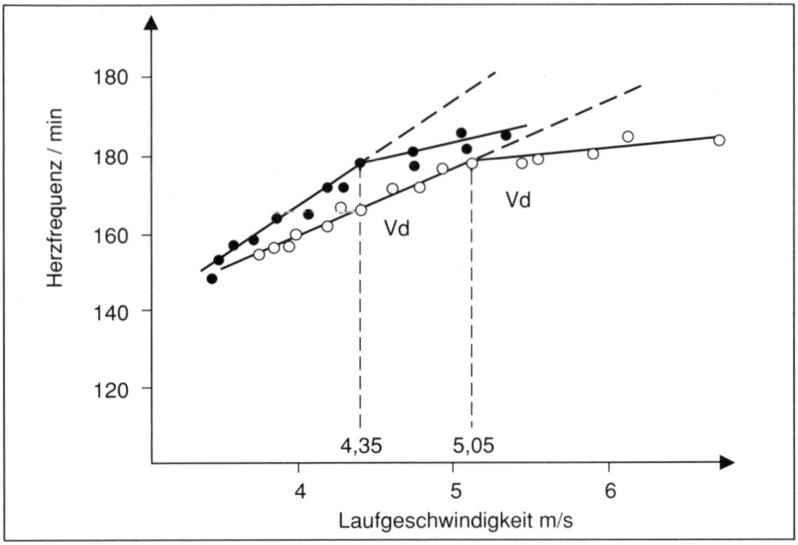

Tabelle 57 Beurteilung der aeroben Leistungsfähigkeit durch den Conconi-Test. Mit verbesserter Ausdauer nimmt die Geschwindigkeit am Deflektionspunkt (V_d) zu. Die Geschwindigkeitsangaben gelten für Männer. Für Frauen wäre eine Korrektur von etwa 2 km/h vorzunehmen (aus: NEUMANN/PFÜTZNER/HOTTENROTT 1993, 116).

Conconi-Schwelle	Aerobe Leistungsfähigkeit	Charakterisierung
V_d (km/h)		
9	ungenügend	Untrainiert
11	mangelhaft	
13	ausreichend	Freizeitsportler
15	befriedigend	
17	gut	Leistungssportler
19	sehr gut	
über 19	ausgezeichnet	Hochleistungssportler

zurückgelegte Teststrecke. Die anaerobe Leistungsfähigkeit kann nach der Streckenlänge, die nach Erreichen der Conconi-Schwelle noch bewältigt worden ist, abgeschätzt werden. Auch dafür werden bereits Normwerte genannt (NEUMANN/PFÜTZNER/HOTTENROTT 1993, 117f.).

Anaerober Zwei-Strecken-Feldtest (SZÖGY 1987)
Zweck: ***Feststellung der anaerob-alaktaziden und anaerob-laktaziden Kapazität.***
Der Test ist entstanden durch Übertragung der Belastungsmethodik des anaeroben Zwei-Phasen-Labortests (S. 154) auf die disziplinspezifischen Verhältnisse und wird in verschiedenen Sportarten (z. B. Leichtathletik, Schwimmen, Bahn-

radfahren) angewandt. Wesentlich ist eine *zyklische Ausführung der Disziplinbewegung ohne koordinativ-technische Aufgabenstellung* (z. B. in Spielsportarten mit Ball-Führen und Würfen etc.), da sonst kaum entsprechende Ausbelastung und vor allem keine Reproduzierbarkeit vorliegt.
Durchführung:

- *Erste Belastungsstrecke mit maximaler Geschwindigkeit* (z. B. 100 m Lauf, 50 m Schwimmen, 200 m Bahnradfahren) und Errechnung der *Höchstgeschwindigkeit nach halber Strecke.* Laktatmessung im Anschluß an die Belastung. Diese Phase dient zur Feststellung der ***alaktaziden Komponente***.
- Eine Stunde Pause (Laktatbeseitigung).
- *Zweite Belastungsstrecke mit wiederum maximaler Geschwindigkeit* (z. B. 300 m Lauf, 100 m Schwimmen, 800 m Bahnradfahren) und Messung bzw. *Errechnung der mittleren Geschwindigkeit.* Laktatmessung nach Ende der Belastung. Diese zweite Phase dient der Feststellung der ***laktaziden Komponente***. *Belastungsdauern von mehr als 60 Sek. lassen bereits die aerobe Kapazität zur Geltung kommen!*
- Zur *Einschätzung der alaktaziden Energiereserven* wird der sog. *alaktazide Quotient* herangezogen. Dieser stellt die Beziehung zwischen Gesamtarbeit und Laktatproduktion in den beiden Belastungsphasen dar. Je höher der Quotient, desto größer die Phosphatreserven. Zur *Einschätzung der laktaziden Kapazität* (= glykolytische Durchsatzrate + Säuretoleranz) wird der *maximale Laktatwert* nach der zweiten Belastung verwendet. Je höher der Wert, desto höher ist die Fähigkeit zur Säuretoleranz einzuschätzen (weiteres bei Szögy et al. 1984, 153, und 1987, 715).

Hinweis zu den sportartspezifischen Feldtests:
- Eine gute Übersicht mit Autorennennung und einschlägiger Literatur bietet Baumgartl (»Laktatfeldtests im Leistungssport«, in: Österr. Journal für Sportmedizin, März 1987).
- Ausführliche Angaben zu verschiedenen praktizierten Feldtests im Ausdauersport (Schwimmen, Radfahren, Laufen, Triathlon) und zum Conconi-Test findet man bei Neumann/Pfützner/Hottenrott (1993).

Multiple Leistungsdiagnostik

Die Erfahrung mit der unzureichenden Aussagekraft von nur einzelnen Testverfahren bzw. Parametern hat in verschiedenen Ausdauersportarten dazu geführt, zur *Absicherung der Schwellenwerte* eine *mehrfach gestützte* Leistungsdiagnostik durchzuführen. Die divergierenden Ergebnisse können zur genaueren Bestimmung der Steuergrößen für die Trainingsintensität herangezogen werden. Für die Trainingssteuerung im Hochleistungssport ist dies dringend zu empfehlen.
Unter *multipel* bzw. mehrfacher Stützung wird verstanden:

a) Die ***Erhebung mehrerer relevanter Parameter*** bei den Labortests bezüglich der gleichen Zielsetzung.
Z. B. könnte das Herausfinden der sehr wesentlichen Belastungsintensität für das maximale Laktat-steady-state durch Koppelung der Laktatmessung mit Erfassung spiroergometrischer Daten (z. B. Ventilationskurve, Atemäquiva-

lent) abgesichert werden. Bekanntlich zeigt sich in der Ventilationskurve (Anstieg des Atemminutenvolumens mit Belastungsanstieg) auch eine Veränderung des linearen Anstiegs (zu einem exponentiellen), was auch in einer Änderung des Atemäquivalents deutlich wird. Hier handelt es sich um die »Anaerobic Threshold« nach WASSERMANN et al. (1964), die mit der aeroben Schwelle (AS) identisch ist. Nach RIBEIRO et al. (1985) soll noch ein zweiter Wendepunkt in der Kurve zu erkennen sein, der der 4-mmol-Laktatschwelle gleichzusetzen wäre. Unabhängig davon, ob das Zweischwellenkonzept für die Atmungskurve zutrifft, soll hier nur darauf verwiesen werden, daß typische Eigenheiten der Ventilationskurve zur Unterstützung der Laktatdiagnostik herangezogen werden können.

MARTIN/COE (1992) betonen z. B. den Wert der ventilatorischen Schwelle zur Findung der optimalen Trainingsintensität. Sie verwenden auch die Begriffskombination Laktat-/ventilatorische Schwelle.

b) Die ***Anwendung mehrerer Tests nebeneinander*** bei Feldtests.
Hier wäre zu verweisen auf die Durchführung des *Conconi-Tests* neben den *sportartspezifischen Mehrstreckentests* und die Überprüfung einzelner *Trainingsbelastungen durch Laktatmessung.*

Bestimmung der Trainingsintensität

Schon bei der Beschreibung der Trainingsbereiche und Trainingsmethoden wurde deutlich, welche Bedeutung die Belastungsintensität für die Wirkungsrichtung des Trainings hat. Die *Benennung der Intensität* geschieht dabei mit *verschiedenen Meßgrößen* (VO_2max., Laktatkonzentration, Herzfrequenz, Fortbewegungsgeschwindigkeit). An dieser Stelle soll nun auf die in der Trainingspraxis bekannten Möglichkeiten näher eingegangen werden.

Intensitätsbestimmung mit Herzfrequenz (HF)

Die Herzfrequenz ist eine anerkannte Meßgröße für die *Auslastung des Herz-Kreislauf-Systems.* Durch die Möglichkeit der Messung mit ***Sporttestern*** (Herzfrequenzmesser nach dem EKG-Prinzip) ist auch während der Belastung ein zuverlässiges Ablesen möglich. Für eine ausreichend genaue Kontrolle des Belastungspulses sind solche Geräte dringend zu empfehlen.

Bei ***Pulsmessung durch Tasten*** an der Halsschlagader (Carotispuls) oder Speichenschlagader am Handgelenk (Radialispuls) muß immer mit einer gewissen Ungenauigkeit gerechnet werden. Es kann Schwierigkeiten geben, den Puls überhaupt zu erfühlen oder bei hohen Frequenzen die Einzelschläge genau zu erfassen. Die Meßdauer darf nicht lange sein (üblicherweise $10\,s \times 6 = HF/min$), da wegen des *schnellen Pulsabfalls* bei Belastungsabbruch der wirkliche Belastungspuls nicht mehr erfaßt wird. Bei festgestellten *Werten von über 180/min* muß ein *Zuschlag von + 10/min* erfolgen. Der *Ruhepuls* ist günstiger über eine Zähldauer von 1 Min. zu ermitteln.

Es ist auch zu beachten, daß sich die Herzfrequenz für eine bestimmte Belastungsstufe erst mit einer gewissen *Verzögerung* einstellt. Normal ist dies nach 5 Min. etwa der Fall. Bei gutem Trainingszustand kann das HF-steady-state bereits nach 2–3 Min. erreicht sein.
Die *Herzfrequenz unterliegt gewissen Einflüssen,* die gegebenenfalls zu berücksichtigen sind.
Altersbedingt nehmen Ruhe- und Maximalpuls nach dem 30. Lebensjahr ab (Abb. 61). Im Kindesalter sind beide gegenüber dem Erwachsenenalter erhöht.
Bei der Festlegung der gewünschten Trainingsherzfrequenz ist das Alter in Anrechnung zu bringen. *Eine Empfehlung der Trimm-Herzfrequenz (130/min) nach dem Motto »Trimming 130« für alle Erwachsenen kann deshalb kaum richtig sein.*
In Bezug auf eine gewünschte prozentuale Herz-Kreislauf-Auslastung ist nach folgender ***Formel*** (Strauzenberg 1976, 37) das Lebensalter (LA) zu berücksichtigen:

- **Maximalpuls (HFmax): 220 HF/min – LA (Jahre)**
- **80%-Auslastung: 200 HF/min – LA**
- **70%-Auslastung: 180 HF/min – LA**
- **50–60%-Auslastung: 160 HF/min – LA**

Für die ***optimale Trainingsherzfrequenz (THF)*** liegt eine weitere Berechnungsformel (Schmith/Israel 1983) vor:

opt.THF = 170 HF/min – ½ LA (± 10/min)

Diese Formel ist *gültig bis zum 60. Lebensjahr.* Der Spielraum von ± 10 ergibt sich aus dem Anstrengungscharakter verschiedener Sportarten, der Belastungszeitdauer und dem Trainingszustand.

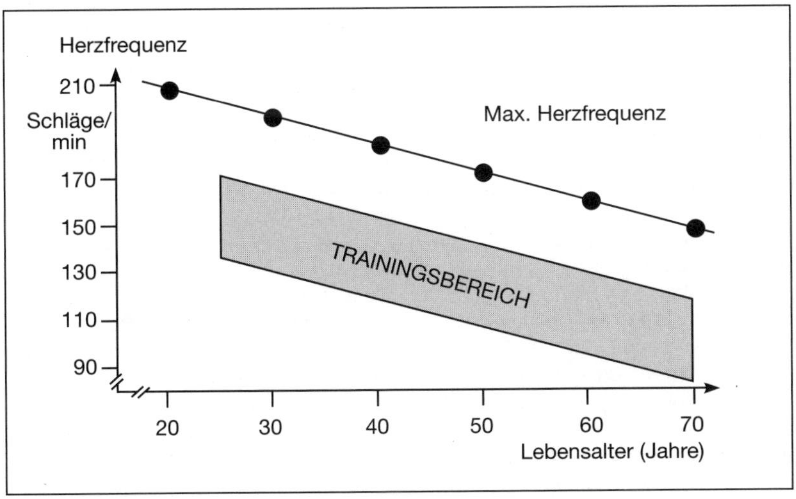

Abbildung 61
Abnahme der maximalen Herzfrequenz (HF) mit der Zunahme des Lebensalters. Von der maximalen HF können die günstigsten Belastungsbereiche (Trainingsbereiche) abgeleitet werden (aus: Engelhardt/Neumann 1994, 102).

Die ***Karvonen-Formel*** (KARVONEN/VUORIMAA 1988) berücksichtigt die *individuellen* Verhältnisse bezüglich des Maximal- und Ruhepulses:

THF = Ruhe-HF+(HFmax−Ruhe-HF)×Int.-%

Die individuelle HFmax ist durch einen *Ausbelastungstest* mit ansteigender Belastung über mindestens 5 Min. Dauer (Laborstufentest oder 1000–1200-m-Lauf mit maximalmöglicher Anstrengung in der letzten Runde) festzustellen. Die *Ruhe-HF* wird als *Durchschnittswert* aus Messungen an 5 aufeinanderfolgenden Tagen (früh, Bettruhe) ermittelt. Als anzusetzende Int.% werden empfohlen *60–80%* für den *aeroben* Trainingsbereich, *80–90%* für den Bereich, in dem normalerweise die *IANS* liegt.

MARTIN et al. (MARTIN 1989) entwickelten nach Auswertung von Daten, die aus der Überprüfung vorhandener Formeln und Conconi-Testergebnissen stammen, eine ***THF-Formel für »allgemein trainierende« Fortgeschrittene*** zur Berechnung der *optimalen* Belastungsintensität (für Belastungsdauern von 45–60 Min.):

THF = HFmax−(0.45×Ruhe-HF)

Eine individuell genauere Bestimmung der Trainingsherzfrequenz ist mit einem ***Conconi-Test*** (S. 160) möglich, soweit er als Lauftest durchgeführt wird und beim Probanden sich ein deutlicher Deflektionspunkt (Pd) festlegen läßt. Die ***Trainigsherzfrequenzen*** werden dann von der ***Conconi-Schwellen-HF (= 100%)*** abgeleitet. Folgende Zuordnungen werden für *LZA-Athleten* getroffen:

- **75–80% von Pd: Regenerationsbereich**
- **80–85% von Pd: Grundlagenausdauertraining 1 (>90 Min.)**
- **85–90% von Pd: Grundlagenausdauertraining 1 (–60 Min.)**
- **95–98% von Pd: Grundlagenausdauertraining 2 (20–45 Min.)**
- **100% = Pd: Wettkampfspezifische Ausdauer (ext. Intervalle)**
- **103–105% von Pd: Wettkampfspezifische Ausdauer (int. Intervalle)**

Für *KZA / MZA-Athleten* liegen die Zuordnungen für den regenerativen und die beiden Grundlagenausdauertrainings-Bereiche gleich. Für wettkampfspezifisches Training (Intervallmethode) wird die *Intensität über die Geschwindigkeit (% Schwellengeschwindigkeit)* oder die *HFmax* gesteuert.

Die für *»systematisch Trainierende«* empfohlenen Belastungsintensitäten (MARTIN/CARL/LEHNERTZ 1991): ***90–95% von Pd bei 45 Min. Belastungsdauer, 85–90% bei 60 Min., 80–85% bei 90 Min., 75–80% bei 120 Min.***

Für *Anfänger im Gesundheits- / Fitneßtraining* sind Angaben zur Intensitätssteuerung über die Herzfrequenz wenig sinnvoll, solange die »Trainierenden« nicht in der Lage sind, zusammenhängend mindestens 30 Min. sich zu belasten (siehe Aufbauprogramme S. 127f.). Angaben wie »160 – LA« sind von zweitrangiger Bedeutung, soweit sich die Herzschlagfrequenz im Zuge der Ökonomisierung des Herz-Kreislauf-Systems nach mehreren Wochen noch nicht an die tatsächliche körperliche Belastung angepaßt hat. Meistens reagiert die Herzfrequenz bei Anfängern überschießend. Wird später (Optimalprogramm) nach der Formel 180 – LA vorgegangen, so können die Laktatwerte individuell stark variieren (3 bis 6 mmol), was für den Fitneß-Bereich eventuell noch akzeptabel sein mag, aber auch auf die Bedeutung der individuellen HF-Bestimmung hinweist.

Die ***sportartspezifische Beanspruchung*** mit den *typischen Belastungszeiten* ist ein weiterer Einflußfaktor auf die Trainingsherzfrequenz.

Die o. g. *HF-Formeln* beziehen sich überwiegend auf Erfahrungswerte und Untersuchungsergebnisse zum *Laufen.* Sie sind deshalb nicht unkorrigiert auf andere Ausdauersportarten übertragbar.
Erfahrungsgemäß liegen die ***Trainigsherzfrequenzen*** für vergleichbare Belastungsstufen beim *Radfahren* und *Skilanglauf* um ***ca. 8–10%,*** beim *Schwimmen* (Wirkung des Tauchreflexes) um ***ca. 6–7%*** niedriger als beim Laufen. Das trifft für Sportler zu, die die Bewegungstechnik gut beherrschen. Eine schlechte Technik (unökonomische Fortbewegung) wirkt sich im Schwimmen und Skilanglauf dahingehend aus, daß bei geringen Geschwindigkeiten bereits hohe Herzfrequenzen erreicht werden und bei höheren Geschwindigkeiten die Ausbelastungsherzfrequenz (auf längere Distanz) nur noch geringfügig gesteigert werden kann. Auch die *Regulationsbreite der HF* ist größer. Während sie beim Laufen (Flachlauf) und Schwimmen in engen Grenzen (ca. 10 HF) relativ stabil ist, müssen beim Radsport und Skilanglauf größere Bandbreiten (ca. 15–20 HF) und instabilere Verhältnisse wegen der äußeren Einflußfaktoren (Streckenprofil, Windverhältnisse, Schneeart etc.) zur Kenntnis genommen werden.
In diesen Sportarten ist es auch schwierig, während des Trainings die beabsichtigte Intensitätsstufe über die *Herzfrequenz zu kontrollieren,* da letztlich der *HF-Streckenmittelwert* entscheidend ist. Durch Verwendung eines Sporttesters (mit Speicher) ist eine genaue Kontrolle möglich, allerdings erst nach dem Training. Für die Überwachung während des Trainings wird zwar eine sog. *3-Punkte-Methode* (Batalov 1989; für Skilanglauf Messung jeweils am Ende einer Flachstrecke, eines Anstiegs, einer Abfahrt und Feststellung des Mittelwerts daraus) vorgeschlagen. Deren Gültigkeit ist jedoch auch nur für standardisierte Trainingsstrecken (zeitlich gleiche Streckenanteile, bestimmte Minimalabstände im Wechsel der Abschnitte z. B.) gegeben. Eine noch akzeptable Lösung ist die *Orientierung an der HF am Ende der Flachstücke,* da diese auch aussagekräftig für die mittlere Strecken-HF ist (nach Batalov beim Skilanglauf in der Skatingtechnik noch mehr als in der Diagonaltechnik).
Bei *überlangen Laufstrecken* (>90 Min. und 45–90 Min.) ist die THF um *6–7%* bzw. *3–4% niedriger* anzusetzen als die entsprechende für normale Streckenlängen (–50 Min.). Im *Radsport* und *Skilanglauf* trifft das gleiche (6–7% bzw. 3–4%) für die grundsätzlich längeren Trainingsbelastungen von >150 Min. bzw. 90–150 Min. zu.
(Anmerkung: Die allgemein gehaltenen Zahlenangaben sind Auswertungsergebnisse von detaillierten HF-Tabellen der Fachsportliteratur.)
Auch die ***belastungsbedingte Überwärmung*** des Körpers (hohe Außentemperatur, warme Trainingskleidung) schlägt sich in der Herzfrequenz nieder. In Verbindung mit einem gesteigerten Herzminutenvolumen zum Wärmeabtransport in die Körperschale (Haut) kann eine *HF-Erhöhung um 10–15 HF/min* auftreten.

Intensitätsbestimmung mit Atemfrequenz (AF)

Wegen des funktionell engen Zusammenhangs des Atemsystems mit dem Herz-Kreislauf-System wirkt sich eine Belastungssteigerung auch in der Lungenatmung

(Atemminutenvolumen), insbesondere in der Atemfrequenz aus. Grundsätzlich stellt sich bei den unterschiedlichen Belastungssituationen die Atemfrequenz in Verbindung mit dem zugehörigen Atemzugvolumen so ein, daß der *optimale Wirkungsgrad der Atmung* vorliegt. Ein *echtes Atem-steady-state* zeigt sich eigentlich nur bei Beanspruchungen bis zu 50% VO_2max. Werden 60–80% VO_2max über längere Zeitdauern als 10 Min. gefordert, so kommt es zu einem *kontinuierlichen allmählichen Anstieg* der AF/min (Dempsey/Manohar in: Shepard/Åstrand 1993, 74). Die Ursache dafür ist ungeklärt, sie scheint multifaktorieller Natur zu sein, wobei Temperaturerhöhung, Noradrenalinausschüttung und reflektorische Einflüsse aus der Muskeltätigkeit als mögliche Stimulierungsfaktoren diskutiert werden. Solange der Maximalwert des Atemzugvolumens (60–65% der Vitalkapazität) noch nicht ausgeschöpft ist, ist die AF-Steigerung eigentlich untypisch. Normalerweise wird dann noch über das Atemzugvolumen reguliert.

Unabhängig von diesen Tatsachen liegen Untersuchungen zum Zusammenhang zwischen körperlicher Beanspruchung beim *Laufen und Atemfrequenz* vor (Jablonski et al. 1985; Buskies et al. 1992). Als pauschales Ergebnis kann für ein ***gesundheits- bzw. breitensportorientiertes Ausdauertraining*** festgehalten werden:

- **Lauftempo im 4-Schritt-Atemrhythmus** (4 Schritte ein – 4 Schritte aus) liegt im **Bereich der aeroben Schwelle** (AS),
- **Lauftempo im 3-Schritt-Atemrhythmus** liegt im **Bereich der anaeroben Schwelle** (IANS).

Intensitätsbestimmung über Laktatschwellenwerte

Im leistungssportlichen Training ist neben der »Steuerung über HF« die Festlegung der Intensität mittels der *Meßgröße Laktat* verbreitet. Durch die Laktatkonzentrationen im Blut (niedriger als das Muskellaktat) wird ein Einblick in die *Stoffwechselverhältnisse des Belastungszustands* gegeben.

Es muß eine ***Laktatleistungskurve*** aus einem mehrstufigen sportartspezifischen Labor- oder Feldtest erstellt werden (s. S. 157). Daraus sind dann die individuell *korrespondierenden Herzfrequenzen* und *Fortbewegungsgeschwindigkeiten* zu den verschiedenen *Laktatschwellen (AS, IANS, 3-mmol- oder 4-mmol-ANS)* zu ermitteln. Mit diesen Werten kann in der Trainingspraxis gearbeitet werden.

Die Intensitätssteuerung über Laktatmessung galt längere Zeit als die zuverlässige und genaue Methode (»Zeitalter der Laktateuphorie«). Gegen eine unkritische Anwendung sind jedoch aus verschiedenen Gründen Bedenken zu erheben. Die wichtigsten Kritikpunkte sind u. a.:

- Die Laktatelimination beeinflußt die Laktatwerte und ändert sich im Muskel und Blut mit dem Belastungszustand. Die Höhe des Blutlaktatspiegels ist damit kein direktes Maß für die anaerobe Glykolyserate.
- Das Testprotokoll beeinflußt die Ergebnisse stark. Die Laktatwerte, die nach Belastungsschemata mit kurzen Stufendauern (3–5 Min.) gewonnen werden, sind als Richtwerte für Dauerbelastungen nicht brauchbar. Sie liegen in der Regel zu niedrig. Schon bei Verlängerung der Stufendauer auf 10 Min. sind –

individuell verschieden – wesentlich höhere Laktatkonzentrationen zu verzeichnen.

- Die aus Labortests gewonnenen Ergebnisse sind nur mit Einschränkungen (Korrekturen) auf die Feldbedingungen übertragbar.

Trotz möglicher Fehlerquellen und Interpretationsschwierigkeiten geschieht *Laktatschwellenbestimmung zur Intensitätssteuerung* in der Trainingspraxis nach wie vor. Um eine *ausreichende Gültigkeit* zu erhalten, sollte dabei unbedingt folgendes beachtet werden:

- Wenn Testverfahren mit *kurzen Belastungsstufen (3 Min.)* angewandt werden, sind lediglich die für die *niedrigen Laktatkonzentrationen (bis 2.5 mmol/l)* gefundenen HF- bzw. Geschwindigkeitswerte zur Trainingssteuerung brauchbar. Erfahrungsgemäß gehen bei Dauerbelastungen die Laktataufstockungen dann nicht über 3–4 mmol/l hinaus. Für LZA-Athleten sollte die Stufendauer deshalb nicht unter 5 Min. liegen.
- Im Training sollten die tatsächlichen Laktatkonzentrationen nach langen Dauerbelastungen *kontrolliert* werden, um eventuelle Korrekturen vornehmen zu können.

  Für Sportler mit ***niedrigem aeroben*** Ausdauerniveau sollte der Orientierungsmaßstab für das maximale Laktat-steady-state, das definitionsgemäß der IANS entspricht, im ***4(–6)-mmol-Bereich,*** bei ***gutem aeroben*** Niveau bei ***3 mmol*** und für ***LZA-Leister*** (Marathonläufer) bei ***2.5 mmol*** sein (Heck 1990).

  Neumann et al. (1993) erwähnen für die Bedeutung der Laktatschwellen als Leistungskriterium folgende differenzierte Zuordnung:

  - ***KZA:*** (4 mmol/l), 7 mmol/l, 10 mmol/l
  - ***MZA:*** (3 mmol/l), 4 mmol/l
  - ***LZA I + II:*** 3 mmol/l, (4 mmol/l)
  - ***LZA III + IV:*** 2 mmol/l, (3 mmol/l)

  Eine alle Ausdauersportarten übergreifende Zuordnung derselben Laktatwerte zu den Trainingsbereichen ist aus angeführten Gründen nicht möglich. Es existieren deshalb auch in den *verschiedenen Ausdauerdisziplinen* unterschiedliche *Schemata.* Einige Beispiele sollen dies verdeutlichen.

  Das Schema für den **leichtathletischen Mittelstreckenbereich** (Abb. 62, S. 170) enthält in Ausrichtung auf die 4-mmol-ANS 6 Intensitätsstufen:

  - Kompensatiosbereich: < 2 mmol/l
  - Grundlagenausdauer-1-Bereich: 1.5–2.5 mmol/l = 85–95% Schwellengeschwindigkeit
- Grundlagenausdauer-2-Bereich: 2.5–3.5 mmol/l = 90–90% Schwellengeschwindigkeit
- Entwicklungsbereich (II): 3.6–6.0 mmol/l
- Grenzbereich: 6–13 mmol/l
- Wettkampfbereich: > 13 mmol/l

Im Schema für **Marathonlauf** (Abb. 63, S. 170) ist der Bezug zur 2.5 mmol-Schwelle (= 100% Marathonrenntempo) hergestellt und die Stufeneinteilung wie folgt:

- Regenerationsbereich: < 1.25 mmol/l = < 84% Schwellengeschwindigkeit

Abbildung 62
Schema über die Einteilung von aeroben (unter 4 mmol/l Laktat) und anaeroben (über 4 mmol/l Laktat) metabolischen Energiezuständen und deren Einordnung in die bisher bekannten methodischen Bezeichnungen aus der Trainingslehre (modifiziert nach FÖHRENBACH 1981, 1354).

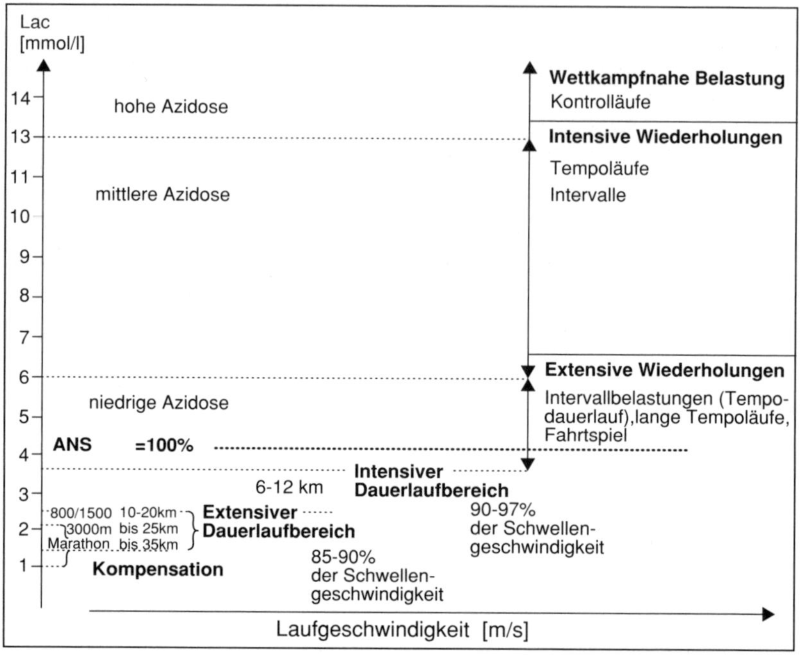

Abbildung 63
Möglichkeit der Steuerung der Trainingsbelastung anhand der Laktat-Geschwindigkeitskurve unter Zuordnung bekannter Bezeichnungen aus der Trainingslehre (FÖHRENBACH et al. 1985).

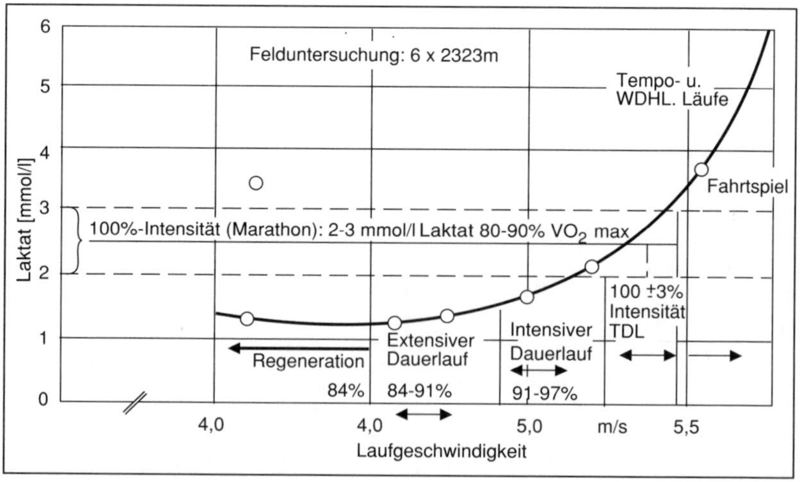

- Grundlagenausdauer-1-Bereich: 1.0–1.5 mmol/l = 84–91% Schwellengeschwindigkeit
- Grundlagenausdauer-2-Bereich: 1.5–2.0 mmol/l = 91–97% Schwellengeschwindigkeit
- Grenzbereich: 2.0–3.0 mmol/l = 100% ± 3%
- Schnelligkeitsausdauer-Bereich: > 3 mmol/l = > 105% Schwellengeschwindigkeit

Im Schema für **Gehertraining** werden lediglich 3 Bereiche unterschieden (Abb. 64): Ausdauerbereich (< 2 mmol/l), Tempobereich (2–4 mmol/l), Schnelligkeitsbereich (> 5 mmol/l).

	Ausdauer	Tempo	Schnelligkeit
Ziel	allgemeine Ausdauer	spezielle Ausdauer	Schnelligkeit
Belastung	rein aerob	gemischt aerob/ anerob	anaerob-lactazid
Belastungsdauer	über WK-Distanz	Mittel- bis WK-Distanz	Kurzdistanz
Relation zur WK-Geschwindigkeit	75 - 85%	95 - 100%	> 105%
HF	bis 140	160 - 180	> 180
Lactat	<2	2 -4 (bei 2 km)	> 5

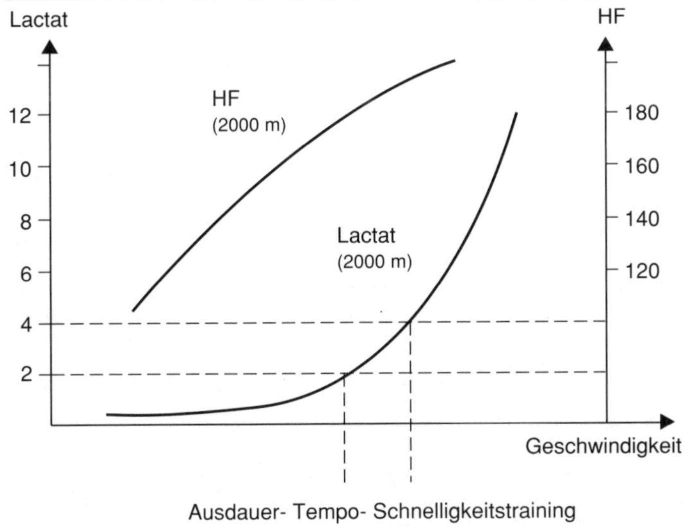

Abbildung 64 Intensitätsstufen im Gehertraining (Hupfeld 1986).

Das Schema für **Rudern** (Tab. 58) weist 6 Trainingskategorien (-bereiche) auf. Die Laktatwerte sind in Beziehung gesetzt zur prozentualen Wettkampfgeschwindigkeit.

- Regenerationsbereich: < 2.5 mmol/l = < 70% WK-Geschwidigkeit
- Stabilisierungsbereich: 2.5–3.5 mmol/l = 70–80% WK-Geschwindigkeit
- Entwicklungsbereich I: 3.5–4.0 mmol/l = 80–85% WK-Geschwindigkeit
- Entwicklungsbereich II: 4–6 mmol/l = 85–93% WK-Geschwindigkeit
- Grenzbereich: 6–10 mmol/l = 98–100% WK-Geschwindigkeit
- Wettkampfspez. Bereich: > 10 mmol/l = 103–110% WK-Geschwindigkeit

Im Schema für **Straßenradsport** (Lindner 1993, 58) wird innerhalb der Trainingsbereiche folgende Beziehung angegeben:

- Kompensationsbereich: –1.0 mmol/l = 50–55% HFmax
- Grundlagenausdauer- und Kraftausdauer-(K 3-)Bereich: 1–3 mmol/l = 65–70% bzw. 77–83% HFmax
- Entwicklungsbereich: 3–6 mmol/l = 82–95% HFmax
- Spitzenbereich: 6–> 12 mmol/l = 100% HFmax

Wenn im Training die Belastungsbedingungen ständig wechseln, wie das beim *Crosslauf, Skilanglauf* und vor allem in den *Spiel- und Kampfsportarten* der Fall ist, spielt das **Laktatempfinden** eine größere Rolle.
Es ist bei Untrainierten schwach ausgeprägt (Gaisl et al. 1985), kann aber nach Liesen (1983) soweit erlernt werden, daß nicht nur für den Konzentrationsbereich 4–6 mmol/l, sondern sogar für 10–12 mmol/l Schätzungen mit großer Genauigkeit möglich sind. Hohe Laktatempfindlichkeit ist auch von Bedeutung, wenn *in Verbindung mit Ausdauer auch technisch-koordinative Leistungsfaktoren zu trainieren sind* (z. B. im Eisschnellauf, im Ringen). Es hat sich nämlich gezeigt, daß einerseits die gewünschte Intensität im Training gar nicht so exakt getroffen wird, und andererseits bei Blutlaktatspiegeln von 6–8 mmol/l technische Fertigkeiten bereits an Qualität verlieren. Für die Intensitätssteuerung über das Laktatempfinden ist deshalb häufiger eine unmittelbare Rückkopplung zwischen der eingehaltenen Trainingsintensität und den Meßergebnissen notwendig. Deshalb und auch zur Feststellung der Trainingswirkung ist ein Zeitabstand für aerobe Stufentests von 3 Wochen optimal, von ca. 6 Wochen das Minimum.
Obwohl in den **Kampfsportarten** mit hohen Krafteinsätzen (z. B. Ringen, Boxen, Judo) im Wettkampf höhere Laktatkonzentrationen als in den Spielen zu verzeichnen sind, haben Trainingserfahrungen (Schmengler et al. 1983) ergeben, daß im *Training zur Entwicklung der benötigten koordinativen Fähigkeiten* (komplexe sportliche Technik) *und konditionellen Fähigkeiten* (Schnelligkeit, Schnellkraft, Grundlagenausdauer) in der Hauptsache ***2 Intensitätsstufen*** eingehalten werden sollen (Tab. 59, S. 174). Die notwendigen anaerob-laktaziden Fähigkeiten sollten im Rahmen von Aufbauwettkämpfen und in intensiven Trainingseinheiten mit geringem Umfang ***(3. Intensitätsstufe)*** entwickelt werden.
Die Analyse des Dauerringens (beliebte Trainingsform zur Ausbildung spezifischer Ringausdauer) zeigte, daß mit einer durchschnittlichen Laktatkonzentration von 8 mmol/l die Fähigkeit verloren geht, technisch-taktische Aufgaben zu

Tabelle 58 Trainingsbereiche im Rudertraining (aus Fritsch, 1981).

Strukturbereich Kategorie	Intensität	Umfang in der beabs. Intensität in min	Dauer des Einzelreizes in min	Dichte (Pausenlänge) in min	Anzahl der Wiederholungen	Lactatbildung in mmol/l	Effekt
I	103–110%	5–8	0,5–1,5	2–15	3–8×	>10	Entwicklung der – anaeroben Kapazität – Start- u. Spurtfähigkeit – max. Geschwindigkeit
II	93–100%	15–20	2–5	2–15	4–6×	6–10	– takt. Fähigkeit – Gefühl für Renntempo – Koordination
III	85–93%	25–40	6–10	3–10	4–6×	4–6	– aerobe Kapazität – Kraftausdauer – Taktik – mannsch. Koordination
IV	80–85%	15–60	15–45	5–10	1–3×	3,5–4	– aerobe Kapazität – Kraftausdauer
V	70–80%	30–100	30–100	–	1×	2,5–3,5	– Stabilisierung und – Wiederherstellung des aer. Niveaus – Koordination
VI	–70%	30–150	30–40	beliebig	1×	–2,5	– Regeneration – Koordination (Technik) – Willensschulung

(hellgrau) = Entwicklungsbereich II   (dunkelgrau) = Entwicklungsbereich I

Tabelle 59 Darstellung der über die Blutlaktatspiegel im Training definierten Intensitätsbereiche und Zuordnung der in den einzelnen Intensitätsbereichen möglichen Entwicklung von konditionellen u. technisch-taktischen Fertigkeiten (nach: LIESEN et al. 1985, 18).

Belastungsintensität [mmol/l]	Belastungsumfang	Stoffwechselbedingungen	Trainingsziele
über 10	sehr klein	sehr ungünstig	
8 bis 10 3. Stufe	klein	ungünstig	– Azidosetoleranz – techn.-takt. Fertigkeiten (»Streßtraining«) – Kraftkomponenten
bis 6 2. Stufe	hoch	günstig	– Grundlagenausdauer – techn.-takt. Fertigkeiten – Schnelligkeitskomponenten – Kraftkomponenten
bis 2–3 1. Stufe	hoch	günstig	– Grundlagenausdauer – Neuerwerb von Techniken – Variation der Technik – Üben takt. Elemente

lösen. Durch wiederholte Übersäuerung (über 8–10 mmol/l) wird auch die aerobe Ausdauerfähigkeit verschlechtert.
Anmerkung: Für einen vertieften Einblick in die Problematik der Laktatmessung und der Schwellenkonzepte ist zu empfehlen: HECK H., Energiestoffwechsel und medizinische Leistungsdiagnostik (Studienbrief 8 – Trainerakademie Köln), Schorndorf 1990.

Intensitätsbestimmung aus der Wettkampfgeschwindigkeit

Die Festlegung der Trainingsintensität unter Bezugnahme auf die Wettkampfgeschwindigkeit ist eine weitere Möglichkeit, die in der Sportpraxis Anwendung findet.
Es ist dabei genau auf die *Streckenlänge* Rücksicht zu nehmen, so daß sich Richtwerte nicht nur sportartspezifisch sondern auch *disziplinspezifisch* unterscheiden. Mit zunehmender Wettkampfdauer (KZA bis LZA IV) werden die Wettkampfgeschwindigkeiten ja immer niedriger. Anhand einiger ausgewählter Beispiele wird durch die Vergleichsmöglichkeit der gelegentlich vorliegende Unterschied deutlich.
Für das ***Lauftraining im Freizeitsport*** liegen unter Bezugnahme auf die aktuelle Bestleistung für die bevorzugte Wettkampfstrecke folgende Angaben (NEUMANN 1991, 185) zu den wesentlichen Trainingsbereichen (Abb. 65) vor:

- Grundlagenausdauerbereich: *75–85% WK-Geschwindigkeit,* wobei an der Obergrenze schon GLA-2-Training (3–5 mmol/l) vorliegen dürfte.

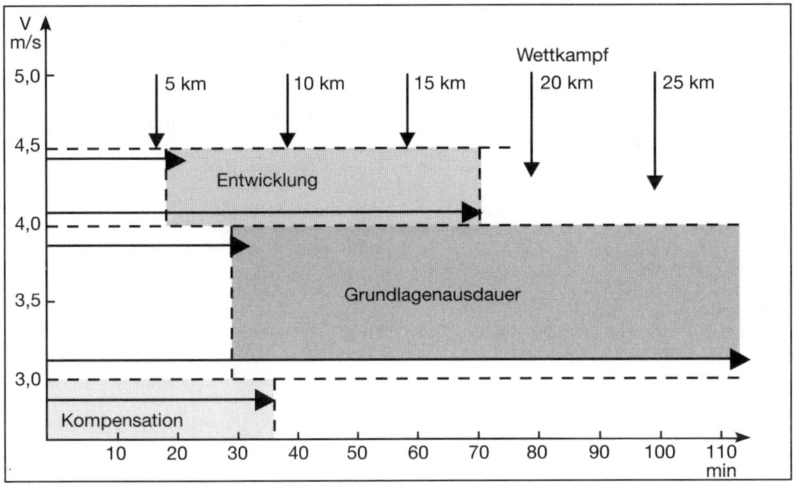

Abbildung 65 Wesentliche Trainingsbereiche und die dafür erforderliche Belastungsintensität beim Langlauf (aus: NEUMANN 1991).

- Entwicklungsbereich: *85–100% WK-Geschwindigkeit,* je nach Streckenlänge bei den verschiedenen Tempowechselmethoden.
- Wettkampfbereich: *100 ± 5% WK-Geschwindigkeit.*

Für das ***Geher-Training*** (10-km-Wettkampfstrecke) sind die Richtwerte differenzierter ausgewiesen, Tab. 60).

Die Übersicht zum ***Triathlontraining*** (Tab. 61, S. 176) macht durch die Vergleichsmöglichkeit der 3 Disziplinen Schwimmen, Radfahren, Laufen den Unterschied bezüglich der gleichen Trainingsbereiche deutlich.

Tabelle 60 Richtwerte für das Geher-Training (10-km-Wettkampfstrecke) in den verschiedenen Trainingsbereichen (n. DLV-Rahmentrainingsplan).

	Trainingsmethode	% vom Renntempo	Streckenbereich [m]
GA 1	DLM	< 80	≥ 5000 m
GA 2	IM	< 105	≥ 200–1000
	IM	< 100	≥ 1000
	DLM	≥ 90	≥ 5000
SA	WHM	≥ 110	≤ 200
WA	IM/WHM	≥ 105	≥ 200–1000
	IM/WHM	≥ 100	≥ 1000
	DLM	≥ 90	≥ 5000
S	WHM	submax./max.	< 80

GA = Grundlagenausdauer, SA = Schnelligkeitsausdauer, WA = wettkampfspez. Ausdauer, S = Schnelligkeit

Tabelle 61 Trainingsintensitäten zu den Belastungsbereichen im Triathlontraining. Bezugspunkt ist die aktuelle Bestleistung auf der jeweiligen Disziplinstrecke. Die Streckenangaben sind Hinweise auf die jeweils erforderliche Belastungsdauer (aus: NEUMANN/PFÜTZNER/HOTTENROTT 1993, 154).

Streckenlängen	Angaben in Prozent von der Wettkampfgeschwindigkeit GA 1 aerob	GA 2 aerob/anaerob	WSA stark anaerob
Schwimmen			
GA 1 (1500 m)	80%		
GA 2 (400–800 m)		85–90%	
WSA (100–300 m)			>95%
Radfahren			
GA 1 (80–200 km)	70–75%		
GA 2 (20–40 km)		85–90%	
WSA (3–6 km)			>95%
Lauf			
GA 1 (15–30 km)	75–80%		
GA 2 (5–12 km)		90–95%	
WSA (1–3 km)			>95%

Im leichtathletischen ***Mittelstreckentraining*** werden die Belastungsintensitäten für die *Tempoläufe* (Intervall-, Wiederholungsmethode) von der *Wettkampfgeschwindigkeit* abgeleitet, für die *Dauerlaufintensitäten* wird Bezug genommen auf die *Geschwindigkeit an der 3-mmol-Laktatschwelle* (ANS). In Tab. 62 sind auch die korrespondierenden Belastungsstrecken angegeben.

Trainingsumfang als Basis-Belastungskomponente

Bisher wurde die *Belastungsintensität* als die entscheidende Komponente für die *Wirkungsrichtung* der Trainingsbelastung angesprochen. Durch die Beschreibung der Trainingsmethoden wurde aber auch deutlich, daß die Intensität in Zusammenhang mit dem Belastungsumfang (pro Trainingseinheit) zu sehen ist.

Der **Belastungsumfang** kann – v. a. langfristig gesehen – als die *Basiskomponente für die gesamte Trainingsbelastung* bezeichnet werden. Aber auch hier gilt zunächst: Eine alleinige Umfangsangabe in Wegstrecke oder Trainingsstunden hat noch keine Aussagekraft über die Qualität des Trainings. Andererseits ist es eine Erfahrungstatsache, daß ein wesentlich *verkürzter Umfang nicht durch bessere Qualität* des Trainings ersetzt werden kann.

Deshalb werden auch ***Kennziffern für den Belastungsumfang*** pro Jahr als Kriterium für die Einteilung in *Leistungskategorien* im Ausdauersport herangezogen (NEUMANN et al. 1993; ENGELHARDT 1994):

Freizeitsportler < 300 Std./Jahr, Leistungssportler 300–1000 Std./Jahr, Hochleistungssportler > 1000 Std./Jahr

Auf die einzelnen Ausdauersportarten differenzierte Angaben liegen von SLEAMAKER und PLATANOV (Tab. 63 u. 64, S. 178) vor.

Tabelle 62 Disziplinspezifischer Belastungskatalog für das Aufbautraining (pro TE) im Mittelstreckenlauf.
Bei den Vorgaben handelt es sich um Beispielprogramme. Die Intensität der Tempoläufe orientiert sich an der geplanten Wettkampfgeschwindigkeit (aus: PÖHLITZ, 1986, 1443).

Disziplin	Dauerlauf			Tempoläufe			Unterdistanztraining
	Intensität niedrig bis 70 %	Intensität mittel 70–90 %	Intensität hoch ab 90 %	Intensität niedrig bis 85 %	Intensität mittel 85–95 %	Intensität hoch ab 95 %	
800 m	4–6 km etwa 30 Minuten	10–15 km	6–8 km	4–6mal 1000 2–3mal 2000	3–4mal 1000 3–5mal 600 8–10mal 300	1000–600–300 2–3mal 600 4mal 400	6mal 200 300–250–200–150
1500 m	6–8 km etwa 40 Minuten	12–16 km	8–10 km	5–6mal 1000 3mal 2000	3mal 1600 4mal 1200 8–10mal 500	1600–1200–600 2–3mal 1200 4mal 600	6mal 300 150–300–600–300–150
3000 m 2000 Hi	6–8 km etwa 40 Minuten	12–20 km	8–12 km	6–8mal 1000 3–4mal 2000	2mal 3000 3mal 2000 6mal 1000	2000–1200–600 3–4mal 1000 6mal 600	6mal 400 400–600–1000–600–400

(hellgrau) = Entwicklungsbereich I (dunkelgrau) = Entwicklungsbereich II

Tabelle 63 Trainingsumfänge in Ausdauersportarten (n. SLEAMAKER 1991).

Leistungs-Kategorien	Stunden pro Jahr				
	Laufen	Radsport	Triathlon	Skilanglauf	Rudern
Weltklasse	500–700	700–1200	800–1400	700–1000	700–1200
Spitzensportler	400–500	500–700	500–800	500–700	500–700
Guter Sportler	300–400	350–500	400–500	400–500	400–500
Durchschnittssportler	200–300	200–350	300–400	300–400	300–400
Anfänger	< 200	< 200	< 300	< 300	< 300

Tabelle 64 Maximale Modellmerkmale der Trainingsbelastung in den Ausdauersportarten für Männer (PLATONOV 1988).

Sportarten	Belastungsdauer (h)	Belastungsumfang (km)	Trainingstage	Trainingseinheiten
Mittelstreckenlauf	25–30* / 1100–1200	300–340 / 6500–7500	6–7 / 320–340	12–15 / 500–550
Langstreckenlauf	30–35 / 1200–1300	360–420 / 9000–10 000	6–7 / 320–340	12–18 / 550–600
Schwimmen	30–35 / 1300–1400	110–120 / 3200–3600	7 / 300–320	15–20 / 550–600
Kajak-Rennsport	30–35 / 1100–1200	220–250 / 5500–6000	6–7 / 290–310	12–18 / 500–550
Radsport (Bahn)	30–40 / 1300–1400	800–900 / 20 000–25 000	6–7 / 310–330	12–18 / 550–600
Radsport (Straße)	30–40 / 1300–1400	1300–1500 / 40 000–45 000	6–7 / 320–340	12–18 / 500–550
Skilanglauf	30–40 / 1200–1300	420–480 / 11 000–12 000	6–7 / 300–330	12–15 / 500–550
Rudern	30–35 / 1200–1300	300–350 / 9000–10 000	7 / 300–320	15–20 / 550–600
Eisschnellauf	12 / 1200–1300	280–320 / 8000–9000	6–7 / 300–320	12–15 / 500–550

* Im Zähler sind die Werte für den Wochenzyklus, im Nenner die für den Jahreszyklus dargestellt.

Für Frauen liegen die Maximalwerte etwas niedriger: Belastungsdauer und Zahl der Trainingseinheiten im Jahr um 10 bis 15 Prozent, Belastungsumfang um 20 bis 30 Prozent. Dabei handelt es sich nur um Belastungen in »entwickelnder« und »kritischer« Intensität bei Konzentration der Belastungen.

(aus: TSCHIENE 1990)

Die Stellung des Belastungsumfangs wird noch deutlicher, wenn man die *Verteilung* (prozentualer Anteil) *auf die Trainingsbereiche* berücksichtigt (Tab. 65). Die hohen Umfänge sind in erster Linie in den Bereichen des ***GLA-Trainings*** zu finden. Die Anteile liegen ***zwischen 55 und 90%,*** wenn man die sportartspezifischen Unterschiede einbezieht. Im leichtathletischen Lauf und Skilanglauf wird im Kompensationsbereich (30% Anteil) teilweise auch die Zielstellung des GLA-Trainings miterfüllt. Im Straßenradsport ist der hohe WSA-Anteil durch die überlangen Belastungen bedingt, die energetisch großenteils GLA-Charakter haben.

Tabelle 65 Prozentuale Verteilung des gesamten Trainingsumfangs/Jahr auf die Trainingsbereiche bei den 3 Leistungskategorien und bei Ausdauersportarten in der Hochleistungskategorie (nach: NEUMANN et al. 1993, ENGELHARDT 1994).

Trainingsbereich	Freizeit-sport	Leistungs-sport	Hoch-leistungs-sport	Laufen	Radfahren	Skilanglauf	Biathlon	Triathlon	Schwimmen
GLA-1-Bereich	50%	60%	75%	50%	55%	34%	35%	69%	60%
GLA-2-Bereich	35%	25%	15%	15%	7%	20%	40%	19%	20%
WSA*-Bereich	15%	15%	10%	5%	35%	15%	15%	5%	2%
Kompensations-Bereich	–	–	–	30%	3%	31%	10%	7%	18%
Gesamtumfang/Jahr	300 h	300–1000 h	1000 h	9000 km	40 000 km	10 000 km	9000 km	20 800 km**	3000 km

* WSA = wettkampfspezifische Ausdauer, umfaßt Schnelligkeitsausdauer-, Kraftausdauer- und wettkampfgemäße Belastungen.
** davon 16 000 km Radfahren, 4000 km Laufen, 800 km Schwimmen.

Für den ***LZA-III-Sport (Marathonlauf)*** ist ein hoher *Zusammenhang zwischen dem Wochentrainingsumfang (km/Woche) und der gelaufenen Marathonzeit* empirisch nachgewiesen (Abb. 66).

Abbildung 66
Beziehung zwischen der durchschnittlichen Trainingsbelastung pro Woche und der Laufzeit über die Marathondistanz (aus: NEUMANN 1991, 183).

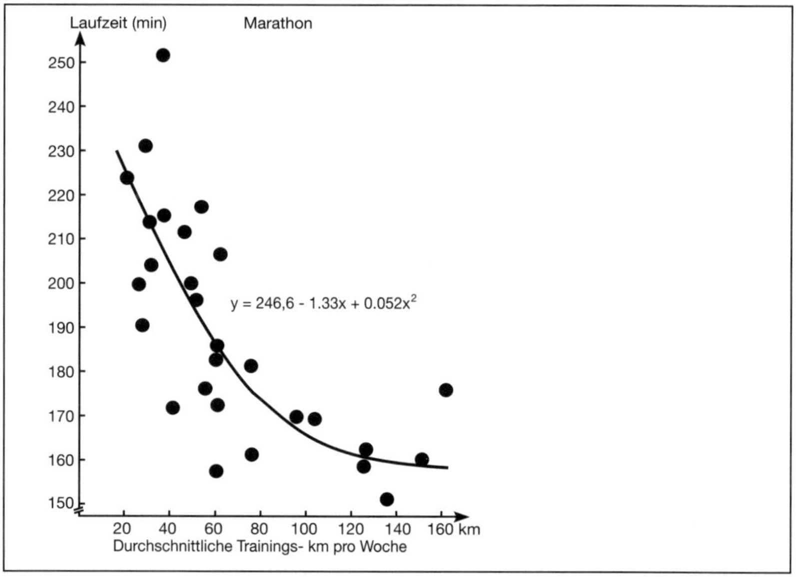

Aus den Jahresumfängen ergeben sich durchschnittliche Wochenumfänge, die die Unterschiede bezüglich der Leistungskategorien und Sportarten ebenfalls markieren (Tab. 66).
Die Umfangsangaben sind als *Groborientierung* zu verstehen, da die individuellen Unterschiede in beträchtlichen Spannen zusätzlich vorliegen können. Die Wochenumfänge stellen zudem einen *Durchschnittswert* dar. Die tatsächlichen Größen fallen in den einzelnen Trainingsperioden und Trainingszyklen unterschiedlich aus.
Genauere Angaben sind nur möglich unter *Berücksichtigung der einzelnen Diszi-*

Tabelle 66 Trainingsumfänge pro Woche (Durchschnittswerte).

L.-Kategorie	sportartenübergreifend	Laufen (LZA III)	Radsport	Schwimmen	Triathlon
Freizeitsport	5– 6 h	–	–	–	–
Leistungssport	12–15 h	160 km	700 km	30 km	260 km*
Hochleistungssport	18–24 h	200 km	900 km	70 km	490 km*

* davon 12/20 Schwimmen, 200/400 Radfahren, 50/75 Laufen.

plin, des Trainingsalters (Trainingsstufe) und der Trainingsperiodisierung. Zwei Ausdauerdisziplinen werden dazu beispielhaft angeführt.
Für den *Straßenradsport* zeigt Abb. 67 die Umfangssteigerung im langfristigen Leistungsaufbau und Tab. 67 die Änderung des Wochenumfangs im Rahmen von 4wöchigen Makrozyklen.

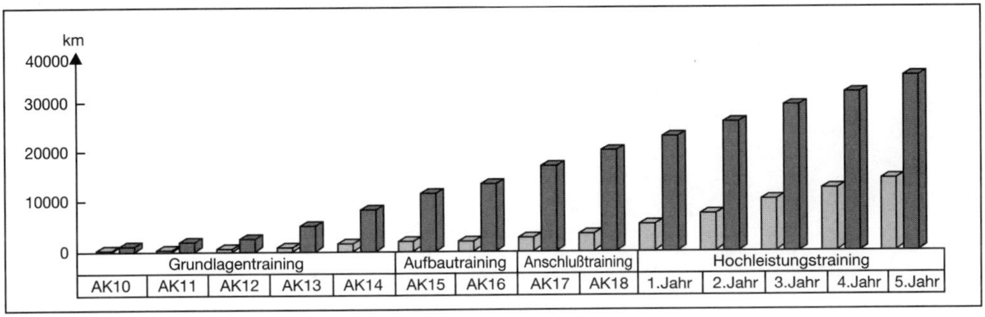

Abbildung 67 Darstellung des langfristigen Leistungsaufbaus vom Schüler zum Spitzenamateur am Belastungsumfang der Jahresgesamt- und Wettkampfkilometer (aus: LINDNER 1993).

Tabelle 67 Umfänge des GLA-Trainings (Rad-km) innerhalb 4wöchiger Zyklen aus der 1. und 2. Vorbereitungsperiode bei Doppelperiodisierung im Radsport-Hochleistungstraining (nach: LINDNER, 1993).

GLA-km (Rad)	1. Woche	2. Woche	3. Woche	4. Woche
1. VP (Nov.)	250	360	430	210
2. VP (März)	600	950	650	220

Für den *Mittelstreckenlauf (800/1500 m)* ist aus Tab. 68, S. 182 einerseits die Umfangszunahme im langfristigen Entwicklungsprozeß und andererseits die Umfangsverteilung auf die Trainingsperioden mit Differenzierung auf die Trainingsbereiche zu entnehmen.
Bei der ***Umfangssteigerung pro Jahr*** ist im Rahmen der progressiven Belastungssteigerung grundsätzlich Zurückhaltung geboten, da mit zu sprunghafter Steigerung Überlastung provoziert wird. Solange der Trainingsumfang im Jahr nicht über 300–500 Std. liegt, sollte die ***Steigerungsrate*** von ***5–10%*** nicht überschritten werden. Nach mehreren Trainingsjahren mit Umfängen von 500–800 Std./Jahr werden auch Zunahmen von ***10–15%*** toleriert. Sobald 1000 Std./Jahr überschritten werden, ist wieder in kleineren Raten vorzugehen, da mit 1200–1400 Std./Jahr in den meisten Ausdauersportarten derzeit der Grenzbereich erreicht wird.
Die *hohen Trainingsumfänge* sind nur mit gezielten ***Regenerationsmaßnahmen*** zur Verkürzung der Erholungsdauer und Anwendung sog. ***semispezifischer und allgemeiner Trainingsformen und -mittel*** möglich. Die Sportart *Triathlon* hat gezeigt, daß durch den hier notwendigen Wechsel in den Trainingsübungen eine Umfangssteigerung über das Maß der einzelnen Spezialsportarten möglich ist. Tab. 69, S. 183 zeigt beispielhaft den *Einsatz semispezifischer Trainingsformen im Mittel- und Langstreckenbereich.* Darunter hat das Aquatraining (Wasserlaufen)

Tabelle 68 Trainingsumfänge im Grundlagen- und Aufbautraining von jugendlichen Mittelstrecklern (800/1500 m) und die Umfangsverteilung auf die Trainingsperioden in Differenzierung auf die Intensitätsstufen (RACZEK 1989).

Alter (Jahre)	Gesamtumfang km/Jahr
13	600– 800
14	1000–1200
15	1600–1800
16	2000–2200
17	2400–2600
18	2600–3000
19	2800–3500

Trainingsperioden	Umfang der Laufbelastungen in den jeweiligen Intensitätszonen* (km)					
	LA 1	LA 2	LA 3	TA	S	Gesamtumfang
Vorbereitungsperiode	1170	690	250	70	20	2200
Wettkampfperiode	750	300	180	135	35	1400
Übergangsperiode	110	–	–	–	–	110
Gesamtumfang	2030	990	430	205	55	3710

* Intensitätszonen: LA 1 = Laufausdauer im kompen./stabil. Bereich
LA 2 = L.-A. im entwickelnden Bereich (2.5–4 mmol/l Lac)
LA 3 = L.-A. im intensivierenden Bereich (4–7 mmol/l Lac)
TA = Tempoausdauer im kritischen Bereich (7–10 mmol/l) und überkritischen Bereich (10 mmol/l Lac)
S = Schnelligkeit

Tabelle 69 Beispiele für die Anwendung semispezifischer Trainingsformen im Mittel- und Langstreckenlauf mit Vorgaben für die Belastungsgestaltung (aus: DLV-Aktuelle Trainingsgrundlagen des Hochleistungstrainings 1991, 35).

Trainingsformen/ Trainingsmittel	Wirkrichtung	Vorgaben methodisch	Vorgaben physiologisch	Vorgaben technisch	Einsatz-schwerpunkt
Skilanglauf/ Skiroller	GA (KA) aerob aerob/anaerob	GA-I: t ≥ 1,5–4 h – DM Str. ≥ 20 km GA-II: t ≥ 45 min – DM Str. ≥ 15 km – IM Str. 2× 10 km – TW – Wettkampf	La ≥ 3 mmol/l HF 150–170 La 3–5 mmol/l HF 170–180	Diagonalschritt-/ Doppelstockschubtechnik Bewegungsablauf mit Aufgabenstellungen (nur Arme bzw. Beine) Spiel-/Wettkampfformen	1., 2. und 5. MEZ
Radfahren/ Radergometer	GA (KA) aerob aerob/anaerob	GA-I: t ≥ 1,5–4 h – DM GA-II: t ≥ 45 min – DM – IM 10× 3 min (Ergo) – TW – Wettkampf	La ≤ 3 mmol/l HF 120–150 La 3–5 mmol/l HF 150–170	Tretfrequenz: GA-I: 75–110 U/min GA-II: 90–120 U/min geringer Tretwiderstand und niedrige Übersetzung, um überbetonte Hypertrophie zu vermeiden	1., 2. und 5. MEZ
Wasserlauf	GA aerob aerob/anaerob	GA-I: t ≥ 30–60 min – DM GA-II: t ≤ 30–45 min – IM 10× 3 min – TW 20× 1 min	La ≤ 3 mmol/l HF 120–150 La 3–5 mmol/l HF 150–180	Verwendung von Auftriebshilfen (Schwimmweste, -brett) zur Unterstützung der Technik Kein Abknicken in der Hüfte! Frequenz in Abhängigkeit des Programms	ganzjährig mit Schwerpunkt 1., 2. und 5. MEZ

GA = Grundlagenausdauer, KA = Kraftausdauer,
DM = Dauermethode, IM = Intervallmethode, TW = Tempowechsel,
La = Laktat, HF = Herzfrequenz (Schläge/min),
MEZ = Mesozyklus

nicht nur zu Rehabilitationszwecken (nach Verletzungen), sondern auch als Trainingsform des GLA-1- und GLA-2-Trainings bereits einen festen Platz. Im *Rudersport* werden z. B. Ruderergometer, Radfahren, Skilanglauf, Laufen und Circuittraining als allgemeine und semispezifische Inhalte genutzt.

Periodisierung und Zyklisierung des Trainings

Für die Gliederung eines Periodisierungsmodells sind unterschiedliche Bezeichnungen in den verschiedenen Sportarten in Gebrauch. Man trifft entweder auf die herkömmlichen Begriffe ***Vorbereitungs-, Wettkampf- und Übergangsperiode,*** wobei erstere meist einen *allgemeinen* ***(allg. VP)*** und *speziellen* ***(sp. VP)*** Abschnitt hat und die ***Wettkampfperiode von einfacher oder komplizierter Struktur*** ist. Die weitere Untergliederung geschieht in ***Mesozyklen*** (MEZ, 4–8 Wochen) und ***Mikrozyklen*** (meist 1 Woche). An Stelle des Begriffs Mesozyklus wird auch die Bezeichnung ***Makrozyklus*** gebraucht. In einem anderen Konzept wird in der Grobgliederung von *Makrozyklen* (MAZ = jeweils Vorbereitungs- und Wettkampfperiode) ausgegangen und die weitere Aufteilung nach *Mesozyklen* vorgenommen. Auch die Bezeichnung ***Etappe*** für einen mittelfristigen Zeitraum (4–16 Wochen) ist anzutreffen.
Unabhängig von der Bezeichnung ist für die ***Gliederung eines Periodenzyklus*** grundsätzlich folgende Reihenfolge zu erkennen: *Entwicklung allgemeiner Leistungsgrundlagen – Entwicklung sportartspezifisch dominanter Grundlagen – Entwicklung der disziplinspezifischen Leistungsfähigkeit – Ausprägung und Stabilisierung (Anwendung) der sportlichen Form (= Wettkampfform).*
Sleamaker (1991) drückt dies folgendermaßen aus:

- *Grundlagenetappe* (allgemeine und spezielle Grundlagen; 20, 8–10, 4 Wochen)
- *Intensitätsetappe* (Steigerung der Trainings-Intensität; 16, 4–8, 4 Wochen)
- *Etappe der Topform* (= tapering oder peaking, Erarbeiten der WK-Form; 4–6 Wochen)
- *Wettkampfetappe* (Vorbereitungs- und Hauptwettkämpfe; 8–12 Wochen)
- *Erholungsetappe* (aktive Regeneration, wenig Leistungsverlust; 4–6 Wochen)

Die Zeitangaben beziehen sich auf Einfach- oder Doppel- oder Dreifachperiodisierung des Jahres.
Ob für das Trainingsjahr ***Einfachperiodisierung, Doppelperiodisierung*** oder ***Dreifachperiodisierung*** angewandt wird, hängt von der *Disziplin,* der *Trainingsstufe* und vom *Wettkampfkalender* ab. Im Grundlagen- und Aufbautraining ist im Sinne einer stabilen Leistungsentwicklung der *Einfachperiodisierung* der Vorzug zu geben. Im Anschluß- und Hochleistungstraining macht sich die *Doppelperiodisierung* mit dem häufigeren Wechsel von allgemeinem, speziellem Training und Wettkampftätigkeit für die weitere Leistungsentwicklung meist positiv bemerkbar. *Mehrfachperiodisierungen* sind meist Zugeständnisse an den Wettkampfkalender und nur im Hochleistungssport bei stabilem Leistungsniveau sinnvoll. Lange Wettkampfphasen, meist gepaart mit hoher Wettkampfdichte, wirken sich meist ungünstig auf die Leistungsstabilität aus. Es ist aus Erfahrung bekannt und biologisch begründbar, daß die durch den Kalender (jeweils am Wochenende)

Tabelle 70 Modell einer 3gipfeligen Periodisierung für Mittel-/Langstreckenlauf.

	Zeitraum	MEZ	Wochen-anzahl	Abschnittsinhalt/Trainings-aufbau
1. VP	23. 9.– 3. 11.	1.	6	allgemein-grundlegender Trainingsaufbau
	4. 11.–15. 12.	2.	6	disziplinspezifisch-grund-legender Trainingsaufbau
	16. 12.–26. 1.	3.	6	spezieller Trainingsaufbau
1. WP	27. 1.– 8. 3. 92	4.	4 + 2	1. (Hallen-)Wettkampfserie
2. VP	9. 3.–19. 4.	5.	6	disziplinspezifisch-grund-legender Trainingsaufbau
	20. 4.–31. 5.	6.	6	spezieller Trainingsaufbau
2. WP	1. 6.–26. 7.	7.	8	2. Wettkampfserie
UWV	27. 7.–30. 8.	8.	5	(Trainings-Zwischenetappe)
3. WP	31. 8.–20. 9.	9.	3	3. Wettkampfserie
ÜP	21. 9.– 4. 10.		2	aktive Regeneration

VP = Vorbereitungsperiode, WP = Wettkampfperiode, MEZ = Mesozyklus,
UWV = Unmittelbare Wettkampfvorbereitung, ÜP = Übergangsperiode

vorgegebenen Zeitabstände für eine Wettkampfserie nicht die nötige Regenerationsmöglichkeit bieten.
Tab. 70 und Abb. 68, S. 186, zeigen exemplarisch (Leichtathletik, Triathlon) verschiedene *Periodisierungsmodelle.* Im Beispiel für *Mittel- / Langstreckenlauf* ist die Hallen- bzw. Crossmeisterschaft und 2 Wettkampfserien (nationale und internationale Meisterschaften) im Sommer in die Dreifachperiodisierung eingeplant. Im *Triathlon und Skilanglauf* bietet sich die Einfachperiodisierung wegen der langen Wettkampfperiode (= komplizierte Struktur; 2–4 Monate) bzw. aus jahreszeitlichen Gründen (Wettkämpfe im Winter) an.
Die zeitliche Festlegung von Trainingsperioden bzw. Trainingszyklen geschieht aufgrund von Kenntnissen und Erfahrungswerten zu den *Adaptationszeiten,* d. h. Zeitspannen, in denen sich Trainingswirkungen zeigen. Es ist schwierig, allgemeingültige genaue Angaben zu machen, da die Anpassungsfähigkeit individuell unterschiedlich und stark vom Belastungsmaß (Intensität, Umfang, Trainingshäufigkeit) abhängig ist. Wissen über biologische Gesetzmäßigkeiten und Adaptationszeiten kann für die Planung individueller Trainingspläne eine Hilfe sein. In diesem Zusammenhang ist auf das ***Modell des Adaptationsverlaufs*** beim Ausdauertraining (Neumann 1993, 11) hinzuweisen. Nach diesem Modell vollzieht sich die *Anpassung* an die regelmäßige Trainingsbelastung *in Stufen* mit fest umrissenen Zeitspannen (Abb. 69, S. 187). Es ist zu erkennen, daß für das Erreichen eines *neuen stabilen Funktionszustands* mit einer Zeitdauer von *6 Wochen* zu rechnen ist. Das ist von Bedeutung für die zeitliche Gestaltung von Mesozyklen. Außerdem reicht ein einmaliger Durchlauf dieser Stufenfolge für bleibende Verbesserungen nicht aus. Drei- bis viermalige Wiederholung eines Adaptationszyklus (mit geänderter Zielsetzung) ergibt zeitlich die Periodendauer

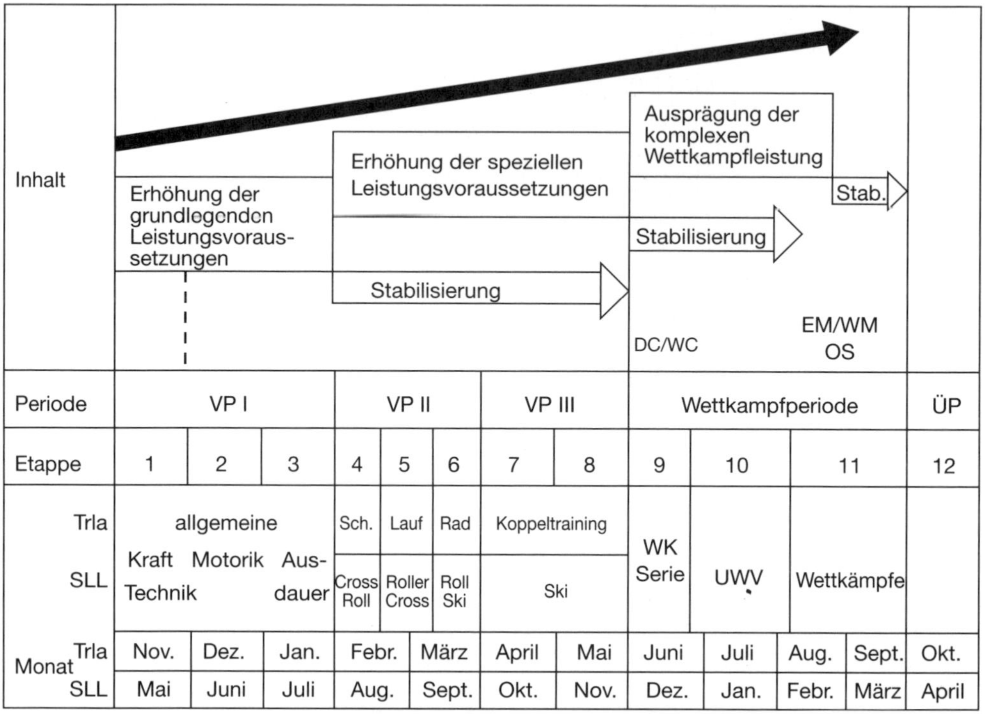

Abbildung 68
Modell einer 1gipfeligen Periodisierung mit dreigeteilter Vorbereitungsperiode und langer Wettkampfperiode
Tria = Triathlon, SLL = Skilanglauf; DC/WC = Deutschlandcup, Weltcup, EM = Europa-, WM = Weltmeisterschaften, OS = Olympische Spiele (NEUMANN et al. 1993).

für Vorbereitungsperioden. Aus dem Modell ist weiterhin zu erkennen, daß innerhalb eines Mesozyklus nach *3wöchiger progressiver Belastungssteigerung* eine *Entlastungswoche* notwendig ist. Hohe Belastungen in dieser Phase stören das Anpassungsgeschehen. Eine Rücknahme der Gesamtbelastung um mindestens 30% erleichtert die laufenden biologischen Prozesse. (Weitere Einzelheiten zum Modell bei NEUMANN G. in: Leistungssport 1993, H. 5.)

In der ***Praxis des KZA/MZA- und LZA-Trainings*** haben sich für die *kurz-* und *mittelfristige Steuerung* ebenfalls Zeitspannen von *4–6 Wochen* (12–18 Trainingseinheiten) bzw. *8–12 Wochen* (30–45 Trainingseinheiten) als günstig herausgestellt. In 3–5 Wochen zeigen sich z. B. schon signifikante Anpassungen auf muskelzellulärer Ebene, wenn im Intensitätsbereich von 4–12 mmol/l Laktat belastet wird (FÖHRENBACH 1986). Bei einem stark aerob ausgerichteten Marathontraining geschieht der Anpassungsvollzug zur sprotlichen Form in 6–10wöchigen Zyklen (LENZI 1987). Enzymänderungen und metabolische Differenzierung der Muskelfasern werden nach 4–6 Wochen deutlich meßbar. Die Ausdauertypen bedürfen grundsätzlich einer *jahrelangen* Entwicklung, während der sich *Phasen der Steigerung* und solche des *vorübergehenden Stillstands* ablösen. Bis zum Erreichen internationalen Spitzenniveaus sind durchschnittlich 8–12 Trainingsjahre notwendig.

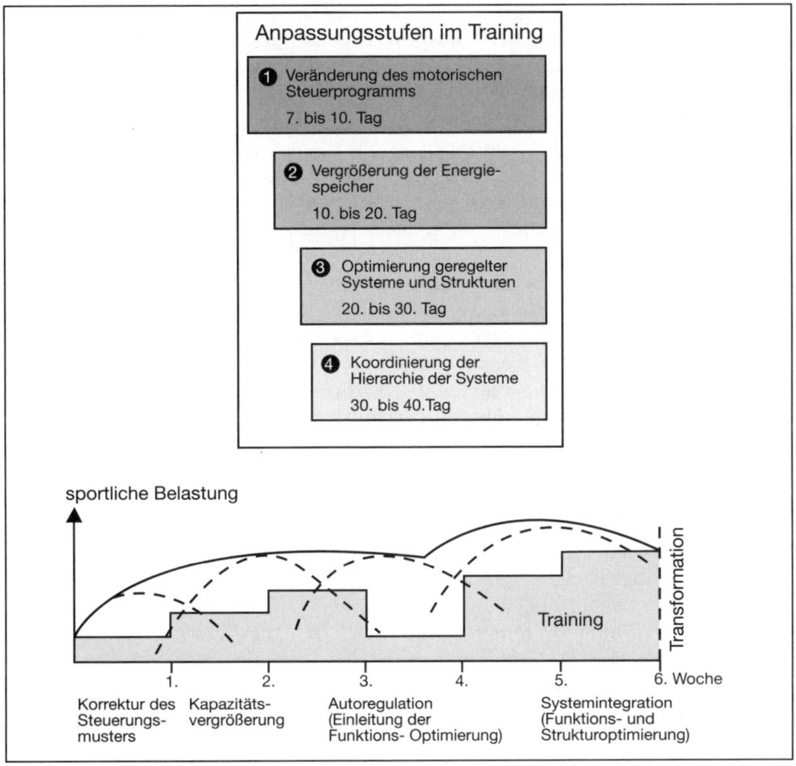

Abbildung 69
Anpassungsstufen im Training und Ablauf der Anpassungsprozesse in einem Stufenzyklus mit Entlastungsphase (nach: NEUMANN 1993, 11).

Regenerationszeiten und regenerationsunterstützende Maßnahmen – Grundlage für die Mikrozyklus-Gestaltung

Aus Untersuchungen über den Erholungsverlauf nach unterschiedlich langen intensiven Belastungen liegen zahlreiche *Einzelkenntnisse über die Regenerationsdauer* beanspruchter Funktionsbereiche des menschlichen Organismus vor. Wenn auch der biologische Komplex Belastung–Erholung letztlich immer seine eigene Prägung hat und deshalb nur persönliche Verlaufsbeobachtungen zuverlässige individuelle Aussagen erlauben, sollten die vorliegenden *Kenntnisse und Erfahrungen als Richtwerte* für Trainingsplanung und eventuelle Korrekturen nicht außer acht gelassen werden. Die Zeitangaben differieren im allgemeinen sehr stark, was darin begründet liegt, daß *Erholung sich auf verschiedene organismische Bereiche erstreckt* (Energiedepots, Herz-Kreislauf-Funktion, Hormonhaushalt, Elektrolythaushalt etc.) und *phasenhaften Verlauf* zeigt (unvollständig,

vollständig, überkompensiert). Zur *vereinfachten Darstellung des komplexen Geschehens* wird der **Regenerationsprozeß** pauschal in eine **Frühphase, Spätphase und Superkompensationsphase** aufgeteilt (BADTKE et al. 1987, 331) (Tab. 71). Tatsächlich aber überlagern sich die Phasen der einzelnen Bereiche sehr stark. In Tab. 72 wird versucht, das differenzierte Geschehen innerhalb der generellen Einteilung unterzubringen.

Aus den Einzelheiten wird deutlich, daß *hinsichtlich der Regeneration Ausdauerbelastungen in Training und Wettkampf primär nach ihrer Intensität zu beurteilen* sind. An zweiter Stelle ist die jeweilige *Belastungsdauer* mitheranzuziehen. Etwas verallgemeinert kann herausgestellt werden:

- Training im **extensiven Belastungsbereich** (unter 2–3 mmol/l) von *unter 1 Stunde Dauer* beansprucht weder die Glykogenreserven noch die neurohormonelle Regulation sehr stark. Es wird auch als *Regenerationstraining* durchgeführt und ist *täglich möglich.* Extensives Training mit *1½–2 Stunden und länger* bringt selbst bei vorrangiger Fettverbrennung eine *starke Glykogenspeicherausbeutung* und meist überdurchschnittliche *Flüssigkeitsverluste* mit sich. Das erfordert *1–2 Tage Regenerationsdauer* für eine intensivere Belastung. (Siehe auch S. 73.)
- ***Intensives Training*** im *ANS-Bereich und knapp darüber* ist bei gezielter *Kohlenhydraternährung* wegen der fast kompensierten Glykogenspeicher nach 24 Stunden wieder möglich. Der beanspruchte *Hormonhaushalt (Katecholamine)* verlangt aber, auf die Dauer gesehen, eine *zweitägige Regenerationsphase.* (Siehe auch S. 192.)
- ***Intensives Training mit anaerob-laktaziden Belastungen*** *(intensives Intervalltraining, intensive Wiederholungsarbeit),* das durch hohe Laktatkonzentratio-

Tabelle 71 Phasen des Wiederherstellungsprozesses (in Anlehnung an BADTKE et al. 1987, 330).

	Zeitdauer	Vorgänge
Frühphase	bis 6 Stdn.	– Regeneration energiereicher Phosphate – Rückschwingung von Herzfrequenz u. Blutdruck, Atemfrequenz – Milchsäureabbau, Normalisierung des Säurezustands – Wiederherstellung der Nerv-Muskel-Funktionen – Beginn der Substratauffüllung
Spätphase	6–36 Stdn.	– Auffüllung von Muskel- u. Leberglykogen – Einlagerung von Fetten in die Muskelzelle – Regeneration von Mitochondrien – Regeneration von kontraktilen Eiweißen – Regeneration von Binde- u. Stützgewebe
Superkompensationsphase	36 Stdn. bis mehrere Tage u. Wochen	– Mehrausgleich bei den träge ablaufenden Wiederherstellungsvorgängen (z. B. Struktureiweiß, Hormonspeicher, Elektrolytkonzentrationen)

Tabelle 72 Durchschnittliche Zeitspannen für einzelne Regenerationsabläufe nach entsprechender Belastung (Zusammengestellt nach Angaben von KEUL et al. 1986, KINDERMANN 1978, BADTKE et al. 1987).

Pauschale Phaseneinteilung	Regenerationsvorgänge	Zeitdauer	Notwendige Belastung
Frühphase	– Wiederauffüllung des KrP (Superkompensation)	3–5 min (20–30 min)	– Maximalbelastungen (alaktazid) 10–12 s
	– Abbau des Blutlaktats (Halbwertzeit)	1–3 h (ca. 15 min)	– intensive anaerobe Belastung (Lac > 10–12 mmol/l)
	– Beginn der Glykogenauffüllung, v. a. in FT-Fasern	bis 30 min	– anaerob-laktazid mit FT-Fasern-Beanspruchung
Spätphase	– Kompensation von Glykogen, v. a. in ST-Fasern	24–36 h	– intensive aerobe Belastung (45–60 min)
	– Elektrolytausgleich (Na, K)	6 h	– lange B. mit Wasserverlusten (> 1 h)
	– Aufbau kontraktiler Eiweiße (Aktin, Myosin)	12–48 h	– maximale Muskelbelastungen
Superkompensationsphase	– Ausgleich verlorener Muskelenzyme	48–60 h	– hochintensive oder überlange B. (LZA III u. IV)
	– Wiederaufbau von Struktureiweiß (z. B. Mitochondrien)	48–72 h	– häufige Lac-Bildung im Muskel (Übersäuerung)
	– Superkompensation der Glykogenspeicher	2–3 Tage (KH-Diät)	– intensive aerobe Belastung (60–90 min)
	– Elektrolytausgleich (Mg, Fe)	2–3 Tage (Substitution)	– lange Belastung mit Wasserverlust
	– Ausgleich im Hormonhaushalt: Katecholamin-Resynthese	2–3 (5) Tage	– anaerob-laktazide B., häufige Intemsitätsänderungen, psychischer Streß
	Cortisol-Resynthese	3–5 (7) Tage	– Marathon- u. Ultra-LZA-Belastungen
	– Neuaufbau von Struktureiweiß (Enzyme, Mitochondrien, Binde- u. Stützgewebe)	Tage – Wochen	– lange, relativ intensive Belastungen

nen in der Muskelzelle die Mitochondrien beeinträchtigt, wegen der Übersäuerung den Elektrolythaushalt stört und zur Mobilisation der Glykolyse Katecholaminausschüttung benötigt, verlangt *2–3 Tage Regenerationszeit.*

- ***Nach Ausdauerwettkämpfen*** kann wegen der üblicherweise *stärkeren nervalen* und auch *hormonellen* Beanspruchung (im Vergleich zu selbst intensivem Training) die Erholungsdauer verlängert sein. Nicht selten ist bei KZA- und MZA-Wettkämpfen (vor allem bei zusätzlichen Qualifikationsrennen) *erst nach 3 Tagen,* nach Marathonausdauer- und ULtra-LZA-Wettbewerben (wegen des Eiweißabbaus) erst *nach ca. 5 Tagen* mit intensiverer Belastungsmöglichkeit zu rechnen.

Angesichts des heutigen *Trainingsumfangs* und der damit verbundenen *hohen Dichte von Trainingseinheiten* dürfen die ***Erholungsprozesse sich nicht selbst überlassen*** bleiben, sondern müssen durch *zusätzliche Maßnahmen* gezielt unterstützt werden. Der Sinn dieser Maßnahmen ist die ***Beschleunigung des Regenerationsprozesses*** nach Trainings- oder Wettkampfbelastungen. Dabei darf allerdings nicht der Anpassungsgewinn aus der Trainingsbelastung beeinträchtigt werden. Das wäre der Fall, wenn die Komplexität des Erholungsgeschehens außer acht gelassen wird. Da die Ermüdung während der Belastung sich auf verschiedene Funktionssysteme des Organismus erstreckt, sind die *begleitenden Maßnahmen* natürlicherweise auch *recht vielgestaltig.* Den Bedürfnissen und ihrer Wirkung entsprechend sind sie *miteinander zu koppeln.*
Im einzelnen wird auf folgendes eingegangen:
Auslaufen, Massage, Sauna, Warmwasserbad, Solarium, Elektrotherapie und ernährungsphysiologische Maßnahmen.

Auslaufen
Der Sinn dieser körperlichen Aktivität ist primär die beschleunigte Beseitigung von *Stoffwechselschlacken,* die über das Blut- und Lymphgefäßsystem geschieht. Untersuchungen (Roth et al. 1973, 271) haben gezeigt, daß *aktive Muskelarbeit eine höhere Durchblutungssteigerung (ca. 6fach)* als eine passive Maßnahme (Massage, ca. 1,5- bis 2fach) bewirkt. Es ist auch nachgewiesen (Kindermann 1978, 352), daß *Blutlaktatspiegel* nach Laufbelastungen *durch ein halbstündiges Auslaufen wesentlich schneller beseitigt* werden als durch Ruhe. Neben der erhöhten Anflutung von Stoffwechselprodukten laufen in der ersten Nachbelastungsphase (ca. 2 Stunden) auch wesentliche *Prozesse für die Stabilisierung der Homöostase* ab. Auch diese werden durch körperliche Aktivität geringer Intensität (30–50% der Maximalleistung, unter der AS) und einem zeitlichen Umfang von ca. 15–20 Minuten positiv beeinflußt. Die »Auslaufübungen« sollten neben der ***durchblutungsfördernden Wirkung*** auch ***Lockerungs- und Entspannungseffekte*** auf die Muskulatur haben (Lockerungsgymnastik).

Massage
Im Zusammenhang mit der Leistungssteuerung interessieren hier zwei Massageformen:
Die ***Wiederherstellungsmassage*** nach einer größeren Anstrengung hat als wesentliche Ziele die *Beseitigung der Stoffwechselschlacken, Herabsetzung des Muskel-*

tonus und *vegetative Umschaltung*. Ungeeignet ist die Massage bei Muskelkater, wenn dieser durch mechanische Schädigungen, weniger über die Milchsäurehypothese, erklärbar ist. Dann käme es zu weiteren Irritationen der Muskulatur, die die Erscheinungen des Muskelkaters verstärken.
Mit der ***Vorbereitungsmassage*** vor einem Wettkampf wird eine *Durchblutungssteigerung* und *Lockerung der Muskulatur* sowie unter Umständen eine *psychische Beeinflussung* des Athleten beabsichtigt. Die damit erreichte Durchblutung kann das aktive Aufwärmen allerdings nicht ersetzen. Der Wert ist besonders in der Lockerung der Muskulatur und in der Dämpfung von Erregungsspitzen zu sehen. Über die mechanische Reizung von sensiblen Nervenendigungen in der Haut kann auch das vegegative Nervensystem erreicht und dort eine *Verschiebung der vegetativen Tonuslage zur Vagotonie* hin hervorgerufen werden (Senkung der Herzfrequenz, langsamere und tiefere Atmung).

Sauna
Saunaanwendung in einem *ausreichenden Abstand vom Trainings- oder Wettkampfende* dient dem Sportler vor allem der raschen *Entmüdung* (gesteigerte periphere Durchblutung mit Schlackenabtransport), der *Muskelentspannung* (Gewebserwärmung) und der *vegetativen Umstellung.*
Im allgemeinen wird das Saunabad ***einmal wöchentlich*** empfohlen. Nach Gewöhnung und bei verkürzter Anwendung (ein Durchgang 5–6 Minuten) kann auch mehrmals in der Woche zwischen den Trainingseinheiten der Saunagang zur Regenerationsbeschleunigung eingesetzt werden. Vor Wettkämpfen sollte auf Saunaanwendungen verzichtet werden (Zeitabstand mindestens 24 Stunden).

Warmwasserbad
Aus dem breiten Angebot von Therapieformen der Hydro- und Thermotherapie hat sich für die Zwecke der trainingsbegleitenden Maßnahmen das *Warmwasserbad als am günstigsten* erwiesen. Es kommen die *Wirkungen des Temperaturreizes* und die *Wirkungen des Wasserauftriebs* zur Geltung. In einem ***36–38 °C warmen Bad von etwa 10–15 Minuten Dauer*** werden *Detonisierungen der Muskulatur,* bessere *Durchblutung* und eine *beruhigende Wirkung* im vegetativen Bereich festgestellt. Leichte Bewegungen verstärken die Wirkung. Nach dem Bad besteht häufig ein Ruhebedürfnis. In der unmittelbaren Wärmewirkung ist das Wannenbad besser als der Saunagang oder eine warme Dusche.
Schwimmen bei entsprechend temperiertem Wasser (über 26 °C) beinhaltet einen Teil dieser Wirkungen und stellt wegen der vermehrten Aktivität eine *Zwischenlösung zwischen Warmwasserbad und Auslaufen* dar.

Solarium
UV-Strahlen sind ein therapeutisch wesentlicher Teil des Sonnenlichts. Ihre künstliche Anwendung in Solarien beruht auf der *stoffwechselaktivierenden Wirkung* (Aktivierung von Enzymsystemen) und zielt auf Erhöhen der körperlichen Leistungsfähigkeit sowie Verstärkung der Infektabwehr ab. Den UV-Strahlen wird auch eine *positive Wirkung auf das Hormonsystem* (Testosteronausschüttung) und damit ein womöglich nicht unwesentlicher Einfluß auf die

Erholung und Muskelentwicklung zugeschrieben. In kombinierter Anwendung *mit Infrarotlicht (Wärmestrahlung)* kann die erwähnte *Wirkung gesteigert* (Durchblutungsförderung) und andererseits ein beruhigender, harmonisierender Effekt im vegetativen Nervensystem erreicht werden.

Elektrotherapie
Aus der Stromanwendung in der Physiotherapie ist bekannt, daß ***galvanische Ströme*** (Gleichstrom) eine *rasche Entmüdung der Muskulatur* bewirken, wenn großflächige Elektroden auf Agonisten und Antagonisten der vorher strapazierten Muskeln angelegt werden *(aktive Durchblutungssteigerung)*.
Ähnliches gilt für das ***Stanger-Bad*** (Wannenbad mit elektrischer Durchflutung, Dauer 10–30 Minuten). Durch detonisierende Schaltung kann eine relativ rasche und nachhaltige Regeneration erreicht werden (PABST 1986). Da die Wirkung sehr intensiv ist, sollte allerdings ein *2- bis 3tägiger Abstand bis zur nächsten stärkeren Trainingsbelastung* eingehalten werden.

Ernährungsphysiologische Maßnahmen
Es ist bekannt, daß unter den Trainingsanforderungen des Hochleistungssports *Defizite an Nährstoffen und Elektrolyten* auftreten können. Durch gezielte Substitution muß die entstandene katabole Stoffwechselsituation möglichst frühzeitig in eine anabole übergeführt werden. Die notwendigen Anwendungen und zu erwartenden Wirkungen mit wesentlicher Bedeutung für die Regeneration gehen im Überblick aus Tab. 73 hervor. Ausführliche und gezielte Angaben dazu macht KONOPKA (Sporternährung, BLV-Sportwissen). Hier sind die wesentlichen Richtlinien nur punktuell herausgestellt.
Gezielte ***Eiweißernährung*** ist notwendig bei *Ausdauertraining hoher Intensität.* Die zugeführten Eiweiße haben den Bedarf an Aminosäuren zu decken, die ihrerseits zum Aufbau von Eiweißen, z. B. Mitochondrieneinweiße, Hormon-, Enzymeiweiße) notwendig sind. Die regenerative Wirkung beginnt mit Ende der Belastungsphase. Es muß also rechtzeitig, auch *schon vor dem Training* zugeführt werden.
Erhöhte ***Kohlenhydratzufuhr*** ist vor allem im Ausdauersport notwendig, wenn durch intensive und umfangreiche Belastungen eine *Entleerung der Glykogenspeicher* zustandekommt. Mit normaler Mischkost währt die Wiederauffüllung 46–48 Stunden, mit kohlenhydratreicher Kost (60–80% KH-Anteil) kann der Resynthesevorgang auf ca. 24 Stunden verkürzt werden. In den *ersten 10 Stunden nach der Belastung* vollzieht sich dabei der *schnellste Glykogenaufbau.* Dies ist für die Ernährung zwischen den Trainingseinheiten wesentlich. Es ist allerdings eine *gleichzeitig erhöhte Zufuhr von Wasser- und Kalium* notwendig, da die Glykogeneinlagerung nur mit beiden Stoffen zusammen geschieht.
Im Hinblick auf die Schaffung erhöhter Glykogenspeicher für Wettkämpfe wird das ***Superkompensationsprinzip*** angewandt. Es gibt prinzipiell drei Verfahrensweisen:

1. *7 Tage* vor dem Wettkampf werden die *Glykogenspeicher* durch umfangreiches und intensives Training *entleert.* Dann folgt unter *Fett-Eiweiß-Diät 3–4 Tage*

Tabelle 73 Die notwendigen Anwendungen und zu erwartenden Wirkungen ergogener Substanzen im Sport haben wesentliche Bedeutung für die Regeneration und die Verminderung der Ermüdung. Neben energieliefernden Substraten wie Kohlenhydraten, Proteinen und Fetten kommt den Elektrolyten und Spurenelementen, vor allen Dingen dem Eisen und den Vitaminen, besondere Bedeutung zu, da sie den Sauerstofftransport und die innere Atmung in der Zelle maßgeblich fördern (nach Keul et al. 1986, 81).

Kohlenhydrate (Mono-, Oligo-, Polysaccharide)		
Nach starker Trainingsbelastung:	Glykogen	++
Vor Wettkämpfen:	Kohlenhydratspeicher	++
	Kohlenhydratutilisation	++
	Fettutilisation	−−
	Wirkungsgrad	++
Proteine und Aminosäuren		
Krafttraining:	Muskel-anabole Wirkung	+
Ausdauertraining:	Nachlieferung von Dikarbonsäure (Glutamat, Aspartat [Krebszyklus])	+
	Entschlackung (Methylierung, Methionin)	+
	Blutbildung	+
Elektrolyte (Na, K, Mg u. a.)		
Belastungen mit hohem Schweißverlust:	Muskelerregbarkeit	+
	Muskelkontraktion	+
Spurenelemente (Fe, Co, Mn, Zn u. a.)		
Intensives Training und Wettkampf:	O_2-Transport	+
Höhentraining:	Hämoglobin	+
	Myoglobin	+
	Innere Atmung	++
	Enzyme	+
	Atmungskette	+
Vitamine (Vit. C, B-Komplex, Folsäure, Nicotinamid u. a.)		
Training und Wettkampf:	Blutbildung	+
Höhentraining:	Energieumsatz	+

weiteres Training niedrigerer Intensität, und in den *letzen 3 Tagen* kommt es zur *Kohlenhydratmast.* So werden die Muskelspeicher maximal gefüllt.

2. Die Trainingsbelastung zur *Entleerung liegt 3–4 Tage vor* dem Wettkampf. Dann wird in den folgenden Tagen die *Ernährung kohlenhydratreich* gestaltet und das Training mit niedrigerer Intensität fortgesetzt.
3. *Ohne Ausbeutung* der Speicher ernährt man sich *3–4 Tage überwiegend kohlenhydratreich.* Es kommt zu einer mäßigen Anreicherung, aber nicht zur Superkompensation. Für viele Sportarten genügt diese Anreicherung.

Gezielte ***Kohlenhydratzufuhr*** ist auch ***während eines Wettkampfes*** (Ausdauerwettbewerb, Spiele, Turniere etc.) zur laufenden Ergänzung der Glykogene erforderlich. Am besten geschieht dies mit *Kohlenhydrat-Mineralstoff-Drinks,* da mit dem Kohlenhydratverbrauch auch Mineralverluste (Kochsalz, Kalium, Magnesium u. a.) über den Schweiß gleichzeitig vorliegen. Wesentlich ist auch, daß eine *isotone Lösung* zugeführt wird. Dies bedeutet, daß die Stoffe in ihrer Konzentration der in der Blutflüssigkeit gleichen (z. B. Zucker 5%ig, 5 g Mehrfachzucker auf 100 ml Flüssigkeit).

Elektrolytzufuhr: Immer dann, wenn im Training oder Wettkampf viel Schweiß verloren geht, ist der Ersatz der Flüssigkeit und der Elektrolyte notwendig, um einem Leistungsabfall zu begegnen. *Kochsalz* kann *mit üblichen Nahrungsmitteln* (z. B. gesalzene Suppe) schnell ergänzt werden. Der *Engpaß* liegt *bei Kalium und Magnesium.* Die ausgewogene Zufuhr aller fehlenden Elektrolyte und auch einiger Spurenelemente (Eisen, Zink) ist am sichersten durch *Mineraldrinks* gewährleistet. Die Verwendung natürlicher Getränke (z. B. Fruchtsäfte) ist möglich, es gehören allerdings Einzelkenntnisse dazu (s. KONOPKA 1985, 126).

Vitaminzufuhr: Der Vitaminbedarf ist unter sportlicher Belastung größer (3- bis 4fach). Mangelerscheinungen wirken sich im Absinken der körperlichen Leistungsfähigkeit aus. Vitaminzufuhr kann hier ausgleichen, die Gabe von Überdosen aber bringt keinen weiteren leistungssteigernden Effekt. In erster Linie handelt es sich um die Vitamine B_1, B_2, Niacin und C, bei denen ein Defizit zwischen Verbrauch und natürlicher Zufuhr über die Lebensmittel entsteht. Zunächst sollte versucht werden, über die gezielte *Auswahl vollwertiger Kost* die Defizite zu decken. Vitaminpräparate sollten in der Ergänzung die Ausnahme sein. Da Vitamine den gesamten Nährstoffwechsel direkt und über Zwischenstufen indirekt beeinflussen, können Überdosen von einzelnen Vitaminen auch ungünstig wirken. So betrachtet ist die Zufuhr von *Multivitaminpräparaten* günstiger.

Alkohol: Dieser ist hier insofern zu erwähnen, als er die *Testosteronausschüttung* während der Nachtruhe stark behindern kann. Testosteron ist jedoch in der Muskelzelle zur Regeneration notwendig. Deshalb sollte auf alkoholische Getränke (vor allem mit hoher Konzentration) unmittelbar nach dem Training verzichtet werden. Wenngleich vom Bier in gewisser Hinsicht auch eine positive Wirkung ausgehen kann (ausgewogener Mineralgehalt, Kohlenhydratanteil, beruhigende Wirkung), so sollte wegen des Alkoholgehaltes ein vermehrter Genuß nicht stattfinden.

Kontrolle der Trainingsbelastung

Im Grunde genommen sollte eine sinnvolle *Gesamtbelastung* im Training durch die *Konzeption eines Trainingsplanes* mit Berücksichtigung der definierten *Trainingsmethoden* und notwendigen *Regenerationszeiten* gewährleistet sein.

Es zeigt sich jedoch immer wieder, daß ohne begleitende Kontrollen das abgestimmte Verhältnis von Trainingsumfang, Trainingsintensität und Trainingshäufigkeit selten getroffen wird. Dies trifft vor allem für den Hochleistungssport zu, wo im Grenzbereich der Leistungsfähigkeit trainiert werden muß.

Seitens der *Sportmedizin* gibt es nun verschiedene *Möglichkeiten, das Belastungsausmaß festzustellen. Biochemische* und *physiologische Kenngrößen* können darauf hinweisen, ob die Trainingsbelastung zu einer positiven oder fehlgesteuerten Anpassung führt. Bei der Auswahl der Meßgrößen ist zu berücksichtigen, daß Energie-, Baustoffwechsel und der neurovegetative (hormonelle) Bereich unmittelbar ineinandergreifen, was die Messung von Parametern aus den drei Bereichen erfordert. In der Hauptsache werden deshalb durchgeführt:

- ***Laktatmessungen,***
- ***Bestimmung von Harnstoff und Kreatinkinase bzw. Ammoniakmessung,***
- ***Hormonbestimmungen*** (Katecholamine, Testosteron, Kortisol),
- ***Elektrolytbestimmungen.***

Dem Trainierenden stehen aber auch einfachere – natürlich weniger genaue – Mittel für die *Selbstkontrolle* zur Verfügung:

- ***Beobachtung der Ruhe-Herzfrequenz,***
- ***Kontrolle des Körpergewichts und des Allgemeinbefindens.***

Glykogenschnelltest

Zur ***Feststellung der Muskelglykogenkonzentration*** nach einem Training haben Busse et al. (1987) aus der bekannten Laktatbestimmung mit Erstellung der Laktatleistungskurve einen Schnelltest für Glykogen entwickelt. Er kann eine Aussage bieten über den zeitlichen *Resyntheseablauf des Muskelglykogens,* was für die *Regenerationszeit zwischen den Trainingseinheiten* und in *Vorbereitung auf Wettkämpfe* wesentlich ist.

Wegen der individuellen Laktatcharakteristik ist die Durchführung von **2 Schnelltests zu Saisonbeginn** notwendig (Basistest). *Test 1* wird *nach einer bewußten Glykogenverarmung* durchgeführt, *Test 2* in einem zeitlichen Abstand von 2 Tagen *nach einer Kohlenhydratdiät.* Aus den Testergebnissen werden für spätere Vergleiche die beiden individuellen Laktatkurven erstellt. (Bezüglich der standardisierten Testbelastung auf einem Radergometer wird auf die Literaturquelle verwiesen.) *Zu gegebener Zeit* kann **1 Schnelltest nach dem standardisierten Verfahren** durchgeführt und die *Ergebnisse mit denen aus dem Basistest verglichen* werden. Abb. 70 (S. 196) zeigt beispielhaft, wie die Laktatleistungskurven voneinander abweichen können.

Bestimmung von Harnstoff und Kreatinkinase (CK) aus dem Blutserum

Die Parameter *Harnstoff* (als Endprodukt des Eiweißstoffwechsels) und *Kreatinkinase* (als Enzym des Kreatinphosphatstoffwechsels) können Aufschluß geben darüber, ob die vorangegangene ***Trainigsbelastung im Vergleich zur bestehenden Regenerationsfähigkeit*** zu hoch gewählt worden war.

Die Kreatinkinase kommt infolge der Permeabilitätsstörung (erhöhte Durchlässigkeit) der Muskelzellwand bei intensiven Beanspruchungen, der Harnstoff über den Belastungsstoffwechsel in das Blut. Als biochemische Parameter sind Harnstoff und CK nicht austauschbar. Die ***Harnstoffwerte*** weisen mehr ***auf den Belastungsumfang,*** die ***CK-Werte*** mehr ***auf die Belastungsintensität*** hin.

Ausdauerbelastungen von mehr als 30 Minuten Dauer führen mit Zunahme des Belastungsumfanges zu einem verstärkten Eiweißabbau und somit zu einer

Abbildung 70 Leistungslaktatkurven eines Sportlers nach zweitägiger Trainingspause und nach Glykogenverarmung (aus: BUSSE et al., 1987, 455).

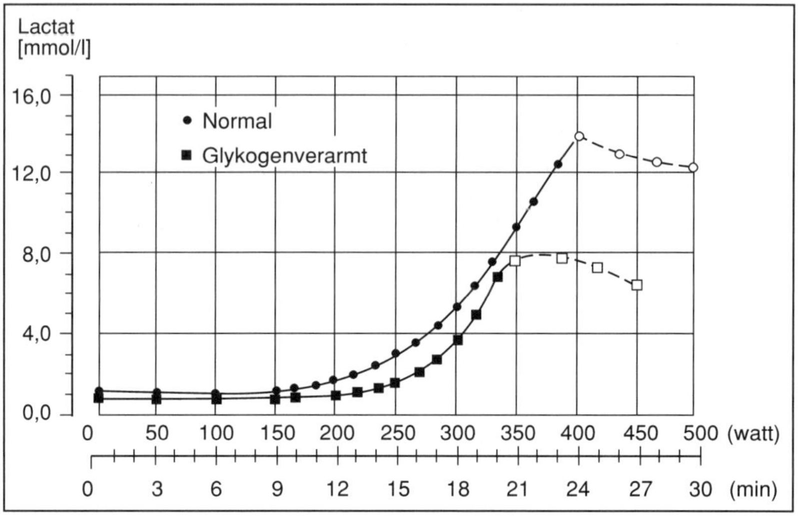

Harnstofferhöhung im Blut. Der erhöhte Spiegel kann als *Zeichen einer Glukoneogenese* wegen Glykogendefizit gelten, aber auch wegen eingeschränkter Harnstoffelimination (über die Nieren) und Wasserverlusten (Schweiß, Abatmung) hervorgerufen worden sein. Die Harnstoffwerte normalisieren sich erst nach Belastungsende (Tab. 74). Deshalb sind bei laufendem Training die morgendlichen Ausgangswerte meist erhöht. Der Harnstoff kann sich sogar auf ein höheres Niveau einpendeln. *Konstant hohe Werte von über 8–10 mmol/l (50–60 mg%)* über mehrere Tage hinweg (gemessen ca. 12–15 Stunden nach Belastung) können einen Leistungseinbruch andeuten. Dann sollte die Trainingsbelastung reduziert werden, bis die Serumharnstoffwerte bis auf 3–4 mmol/l abgesunken sind. Abb. 71 verdeutlicht den Harnstoffspiegelverlauf nach einer typischen LZA-Belastung.
Auch die *CK* zeigt bei Ausdauerbelastungen eine *deutliche Aktivitätserhöhung*

Tabelle 74 Verhalten von Harnstoff und Kreatinkinase (CK) nach 2 Stdn. Fahrradergometrie, einem 75-km-Lauf und einem 100-km-Lauf (nach CLASING/SIEGFRIED 1986).

	n	Ruhe	Nach Belastung	6 h	24 h	40/48 h	4/6 Tage
Harnstoff [mmol/l]							
2 h Ergometrie	40	6,11	7,84	8,70	7,81	6,26	–
75-km-Lauf	20	3,31	4,86	–	3,97	3,18	–
100-km-Lauf	11	7,49	11,32	–	8,99	–	–
CK [U/l]							
2 h Ergometrie	40	46,91	60,2	–	109,1	67,9	64,9
75-km-Lauf	16	25,3	423	–	411	224	32,0
100-km-Lauf	7	39,0	629,2	–	–	–	–

(Tab. 74). Der Gipfel liegt nicht direkt am Belastungsende vor, sondern Stunden später. Sind im Training die Werte nach der Nachtruhe laufend erhöht, kann mit einer zu intensiven Belastung gerechnet werden. Der Grenzwert des Normalbereichs liegt bei 80 U/l (Unities pro Liter Blut). Regelmäßige Erhöhungen bis 200 U/l können bei fortgesetztem Training noch als selbstverständlich betrachtet werden. *Ab 300 U/l* ist mit einer abnormen Zellwanddurchlässigkeit und so auch mit *strukturellen Veränderungen* zu rechnen. Dann ist die Trainingsbelastung unter weiteren Kontrollen zu reduzieren. Bei Marathon- und Ultra-LZA-Leistungen wurden auch schon CK-Erhöhungen auf über 500 U/l und in Einzelfällen bis über 1000 U/l festgestellt.

Katecholaminbestimmung

Aus den »biologischen Grundlagen« (S. 70) ist bekannt, daß sportliche Belastungen als psycho-physische Beanspruchungen in den Hormonhaushalt eingreifen und damit speziell einen Anstieg der Katecholamine, ***Adrenalin*** und ***Noradrenalin*** im Blut und im Urin bewirken.
Die Katecholamine können somit im Blutplasma und im Urin bestimmt werden. Die *Blutplasmakonzentrationen* zeigen in erster Linie die Aktivität des sympathischen Nervensystems an und haben Aussagekraft über die unmittelbar *vorausgegangene Belastung*. Wegen des schnellen Abbaus im Blut muß die Bestimmung sofort nach der Belastung erfolgen (Halbwertzeit der Katecholamine im Blut 3–4 Minuten).
Die *Katecholaminbestimmung im Urin* ist wegen der trägen Harnausscheidung nur für längere Belastungen (Mindestdauer ca. 20–30 Min.) aussagekräftig und hat Bedeutung bei der Feststellung der *basalen Katecholaminausschüttung* im Morgen-

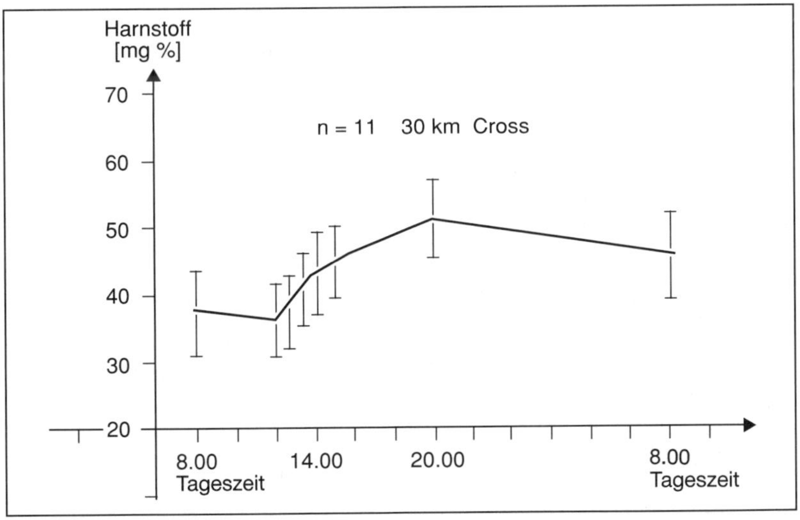

Abbildung 71
Nach langwährenden Belastungen kommt es zu einem deutlichen Anstieg des Harnstoffs sowie entsprechenden Abfällen der Aminosäuren, die sich häufig 24 Stunden nach Belastung noch nicht ausgeglichen haben (aus: KEUL et al. 1986, 66).

urin (nach der Nachtruhe). Nach LEHMANN et al. (1990, 1992) läßt sich anhand der basalen Ausschüttung die Anpassung des Organismus an die Trainingsbelastungen oder auch eine *Überlastung* mit Tendenz zu zentraler Ermüdung (Abfall der basalen Konzentration um 50% und mehr, besonders von Adrenalin) erkennen. *Körperliche* Anstrengungen erhöhen vor allem den *Noradrenalinspiegel, psychische* Belastungen vorwiegend den *Adrenalinspiegel.* ZIMMERMANN et al. (1985) fanden heraus, daß wesentliche Aussagen über die Art der Beanspruchung aus dem **Quotienten der Urinkonzentration von Noradrenalin und Adrenalin (N/A)** gemacht werden können. Der ***Quotient gibt Aufschluß über die psychische Belastung*** im Zusammenhang mit dem körperlichen Einsatz. *Hohe Quotienten* (N/A >3) deuten auf eine *»ruhige Ausgangslage«* vor einem Wettkampf oder geringen psychischen Streß bzw. geringe Motivation im Training hin. *Niedrige Quotientenwerte* zeigen *große Nervorsität* (vor dem Wettkampf) bzw. *hohen psychischen Einsatz* (Motivation) im Training (Abb. 72: wettkampfgemäßes Training guter Athleten) an.

Bei Ausdauerbelastungen verschiedener Intensitäten zeigen die Katecholamine ein unterschiedliches Verhalten: bei extensivem Training im ***AS-Bereich*** *steigt Noradrenalin mäßig,* Adrenalin unwesentlich an (Abb. 73). Bei Training ***an der IANS*** von längerer Dauer (über 30 Minuten) *steigen Noradrenalin und Adrenalin erhöht* an. Zu dicht gelegte Trainingseinheiten dieser Art können zur Überbeanspruchung des vegetativen Nervensystems (Übertraining) führen. Bei Belastungen im Bereich ***über der ANS*** (Tempoläufe nach der Wiederholungsmethode) sind *die stärksten Anstiege von beiden Hormonen* zu verzeichnen.

Abbildung 72
Das Katecholaminverhalten (Adrenalin A, Noradrenalin N) bei 400-m-Hürden-Nachwuchsläufern und einem Weltklasseathleten (oben) sowie Trainingswerte (gemessen nach dem Training) bei sehr guten und weniger guten Athleten (unten) (aus: ZIMMERMANN et al. 1985, 380).

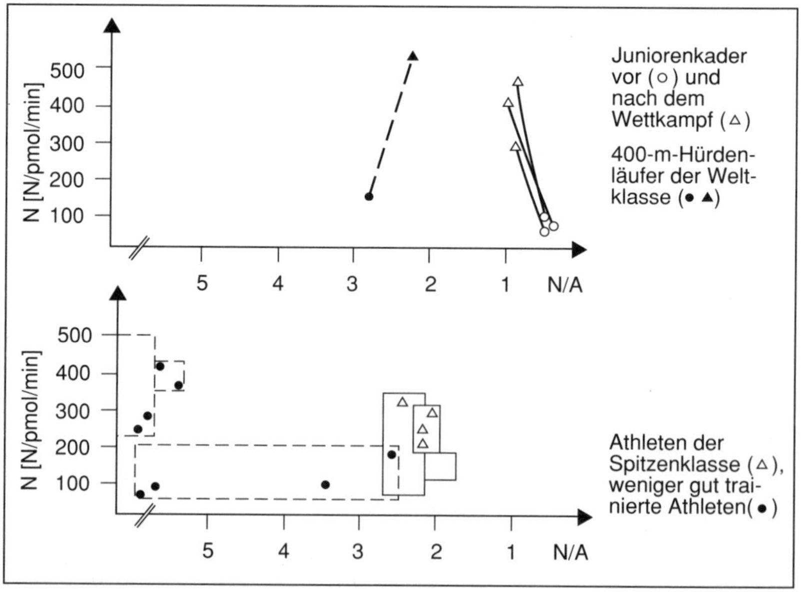

Blutammoniakbestimmung

In jüngster Zeit wird zum Zwecke der Trainingssteuerung die Ammoniakbestimmung im Blut diskutiert.
Ammoniak ist ein Produkt aus dem Proteinstoffwechsel (Aminosäureabbau) und dem Purin-Nukleotid-Zyklus (Teil des Energiestoffwechsels beim Abbau energiereicher Phosphate in der Muskelzelle). Es findet sich in Darm, Nieren, Leber, Nervensystem (Gehirn) und bei körperlicher Belastung im Skelettmuskel. Die *Muskelfasertypen* zeigen – in Analogie zur Laktatbildung – unterschiedlichen Ammoniakstoffwechsel (ST-Fasern geringer, FTO-Fasern mehr, FTG-Fasern am höchsten). Bei ansteigenden Konzentrationen im Blut durch anhaltende Muskeltätigkeit kann es auch zum Übertritt des Ammoniaks ins Gehirn und dort mit der steigenden Anreicherung zu einer *»Vergiftung« des Nervengewebes* kommen. Dies wird auch als Ursache für die sog. zentrale Ermüdung angesehen.
Während man zu Beginn der Ammoniakdiagnostik hoffte, einen Ersatz für die Laktatbestimmung zu erhalten (Bestimmungsmethode ist einfacher) und auch genauere Auskunft über den Fasertypeneinsatz bei Muskelarbeit zu bekommen, ist die heutige Ansicht folgende:

- Ammoniakbestimmung kann die Laktatmessung nicht ersetzen.
- Durch kombinierte Ammoniak- und Laktatmessung bzw. Ammoniak- und Harnstoffbestimmungen können wertvolle Zusatzinformationen über die Stoffwechselverhältnisse gewonnen werden.
- Man kann Erkenntnisse gewinnen über *Belastungsverträglichkeit* bzw. Überforderung durch das Training, hinsichtlich der mengenmäßigen *Veränderung der Energiebereitstellung* (in Richtung FFS- oder KH-Verbrennung), über die *Glykogenverarmung* der Arbeitsmuskulatur und man erhält zumindest Hinweise zur Beurteilung der *psychischen Beanspruchung* (LEHNERTZ 1986).

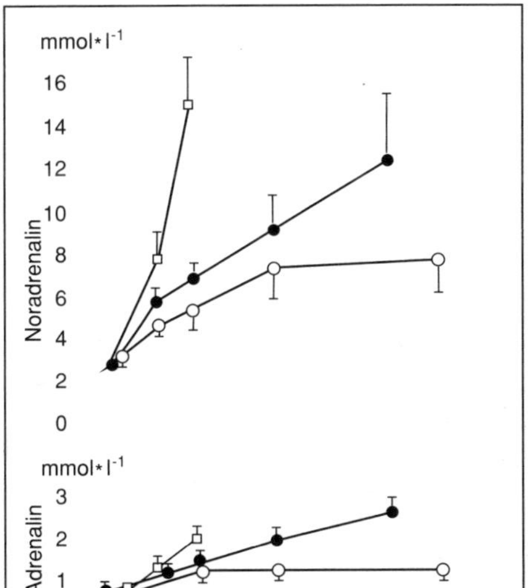

Abbildung 73 Verhalten von Noradrenalin (oben) und Adrenalin (unten) bei Ausdauerbelastungen unterschiedlicher Intensität: ○—○ extensive Ausdauerbelastung; ●—● intensive Ausdauerbelastung; □—□ Tempodauerbelastung (aus: KINDERMANN 1987, 1039).

Die **Bestimmungsmethode mit dem Ammoniak-Checker** (transportables Reflektometer mit digitaler Anzeige) ist wegen ihrer Unabhängigkeit vom Labor *gut für Feldtests* geeignet und kann sich auf eine *geringe Blutentnahme* aus dem Ohrläppchen (arterialisiertes Kapillarblut) stützen. Die *Messung kann sofort* erfolgen; in ca. 15 Minuten liegt das Ergebnis vor.
Es bestehen aber *auch grundsätzliche Bedenken gegen die Ammoniakbestimmung* und einige Nachteile der Checker-Methode (KINDERMANN 1988; HAGELOCH/WEICKER 1988). Die *Genauigkeit* der Ammoniakbestimmung ist *gering,* da die Streuungsbreite des Meßwertes bei 10% liegt (bei Laktatmessung im 4 mmol/l-Bereich bei 1%!). Ruhewerte sind deshalb unzuverlässig, Belastungswerte aus Ausdauerbelastungen haben größere Reliabilität. *Temperatureinflüsse* auf das Gerät (Sonneneinstrahlung, Winterkälte), soweit sie eine Abweichung von der empfohlenen Arbeitstemperatur (15–30 °C) bewirken, lassen Wertedifferenzen von +/− 12–15% zustandekommen. *Ammoniak im Schweiß* kann ebenfalls die Blutammoniakkonzentration verzerren. Blutentnahmestelle und Hände des tätigen Personals müssen deshalb schweißfrei sein.
Normwerte sind 16.6–47.3 µmol/l (Männer) bzw. 11.5–38.0 µmol/l (Frauen). Weiterreichende Informationen zur Blutammoniakbestimmung sind in o. g. Literatur zu finden.

Elektrolytbestimmung

Langanhaltende Ausdauerbelastungen in Training und Wettkampf bedingen auch Elektrolytverluste mit den bereits angesprochenen Folgen (S. 74f.). In erster Linie handelt es sich um Defizite von ***Kalium, Magnesium und Eisen.***
Kalium (K) tritt während der Belastung aus der Muskelzelle aus. Es erhöht sich der Blutkaliumspiegel trotz Verluste über Schweiß und Urin. Nach der Belastung sinkt der Kaliumspiegel im Blut wieder, da in der Muskelzelle ein hoher Bedarf (vor allem für die Glykogeneinlagerung) besteht. Die *Kaliumergänzung* wird sinnvollerweise *in der Regenerationsphase* durchgeführt (Obst, Säfte u. a.). Die Defizite lassen sich relativ schnell ausgleichen.
Kaliumverluste beeinträchtigen die *Erregbarkeit der Muskelzelle,* was sich als allgemeine Ermüdung äußert. Der Normbereich des Blutkaliums liegt bei 14,0–20,3 mg% (3,6–5,4 mmol/l); die *untere Grenze für Sportler* wird mit *15,6 mg% (4,0 mmol/l)* angeben.
Magnesium (Mg)-*Verluste* können mit umfangreichen *Schweißabsonderungen* so groß werden, daß in Verbindung mit erhöhter Mg-Aufnahme in den tätigen Organen der *Blut-Mg-Spiegel* deutlich absinkt und *innerhalb 24 Stunden oft nicht ausgeglichen* werden kann. Deshalb finden sich bei Ausdauersportlern mit hohem Trainingsumfang nicht selten deutlich erniedrigte Mg-Spiegel. In solchen Fällen sollte eine *prophylaktische Mg-Zufuhr* dazu dienen, die *Blut-Mg-Konzentration nie unter 2 mg%* sinken zu lassen. Bei einem Normalwert von 1,9–2,5 mg% (0,78–1,03 mmol/l) wird der *Optimalwert für Trainierende* mit *2,15–2,45 mg% (0,88–1,01 mmol/l)* angegeben. Damit können übergroße Verluste vermieden werden.
Mg-Verluste führen zu einer Störung der *Muskelerregbarkeit* in der Art, daß es zu

Krämpfen kommt. Auch die *Zellmembrandurchlässigkeit* für Enzyme (z. B. CK) wird größer. Daraus ist zu schließen, daß Mg-Substitution einen gewissen Schutzeffekt für die Muskelzelle bedeuten kann.
Der **Eisenbedarf** von Leistungssportlern, insbesondere von *Ausdauerleistern,* ist aus drei Gründen deutlich erhöht: Es liegen größere *Verluste über Schweiß und Nieren* vor, es kommt eine belastungsbedingte *eingeschränkte Resorption* (Aufnahme im Darm) hinzu und es entstehen *Defizite über unkontrollierte Blutverluste.* Letzteres ist der Fall durch die Monatsblutungen bei Sportlerinnen und durch die *»Läuferanämie«.* Hier handelt es sich um eine Hämoglobinverminderung durch mechanische Zerstörung roter Blutkörperchen im Fußsohlenbereich durch den Laufschritt. Zur Feststellung eines Eisenmangels müssen neben dem Serumeisen auch Transferrin (= Transportform) und Ferritin (= Speicherform) untersucht werden.
Eisenmangel kann – ohne und mit Anämie – verschiedene Auswirkungen haben (Tab. 75). Der Grenzwert des *Bluteisenspiegels ist bei 80 μg/100 ml* (Normalwerte 59–158 für Männer, 37–145 für Frauen). Dieser sollte nicht unterschritten werden. Der entsprechende *Hämoglobingehalt* wird mit *15 bzw. 14 g%* (Normalwert 14–18 für Männer, 12–16 für Frauen) angegeben.
Durch Versuche ist nachgewiesen, daß *Eisenpräparate bei Eisenmangel die sportliche Leistungsfähigkeit deutlich verbessern* (Keul et al. 1986).
Die Elektrolytbestimmung kann nur durch ärztliches Personal in Zusammenarbeit mit einem Labor durchgeführt werden. Trotzdem sollte bei Audauersportlern, insbesondere bei Läufern, zumindest in vierteljährlichen Abständen (vor allem Eisen) kontrolliert werden. Mit einer mehrwöchigen Eisensubstitution sollte nicht gezögert werden, sofern Anzeichen dafür gegeben sind.

Selbstkontrolle des Athleten

Neben den bisher erwähnten genaueren Kontrollmitteln der Sportmedizin hat der Sportler selbst auch Möglichkeiten der *Kontrolle, ob Belastung und Erholung in richtigem Verhältnis* zueinander stehen.
Eine gewisse Aussagekraft hat die **Feststellung des morgendlichen Ruhepulses**

Tabelle 75 Eisenmangel mit und ohne Anämie führt zu einer Einschränkung der Leistungsfähigkeit und zu subjektiven Beschwerden, die sich vor allem in Müdigkeit, Appetitlosigkeit, Muskelkrämpfen und vasomotorischen Störungen auswirken (nach Keul et al. 1986, 78).

Ohne Anämie		Mit Anämie
1. Verminderung der Arbeitsleistung		1. Reduktion der aeroben Kapazität Reduktion der Ausdauer
2. Vorzeitige Laktazidose		2. Laktazidose verstärkt
+	3. Müdigkeit	++
+	4. Appetitlosigkeit	++
+	5. Muskelkrämpfe	++
+	6. Vasomotorische Störungen	++

nach dem Aufwachen. Nur dieser absolute Ruhepuls stellt ein verläßliches Bezugskriterium dar. *Deutlich erhöhte Pulswerte (ca. 5–10 HF/min)* gegenüber dem üblichen Mittelwert können ein *Hinweis auf Überlastung bzw. zu geringe Regeneration* sein.
Auch die *tägliche Gewichtskontrolle* (immer zur gleichen Tageszeit) kann bei hohem Trainingsumfang helfen, Überlastungen oder auch überreiche Ernährung rechtzeitig aufzudecken. *Gewichtsdifferenzen von über 1 kg sind hier zu beachten.*
Die **Beobachtungen des Allgemeinbefindens,** die dann eventuelle Rückschlüsse auf Überlastungen oder gesundheitliche Probleme zulassen, sollten sich in erster Linie auf das *Schlafverhalten, körperliche Frische* am Morgen und das *Wohlbefinden vor und beim Training* richten.

Trainingsdokumentation

Zur Steuerung der Leistungsentwicklung reichen die bisher angesprochenen Mittel nicht aus. Nur durch einen *Vergleich mit dem realisierten Training* sind die Ergebnisse aus der Anwendung dieser Steuerungsmittel optimal zu verwerten.
Voraussetzung für die Auswertung der Ergebnisse ist die ***Datendokumentation***. Sie hat so zu erfolgen, daß neben *persönlichen Daten* (Name, Gewicht, subjektives Befinden usw.) die *Intensitätskategorien,* der *Trainingsumfang* (auch für die einzelnen Intensitätsstufen), die *Trainingsinhalte* und eventuell auch Trainingsformen über den geplanten Zeitraum übersichtlich aufscheinen.
Die Aufzeichnung der Trainingsdaten sichert ab, daß eine festgestellte *Leistungsveränderung auch hinsichtlich der benötigten Zeitspanne, der angewandten Trainingsinhalte und Trainingsmethoden* erklärbar wird.
Tab. 76 zeigt ein Beispiel (aus mehreren Möglichkeiten der Gestaltung) für eine *systematische* und *kategorisierte* Erfassung der Trainingsdaten. In dem Schema sind enthalten die Zeiten zu Trainingswoche, Trainingstagen und Trainingseinheiten (A; B), die Belastungszeiten in Minuten, Intensitätsstufen (hier 5 Stufen in Anlehnung an %HFmax), allgemeine und semispezifische Inhalte, Gefühlsskala für das subjektive Empfinden (von 1 = schlecht bis 5 = hervorragend), die Ausführung der geplanten Trainingseinheit (J = Ja, N = Abbruch), Kontrollwerte zu Ruhepuls, Gewicht und Schlaf.
Die *Auswertung* der aufgezeichneten Daten muß die *Kategorisierung* (Inhalte mit Belastungsintensitäten) fortsetzen und einen Überblick über die Umfangsverteilung *(Quantifizierung)* auf die einzelnen Kategorien ergeben. Die Auswertung kann per Hand geschehen und zu *tabellarischen* oder *graphischen* Übersichten führen. Eine Effektivierung geschieht heute bereits über *computergestützte Dokumentation* (Athleten oder Trainer) und *EDV-Auswertung.* Diesbezüglich wird auf die einschlägige Literatur verwiesen (Pölitz 1988, 407; Starischka 1988). Für eine optimale Nutzung der Trainingsprotokollierung und Auswertung ist wesentlich, daß bereits bei der Erstellung des Trainingsplans die Vorgaben auf die entsprechenden Kategorien abgestimmt sind.

Tabelle 76 Beispiel eines systematisch angelegten Trainingsprotokolls (Woche aus dem Sommertraining Skilanglauf) (nach SLEAMAKER 1991).

Tag	1		2		3		4		5		6		7		Gesamt
Woche ___ Zeit	A	B	A	B	A	B	A	B	A	B	A	B	A	B	
Datum	14.	6.	15.	6.	16.	6.	17.	6.	18.	6.	19.	6.	20.	6.	
Schnelligkeit															
Ausdauer				25			20			80	30				
Wettkampf/Tempo															
Intervall								25							
Überdistanz	90	120				74									
Hügel-Intervall												40	RUHE – ERSCHÖPFT		
Kraft			30				30				30				
Intensität (I–V)	I	I	I	II		I	II	IV		II	II	IV			
Radfahren										MTN Bike					
Wandern															
Rudern															
Skilanglauf	Roller Ski					Roller Ski									
Schwimmen															
Laufen															
Andere (K = Kraftprogramm)		Kanu	K				K				K				
Stretching	15		15				15	15			15	15			
Gefühl (1–5)	4	4	3	3		3,5	3	3		1	2	1			
Training beendet J/N	J	J	J	J		J	J	J		J	J	N	N		
Morgenpuls	42		41		44		45		52		54		48		
Morgengewicht	152		151		152		149		149		150		150		
Schlafstunden	7		8		6,5		6		6		9		8		

8 Ausdauertraining im Kindes- und Jugendalter

Zur Ausdauerleistungsfähigkeit und Trainierbarkeit der Ausdauer im Kindes- und Jugendalter liegen heute zahlreiche differenzierte Aussagen von berufener Seite (Sportmedizin) vor, so daß sich das *Bild über die Ausdauerbelastbarkeit* in diesen Altersstufen gegenüber früheren Jahren *geändert* hat: Während vorher meist vor Überbeanspruchung durch lange Belastungsdauern gewarnt wurde, wird heute das Problem der unangemessenen Ausdauerbelastungen entweder in der **Anwendung zu hoher Belastungsintensitäten** (bei kurzen Belastungszeiten) oder vor allem in der **allgemeinen Unterbeanspruchung** durch die Bewegungstätigkeiten des täglichen Lebens und des üblichen Schulsports gesehen.
Es ist mittlerweile bekannt, daß z. B. *Kinder und Jugendliche auf Ausdauerbelastungen hin dieselben Anpassungserscheinungen wie Erwachsene* zeigen (KÖHLER 1977, 606) und ausdauertrainierte Kinder relative Herzvolumina von ca. 15–18 ml/kg (CHRUSTSCHOW et al. 1975, 366) haben können, was den Größen von Sportherzen entspricht. Andererseits ist auch deutlich geworden, daß *Trainingsbelastungen mit ca. 50% der maximalen Leistungsfähigkeit* – auch bei ausreichendem Umfang – bei 8 bis 12jährigen Kindern *keine meßbare Verbesserung* der maximalen Sauerstoffaufnahme erzielen, sondern nur Leistungssteigerungen über eine optimierte Koordination mit sich bringen (KEUL et al. 1982, 264). Das ist selbst für gesundheitliche Bedürfnisse zu wenig.
Im folgenden wird auf die wesentlichen Aspekte der angesprochenen Thematik nur in einer knappen Übersicht eingegangen, da eine umfangreiche Literatur bereits vorliegt (siehe Literatur zu Kinder-/Jugendtraining).

Altersstufen

Aus Tab. 77 gehen die *biologischen Altersstufen* hervor, die im Rahmen des Kinder- und Jugendbereichs betrachtet werden sollen. Jede Entwicklungsstufe hat ihre biologischen Besonderheiten und Vorzüge hinsichtlich der Trainierbarkeit konditioneller und koordinativer Fähigkeiten.
Es ist aus der Altersstufencharakteristik bekannt, daß

- im **frühen Schulkindalter** günstige Voraussetzungen für den Erwerb *motorischer Fertigkeiten* und zur Verbesserung *koordinativer Fähigkeiten* gegeben sind,
- im **späten Schulkindalter** das beste Lernalter für das zielgerichtete *Üben sportlicher Grundtechniken* vorliegt,
- in der **Pubeszenz und Adoleszenz** wegen des Wachstumsschubs sehr günstig die *konditionellen Fähigkeiten* zu entwickeln sind.

Grundlagenausdauer (aerobe Ausdauer) ist in *allen Altersstufen trainierbar.* Die sensitive Phase (= Phase erhöhter Trainierbarkeit) fällt in die Pubeszenz (KOINZER 1981, 201).
Die **anaeroben Ausdauerfähigkeiten** nehmen in der Pubeszenz zu, werden aber *lohnend erst in der Adoleszenz* trainierbar.

Biologische Voraussetzungen zur aeroben Ausdauerleistungsfähigkeit

Es kann hier von überwiegend **günstigen Bedingungen** gesprochen werden, was sich durch folgende Tatsachen bestätigen läßt:

- Das **Herz-Kreislauf-System** reagiert auf Ausdauerbelastungen wie beim Erwachsenen. Die *Anpassung* geschieht allerdings *schneller.* 5 bis 12jährige erreichen bereits 30 Sekunden nach Beginn der Maximalbelastung ca. 50% der maximalen Sauerstoffaufnahme, während es bei Erwachsenen ca. 33% sind (KLIMT et al. 1975, 163).
- Sehr **hohe Belastungsherzfrequenzen** (200/min und darüber; Abb. 74, S. 206) sind *normal,* das bereits hohe Ruheherzfrequenzen vorliegen (8jährige ca. 90/min, 12jährige ca. 80/min, Erwachsene ca. 70/min). Dies hat Konsequenzen für die *trainingswirksamen Belastungsherzfrequenzen:* Für Kinder liegt das Minimum bei 150/min (Wirkung: Senken der Ruhefrequenz), Optimum bei 170/min (Wirkung: Verbesserung der maximalen Sauerstoffaufnahme) für Jugendliche bei 140/min bzw. 160/min (BLÖDORN/SCHMIDT 1977). Im allgemeinen ist jedoch bei Kindern die Belastungsintensität anhand der Belastungsherzfrequenzen schlecht feststellbar, da in der Herzfrequenzhöhe zwischen Trainierten und Untrainierten kaum Unterschiede feststellbar sind und bei hohen Frequenzen (Hf/min 170–180) mitunter noch erhebliche Intensitätssteigerungen möglich sind. Es ist sinnvoller, die *Belastungsintensität über die Fortbewegungsgeschwindigkeit* zu steuern.
- Die **relative Herzgröße** (körpergewichtsbezogen) ist wie bei Erwachsenen. Der *Normwert* untrainierter Kinder liegt bei *12 ml/kg;* Ausdauertrainierte verzeichnen Werte zwischen 14,9 und 18,1 ml/kg (CHRUSTSCHOW et al. 1975). Relative Herzgrößen ab 14 ml/kg werden als *Sportherzen* bezeichnet.

Tabelle 77 Einteilung der Entwicklungsstufen nach dem kalendarischen Alter.

Entwicklungsstufe		Kalendarisches Alter [Jahre]
Frühes Schulkindalter Spätes Schulkindalter	Kindesalter	6/7 bis 10 10 bis Eintritt der Pubertät (Mädchen 11/12; Jungen 12/13)
Erste puberale Phase (Pubeszenz) Zweite puberale Phase (Adolszenz)	Pubertät Jugendalter	Mädchen 11/12 bis 13/14 Jungen 12/13 bis 14/15 Mädchen 13/14 bis 17/18 Jungen 14/15 bis 18/19

Abbildung 74
Graphische Darstellung der Herzfrequenzen bei trainierten Schülern im frühen und späten Schulkindalter vor, während und nach einem 10-km-Lauf (BUSCHMANN 1986, 36).

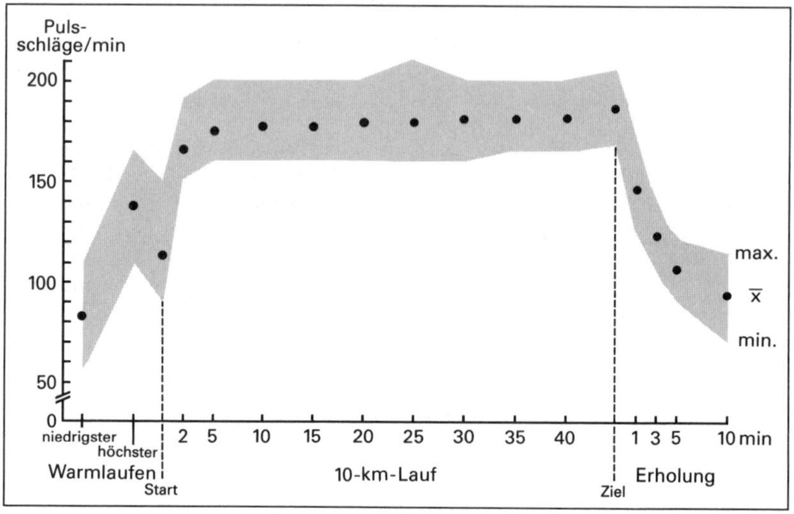

- Die **relative maximale Sauerstoffaufnahme** als Bruttokriterium für die Ausdauerleistungsfähigkeit hat für *untrainierte* Kinder ihren *Normwert bei 40–48 ml/kg/min. Ausdauertrainierte* Kinder weisen Werte *bis 60 ml/kg/min* auf. Dies entspricht Größen, die erwachsene Ausdauersportler von mittlerem Leistungsniveau haben.
- Die Meßwerte im Bereich der **anaeroben Schwelle** zeigen bei *sporttreibenden* Kindern eine Tendenz, *wie sie für trainierte Erwachsene typisch* ist: Das maximale Laktatgleichgewicht liegt unter 4 mmol/l (3,0 bis 3,5 mmol/l); es werden dabei ca. 80% der maximalen Sauerstoffaufnahme eingesetzt und Herzfrequenzen von 180–190/min verzeichnet. In der *Pubertät verschlechtern sich diese relativen Werte* (ca. 70% max. Sauerstoffaufnahme, 178 HF/min), was damit erklärt wird, daß die Körpermasse eine beschleunigteren Zuwachs erfährt als der weitere Anstieg der funktionellen Leistungskapazität durch Training (GAISL/BUCHBERGER 1986).
  Nach BUHL et al. (1982) liegt die prozentuale Nutzung der maximalen Sauerstoffaufnahme im *aerob-anaeroben Übergang* (Geschwindigkeit bei einer Laktatkonzentration von 3 mmol/l) bei Kindern bei 75%, bei erwachsenen Volkssportlern ebenfalls bei 75% und bei Hochleistungssportlern um 80%. Dieser aerob-anaerobe Übergangsbereich (3 mmol/l Laktat) wird von den Kindern (8 bis 10jährige) mit einer Laufgeschwindigkeit von durchschnittlich 11,5 km/h, von Volkssportlern mit 11,8 km/h und von Leistungssportlern mit 17,6 bis 19,4 km/h erreicht.
- Aus der Sicht des **Muskelstoffwechsels** liegen bei Kindern *gute Voraussetzungen für aerobe Leistungsfähigkeit* vor. Nach KEUL et al. (1982) und KOINZER (1987) kann aus dem festgestellten Verhältnis von Glyzerol zu freien Fettsäuren im Blut bei Kindern auf eine *höhere Oxidationsrate von freien Fettsäuren* als

bei Erwachsenen geschlossen werden. Dies scheint durch die noch nicht voll entwickelte glykolytische Kapazität bedingt zu sein und durch die vorliegende hormonelle Steuerung (Katecholamine, insbesondere Adrenalin, und Wachstumshormon STH).

- In der **Wärmeregulation** liegen auf kindlicher Seite *gewisse Nachteile* vor. Kinder haben eine *geringere Schweißsekretion* (Schweißdrüsen noch nicht voll entwickelt) und damit geringere Wärmeabfuhr über die wirkunsvolle Verdunstung. Für die bei Ausdauerbelastungen anfallende Wärme ist deshalb ein *vermehrter Bluttransport* zur Haut (Wärmeabstrahlung) und eine *verstärkte Atmung* (Abatmung von Wärme durch flache und schnelle Atemzüge) erforderlich. *Beides beeinträchtigt die Ausdauerleistungsfähigkeit bei Wärme.* Die Thermoregulation ist zwar auch trainierbar; es bleiben jedoch stets Defizite gegenüber Erwachsenen.

Biologische Voraussetzungen zur anaeroben Ausdauerleistungsfähigkeit

Die anaerobe Kapazität baut auf wesentlich **ungünstigeren Voraussetzungen** auf als die aerobe Kapazität, was im einzelnen auf folgende Tatsachen zurückzuführen ist:

- Der **Phosphatvorrat in der Muskelzelle** (= alaktazide anaerobe Kapazität) ist *geringer* als bei Erwachsenen. Dies bedeutet im Vergleich einen *früheren Rückgriff auf die glykolytische* (laktazide) *Energieproduktion.*
- Die **anaerobe Glykolyse,** d. h. die Fähigkeit zu hoher Laktatproduktion, ist wegen der *geringen Aktivität* (Menge) *ihres Schlüsselenzyms (PFK)* beeinträchtigt (KINDERMANN et al. 1978, 222). Erst in der Pubertät kommt es zu einem Anstieg. Es kann somit nicht ohne weiteres viel Laktat gebildet werden (4 bis 6jährige: 3–6 mmol, 6 bis 9jährige: 4–8 mmol, 15jährige: 6–14 mmol).
- Für eine gleich große Laktatmenge ist gegenüber den Erwachsenen eine *wesentlich höhere* **Katecholaminausschüttung** notwendig (10fach erhöhter Adrenalin- und Noradrenalinspiegel; LEHMANN et al. 1980, 230). Dieser hohe Streßhormonanstieg führt an die Grenze psychophysischer Belastbarkeit.
- Die **Laktateliminierung** ist gegenüber Erwachsenen *verzögert*, was sich als *eingeschränkte Erholungsfähigkeit* äußert. Nach KLIMT et al. (1973) waren z. B. bei 8 bis 9jährigen erst eine Stunde nach Ende eines 800-m-Laufs die Laktatwerte wieder auf dem Ausgangsniveau.
- Die **laktazide Kapazität** ist durch *mehrjähriges Training* auch bei Kindern *zu steigern* – allerdings wie im Erwachsenenbereich über *sportartspezifische* Ausbelastungen. Bei 9jährigen können dann Laktatwerte von 13 mmol/l im 50-m-Schwimmen und 16 mmol/l im 200-m-Lauf produziert werden (BORMANN et al. 1981). Derartige Werte sind mit Spitzenwerten von Erwachsenen (über 20 mmol/l) vergleichbar.

  Trotz dieser Möglichkeiten sind solche **anaerob-laktaziden Belastungen** aus vorher angeführten Gründen **nicht kindgemäß.**

Trainingsbelastungen

Hinsichtlich dieser Thematik ist zwischen **Schulsport** (Gesundheitssport) und **Vereinssport** (Leistungssport) zu differenzieren.

Zum Schulsport

Sowohl im *frühen wie auch späten Schulkindalter* gelten hier im Prinzip die gleichen Richtlinien:

- Gemäß dem Prinzip der Kindgemäßheit sind **aerobe Belastungen altersadäquat.** Anaerobe Belastungen sind möglichst zu vermeiden. Ein **umfangsbetontes** Ausdauertraining hat vor einem intentitätsbetonten zu stehen.
- Das primäre Ziel ist, eine ca. **20minütige Dauerbelastung** durchhalten zu können. Eine Hinführung dazu geschieht über **Minutenbelastungen,** die von 5 Minuten an jeweils eine ca. 10%ige Steigerung (in jeder 2. bis 3. Übungsstunde) erfahren können. Dann erst sollten Intensitätserhöhungen stattfinden. REISS (in DEMETER, 1981, 72) stellt z. B. folgende Bedingungen für die Übungsdauer im Laufen zur Verbesserung der aeroben Kapazität auf:

6 bis 7jährige	7 Minuten
8 bis 9jährige	10 Minuten
10 bis 11jährige	12–15 Minuten
12 bis 13jährige	15–18 Minuten
14 bis 15jährige	18–20 Minuten
16 bis 17jährige	20–25 Minuten

- Die für gesundheitliche Wirkungen notwendige Bruttobelastungszeit pro Woche von 60 Minuten (für Erwachsene) kann wegen der besseren Trainierbarkeit der Kinder auf **45 Minuten pro Woche** herabgesetzt werden. Es ist jedoch eine minimale Trainingshäufigkeit von **zweimal pro Woche** notwendig, um außer der Koordinationsverbesserung tatsächlich Änderungen im Organismus zu erzielen. Das Optimum der Trainingshäufigkeit liegt bei 3 bis 4mal pro Woche (also dreimal 15 Minuten oder viermal ca. 12 Minuten).
- Bei zweimaligem Training pro Woche ist für eine signifikante Senkung der Ruhefrequenz und **Ökonomisierung des Herz-Kreislauf-Systems** mit einer Zeitspanne von **4–5 Wochen** (also 8–10 Trainingseinheiten) zu rechnen (HOLLMANN/HETTINGER, 1980).
  Weitere kardiovaskuläre (= Herz und Gefäßsystem betreffende) Änderungen, die zu einer **Steigerung der maximalen Sauerstoffaufnahme** führen, sind frühestens nach **ca. 10 Wochen** (ca. 20 Trainingseinheiten), im allgemeinen nach 4–6 Monaten zu erwarten.
- Die trainingswirksame **Belastungsintensität** für das gesundheitsorientierte Grundlagenausdauertraining ist **leicht bis mittel** (ca. 50–70% der maximalen Herz-Kreislauf-Auslastung). Das entspräche im Kindesalter Herzfrequenzen von etwa 150–170/Minute. Da sich – wie schon erwähnt – eine Intensitätssteuerung über die Herzfrequenz bei Kindern als sehr schwierig erweist, ist eine

Geschwindigkeitsvorgabe (durch den Lehrer oder einen Schüler) für die individuelle Auslastung günstiger. Hinsichtlich des leichtathletischen Laufs macht BUSCHMANN (1986, 57) altersstufengemäße Geschwindigkeitsvorschläge, die als Orientierungswerte gelten können (Tab. 78). Für diese Art der Intensitätssteuerung ist allerdings ein gutes Tempogefühl des Führenden erforderlich, was ohne längere Lauferfahrung meist nicht gegeben ist.
Es bleibt letztlich in der anfänglichen Ausdauertrainingspraxis nur die **indirekte Steuerung über die Atmung:** »Es wird so gelaufen, daß man sich mit den Mitläufern *noch in zusammenhängenden Sätzen unterhalten* kann und dabei nicht in Atemnot gerät!« Damit ist immerhin eine Überschreitung der oberen Belastungsintensität zu vermeiden.

- Geeignete Trainingsmethoden sind die **Varianten der Dauermethode** (Geländelauf, Waldlauf, Crosslauf, Hindernislauf, Fahrtspiel, Orientierungslauf in kindgemäßer Ausführung) und **intervallartige Belastungen** (kleine Spiele, kleine Mannschaftsspiele, Staffeln), soweit bei letzteren durch entsprechende Abstimmung von Belastungsdauer, Belastungsintensität und Pausendauer der Eingriff in die anaerobe Kapazität weitgehend vermieden wird. Der wesentliche Grundsatz innerhalb der Trainingsmethodik hier ist der laufende **Wechsel der Trainingsmethoden und auch der Trainingsinhalte.** Neben dem Lauf sollte auch – soweit es der organisatorische Rahmen zuläßt – z. B. *Radfahren, Rollschuhlaufen, Bergwandern, Schwimmen, Rudern, Paddeln, Skilanglaufen und Eisschnellaufen* miteinbezogen werden. Eine positive Einstellung zum Ausdauersport ist nur zu erreichen bzw. zu erhalten, wenn das Training abwechselungsreich ist. Tab. 79, S. 210 führt einige Beispiele des kindgemäßen Ausdauertrainings an. Eine umfangreiche Sammlung von Trainingsformen ist bei BUSCHMANN (1986, 90–115) zu finden.

Tabelle 78 Vorschläge zur altersstufengemäßen Belastungsintensität anhand der Laufgeschwindigkeit (km/h) für 12- bzw. 30minütige Belastungsdauer (modifiziert nach BUSCHMANN 1986, 57).

	12-Minuten-Lauf		30-Minuten-Lauf	
Alter (Jahre)	Jungen	Mädchen	Jungen	Mädchen
7	8–10,5		8–9	
8	10,75	10	9,75	9,25
9	11	10	10	9,75
10	11,5	10,5	10,5	9,75
11	11,75	10,5	10,75	10
12	11,75	10,75	11	10
13	12,25	11	11,5	10,5
14	12,5	11,5	11,75	10,75
15	12,5	11,75	12,25	10,75
16	13,0	11,75	12,5	10,75

Tabelle 79 Beispiele kindgemäßer Ausdauertrainingsformen.

Nach Dauerprinzip	Nach Intervallprinzip
– Minutenläufe (wer kann 1, 2, 3 usw. Minuten ohne Pause laufen?), – Minutenläufe nach Pyramidensystem (1-2-3-2-1 min), – Ausdauerschein I, II, III (5, 10, 15 min kontinuierliches Laufen), – Dreiecksläufe (Abb. 75) mit der Vorgabe, daß die Eckpunkte zu bestimmten Zeiten (z. B. Pfiff) erreicht werden sollen (Hinführung zu gleichmäßigem Lauftempo). – Laufen im Irrgarten: In möglichst unübersichtlichem Gelände wird unter Aufgabenstellung der Wegsuche laut Markierungen eine möglichst lange Strecke zurückgelegt. – Partnerlauf mit Fahrradbegleitung: Nach gewissen Belastungsdauern wird zwischen Laufen und Radfahren gewechselt.	– Kleine Spiele wie Schwarz-Weiß, Nummernwettlauf, Schwarzer Mann. – Staffeln: Pendelstaffeln, Umkehrstaffeln, Endlos-Rundenstaffeln (mit Zusatzaufgaben hinsichtlich Fortbewegungsart und Transport von Gegenständen). – Kleine Mannschaftsspiele wie Rollball, Sitzball, Raufball. – Sportspiele wie Handball, Basketball, Fußball, Hockey mit entsprechender Spielfeld- oder Regeländerung. – Figurenlaufen: Vorgezeichnete Figuren oder Zahlen (mit Spielfeldmarkierungsmaschine) werden längs ihrer Umrisse durchlaufen.

Abbildung 75 Beispiel für die Anlage eines Dreieckslaufs mit vorgegebenen Laufzeiten.

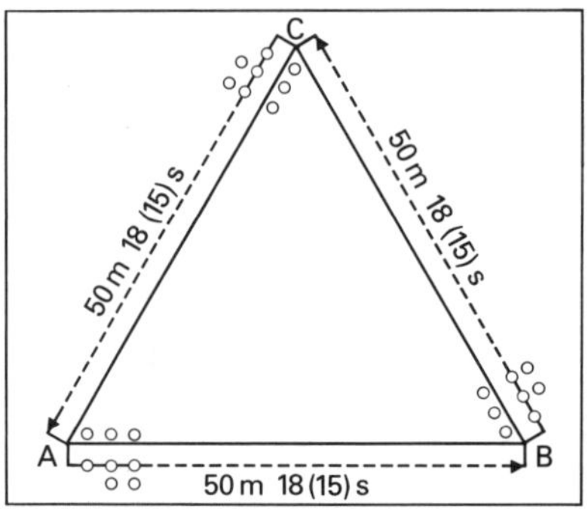

■ Wenn schulsportinterne Gründe (z. B. Sportstundenzahl und Stundenverteilung, Sportstättenlage, weitere Lernziele gemäß Lehrplan) nicht immer die aus biologischer Sicht notwendige regelmäßige Durchführung eines Ausdauertrainings gestatten, sollte auf ein »**periodisiertes Ausdauertraining**« ausgewichen werden. Darunter ist die *konzentrierte, vorrangige Durchführung von Ausdauertrainingseinheiten (2 bis 3mal pro Woche) über eine Zeitspanne von 4–6 Wochen* zu verstehen. Auf diese Art und Weise läßt sich die Ausdauer deutlich verbessern. Die Leistungsfähigkeit geht im Kindesalter auch nicht wieder verloren, da in den folgenden Schulsportperioden mit anderen Zielsetzungen (z. B. Koordination, Schnelligkeit) Spiele und das sonstige Konditionstraining zum Erhalt des erreichten Ausdauerniveaus dienen können. Zwei derartige »Ausdauertrainingsperioden« in einem Schuljahr sind weit wirkungsvoller als punktuell über größere Zeitspannen verteilte Ausdauerstunden. Letztere sind praktisch im Hinblick auf eine Verbesserung wirkungslos.

In der *Pubertät* (vor allem in der ersten puberalen Phase) liegen einerseits reifungsbedingt die besten Voraussetzungen für die Entwicklung aerober Ausdauerfähigkeiten vor, andererseits geht aber auch ohne entsprechende Belastungsreize die natürliche Ausdauerfähigkeit zurück. In diesem Alter fehlt es auch meist an der entsprechenden Motivation für die monotonen Belastungen des Ausdauertrainings. Daraus erwachsen im Rahmen des Schulsports gewisse Probleme für die Durchführung eines wirkungsvollen Ausdauertrainings.

- Als Trainingsmethoden kommen hier vorrangig die **variable Dauermethode** (Fahrtspiel, Tempowechsellauf, Hindernislauf) und zunehmend auch die **extensive und intensive Intervallmethode** zur Anwendung. Bei den Intervallmethoden dient die extensive Variante zusammen mit mittleren Belastungsintensitäten noch überwiegend der Förderung aerober Kapazität (vor allem Herzleistung), die intensive Variante mit submaximalen Intensitäten und Kurzzeitintervallen der Entwicklung der anaeroben Fähigkeit (vor allem der anaerob-laktaziden Energieproduktion, weniger der Laktattoleranz).
- Trainingsinhalte und Trainingsformen sind nicht wesentlich anders als im Kindesalter. Altersstufengemäß sollte der Schwerpunkt auf **Geländeläufen, Partnerlaufen mit Fahrrad,** Ausdauermehrkämpfen (z. B. Laufen + Radfahren, Rudern + Schwimmen) bzw. Endlosstaffeln (z. B. drei Läufer auf eine Bahnrunde verteilt), Hügelläufen und **großen Spielen** (Fußball, Feldhandball, Basketball mit erweitertem Spielfeld) liegen.
- Da in diesem Alter ohne gezielte Belastung die Rückbildung erworbener konditioneller Fähigkeiten relativ schnell vor sich geht, stellt ein »periodisiertes Ausdauertraining« wie im Kindesalter nicht die gekonnte Lösung für den Schulsportunterricht dar. Eine **Steigerung der Ausdauerfähigkeit ist nur bei mindestens 2 bis 3maliger Belastung pro Woche** (von je 30 bzw. 20 Minuten effektiver Dauer) zu erwarten. Der Erhalt eines erworbenen gesundheitlichen Ausdauerminimums kann bestenfalls über eine Sportstunde mit konzentrierter Ausdauerschulung und einer weiteren Stunde mit Spielen erreicht werden. Für die Schulsportpraxis bedeutet dies, daß die Schüler/innen in diesem Alter zur **Selbstbetätigung in der Freizeit** (wenigstens einmal pro Woche) angeregt werden müssen oder ihnen im Rahmen von Neigungs- und Leistungsgruppen Gelegenheit für ausreichendes regelmäßiges Training zu geben ist.
- Im Rahmen schulsportlichen Ausdauertrainings ist die **Bedeutung von Ausdauerwettkämpfen** für die Motivation zum Training nicht zu unterschätzen. Dies trifft sowohl für das Kindes- als auch für das Jugendalter zu. Es bieten sich Möglichkeiten innerhalb der Neigungsgruppen (z. B. Waldlaufserie über mehrere Termine mit einer Gesamtwertung), zwischen den Schulklassen oder Jahrgangsstufen (z. B. Staffelwettbewerbe mit jeweils einer ersten, zweiten, dritten usw. Mannschaft oder Mannschaftswertung mit allen Klassenangehörigen) und auf gesamtschulischer Ebene (Schulmeisterschaften in verschiedenen Ausdauerdisziplinen) an.

- Auf **Leistungskontrollen** kann im Rahmen des Schulsports nicht verzichtet werden. Um Kinder und Jugendliche im Ausdauertraining einerseits differenziert und individuell optimal belasten zu können und andererseits den Leistungsfortschritt feststellen zu können, ist das Messen der Ausdauerleistungsfähigkeit mittels Test zu gewissen Zeiten unumgänglich. Aus den vielen Testverfahren eignen sich dazu am besten der **Cooper-12-Minuten-Test** oder der **15-Minuten-Lauftest** (nach PAHLKE/PETERS 1979). In beiden Testverfahren ist in der vorgegebenen Zeit (12 bzw. 15 Minuten) durch Laufen bzw. Gehen die möglichst größte Strecke zurückzulegen. Anhand der erarbeiteten Leistungstabellen (Tab. 80) kann aufgrund der absolvierten Strecke der Ausdauerzustand des einzelnen Schülers eingestuft werden. Kürzere Testzeiten bzw. Teststrecken sind für die Erfassung der aeroben Leistungsfähigkeit ungeeignet, da die anaerobe Leistungsfähigkeit mit abnehmender Belastungszeit immer mehr von Bedeutung wird. Dies ist auch der Grund dafür, daß im Kindesalter Laufstrecken von 600–1200 Meter nicht als adäquate Teststrecken geeignet sind. Unter der Aufgabenstellung, möglichst schnell zu sein, wird dabei genau das provoziert, was den Kindern entwicklungsbedingt noch fehlt (anaerobe Energiebereitstellung).

Tabelle 80 Leistungsbewertung nach Cooper-Test für Kinder und Jugendliche. (Für Mädchen gelten jeweils 200 m weniger.)

	Jahre									
Kondition	7	8	9	10	11	12	13	14	15	16
ausgezeichnet	2600	2650	2700	2750	2800	2850	2900	2950	3000	3050
sehr gut	2400	2450	2500	2550	2600	2650	2700	2750	2800	2850
gut	2000	2050	2100	2150	2200	2250	2300	2350	2400	2450
befriedigend	1600	1650	1700	1750	1800	1850	1900	1950	2000	2050
mangelhaft	1000	1050	1100	1150	1200	1250	1300	1350	1400	1450

Zum Vereinssport

Das *frühe und späte Schulkindalter* (8.–12. Lebensjahr) ist für die meisten Ausdauerdisziplinen die Trainingsstufe des **Grundlagentrainings.** Eine Ausnahme bildet der Schwimmsport. Dort wird zum Ende dieser Altersstufe bereits mit wesentlich höheren Trainingsumfängen gearbeitet, was der Stufe des Aufbautrainings entspricht.

Bezüglich des Laufens lassen sich für ein altersangepaßtes Ausdauertraining folgende Leitlinien herausstellen (BUSCHMANN 1986):

- Der **Trainingsumfang beträgt ca. 5–6 Stunden pro Woche** (= ca. 30–50 km; Tab. 81), die **Intensität** ist überwiegend **mittel bis submaximal** (kontinuierliche extensive Dauermethode, variable Dauermethode). Gelegentlich wird auch die maximale aerobe Kapazität (intensive Dauermethode, Wiederholungsmethode mit Tempoläufen) gefordert. Letzteres ist in überlegter Anwendung zur optimalen Ausbildung des Herz-Kreislauf-Systems notwendig. Die entstehenden Laktatwerte liegen dabei etwas über der anaeroben Schwelle (ca. 5–6 mmol/l).

- Das **Grundlagentraining** ist bereits zu **periodisieren** (Einteilung des Trainingsjahres), und zwar in der Art, daß die Witterungsverhältnisse (Winter) und die Schulferien maßgebend für die Übergangsperioden zwischen den Trainings- und Wettkampfblöcken sind (Abb. 76). Die Wettkämpfe sind in erster Linie ein Trainingsmittel (Mittel zum Zweck), weshalb Training und Wettkämpfe über die ganzen »Wettkampfperioden« hinweg parallel durchgeführt werden.
- Für die Leistungsüberprüfung am **Ende des Grundlagentrainings** (12jährige) schlägt Buschmann (1986, 66) **Normwerte** für verschiedene Laufstrecken vor (Tab. 82).

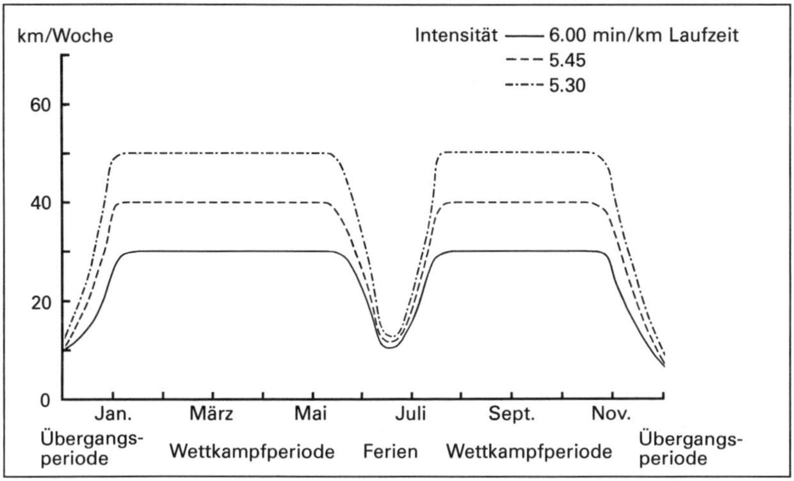

Abbildung 76 Periodisierungsschema für Langstreckenläufer im Grundlagentraining (8–12 Jahre).

Tabelle 81 Umfang und Intensität im Grundlagentraining (Übersicht).

Alter	TE/Woche	Umfang	Intensität	Verhältnis aerob/anaerob
8	4	30 km	6:00 min/km (= 2,7 m/s)	6:1
9/10	4	40 km	5:45 min/km (= 2,9 m/s)	6:1
11/12	4	50 km	5:30 min/km (= 3,1 m/s)	6:1

Tabelle 82 Leistungsüberprüfung am Ende des Grundlagentrainings.

	Jungen	Mädchen
100 m	15,0 s	15,4 s
800 m	2:30– 2:35 min	2:45– 2:50 min
1 000 m	3:05– 3:10 min	3:15– 3:20 min
3 000 m	10:30–10:45 min	11:30–11:45 min
10 000 m	unter 40 min	40– 42 min
Halbmarathon	1 h 35–1 h 45 min	1 h 40–1 h 50 min

In die *Pubertät* (ca. 13.–17. Lebensjahr) fällt im allgemeinen die Stufe des **Aufbautrainings,** das selbst in zwei Phasen gegliedert werden kann. Unter der Voraussetzung, daß ein Grundlagentraining vorausgegangen ist, können folgende Richtlinien für die Trainingsbelastungen (im Laufen) angegeben werden:

- Der **Trainigsumfang** steigt in der ersten Phase (13./14. Lebensjahr) auf **6–7 Stunden pro Woche** (= ca. 60 km Laufstrecke; Tab. 83). Von den **5 Trainingseinheiten** sollte eine mit zweistündiger Dauer durchgeführt werden, was der weiteren Ausbildung der aeroben Kapazität zugutekommt. Die **Belastungsintensität steigt** im Durchschnitt **an,** da sowohl bei der *Dauermethode (submaximale Intensitäten)* wie auch bei der *Intervallmethode (submaximale bis maximale Intensitäten)* jeweils die intensive Variante einen vermehrten Einsatz erfährt. Der Anteil der vorrangig anaeroben Belastungen steigt damit auf ca. 20% des Gesamttrainings an.
- In der zweiten Phase des Aufbautrainings (15./16. Lebensjahr) liegt der **Trainingsumfang bei ca. 8–9 Stunden pro Woche** (= ca. 80 km; Tab. 83). Von den **6 Trainingseinheiten** sind eine mit zweistündiger Dauer und wenigstens weitere zwei mit 90minütiger Dauer durchzuführen. Die durchschnittliche Belastungsintensität erfährt keine weitere Steigerung. Die in der ersten Phase erhöhte Intensität wird vielmehr umfangsbetonter durchgeführt. Der Anteil der anaeroben Belastungen wächst auf ca. 25% (Tab. 83).

Tabelle 83 Umfang und Intensität im Aufbautraining.

Alter	TE/Woche	Umfang	Intensität	Verhältnis aerob/anaerob
13/14	5 (1 × 2 h)	60 km	5 min/km (= 3,3 m/s)	4/5:1
15/16	6 (1 × 2 h)	80 km	5 min/km (= 3,3 m/s)	4:1

- Die **Jahresperiodisierung im Aufbautraining** geschieht prinzipiell nach den gleichen Gesichtspunkten wie im Grundlagentraining. In der Wettkampfperiode zwischen März und Juli wird allerdings bei gleichbleibendem Umfang die Intensität im Hinblick auf einige wenige Wettkämpfe, die als Meisterschaftswettbewerbe bestritten werden, etwas gesteigert. Ansonsten haben die zahlreichen **Wettkämpfe** (ca. 15–20 pro Jahr) nach wie vor den **Charakter von Trainingswettkämpfen** zu behalten. Anderenfalls würde die Vielzahl eine deutliche psychophysische Überforderung darstellen.

Mit einer *tabellarischen Übersicht* (Tab. 84) wird abschließend nochmals auf die unterschiedliche und notwendige **altersstufengemäße Belastung** im Rahmen des **Schul- und Leistungssports** hingewiesen.
Nach dem Aufbautraining (am Ende der zweiten puberalen Phase) beginnt das **Leistungstraining** mit einer gewissen Strecken- bzw. Disziplinspezialisierung. Für diese Trainingsstufe gelten dann die *Gesichtspunkte des Erwachsenentrainings.*

Tabelle 84 Übersicht zur altersstufengemäßen Belastung im Schul- und Leistungssport.

Alterstufe	Schulsport	Vereins-(Leistungs-)Sport	
Frühes Schul- kindalter 6.–9. LJ	»periodisiertes Ausdauertraining« 4–6 Wochen; Umfang: 45 min/Woche (9–10 km) Intensität: leicht (50–60%)		
Spätes Schul- kindalter 10.–11./12. LJ	»periodisiertes Ausdauertraining« 4–6 Wochen; Umfang: 60 min/Woche (12–14 km) Intensität: mittel (60–75%)	8.–12. LJ Grund- lagen- training	Umfang: 5–6 Stdn./Woche (30–50 km) Intensität: mittel–submaximal v = 6–5½ min/1000 m Periodisierung: nach Ferien und Winterpause
1. puberale Phase ♂ 13.–15. LJ ♀ 12.–14. LJ	regelmäßiger Unterricht (2–3 TE) Umfang: 60 min/Woche (Neigungsgruppen, Eigentätigkeit) Intensität: mittel (60–75%)	13.–14. LJ Aufbau- training	Umfang: 6–7 Stdn./Woche 60–70 km; 5 TE Intensität: mittel–submaximal v = 5 min/1000 m
2. puberale Phase ♂ 15.–18. LJ ♀ 14.–17. LJ		15.–16. LJ	Umfang: 7–8 Stdn./Woche Intensität: mittel–submaximal v = 5 min/1000 m Periodisierung: nach Ferien und Winterpause

Literatur

ÅSTRAND, P. O.; K. RODAHL: Textbook of Work Physiology. New York 1977.

AUTORENKOLLEKTIV: Sportpolitische und trainingswissenschaftliche Grundlagen für den Übungsleiter. Theorie und Praxis der KK, Beiheft 1 (1982).

AUTORENKOLLEKTIV: Zur Ausbildung von Ausdauer und Technik im Nachwuchstraining. Theorie und Praxis der KK 7 (1974), 612f.

BACHL, N.: Stellenwert anaerober Belastungsverfahren unter Labor- und Feldbedingungen. In: RIECKERT, H. (Hrsg.): Sportmedizin-Kursbestimmung Berlin 1987.

BADTKE, G. et al. (Autorenkollektiv): Sportmedizinische Grundlagen der Körpererziehung und des sportlichen Trainings. Leipzig 1987.

BARTEL, W.: Ausgewählte Probleme der Trainingsgestaltung im Freizeit- und Erholungssport der Werktätigen unter dem Aspekt der Betonung des Ausdauerlaufs. Theorie und Praxis der KK 1 (1979), 55–57.

BATALOV, A. G.: Zur Normierung der Belastungsintensität im Training der Skilangläufer. Leistungssport 19 (1989), 1, 51f.

BAUERSFELD, K.; G. SCHRÖTER: Grundlagen der Leichtathletik. Berlin-Ost 1980.

BAUMGARTL, P.: Laktatfeldtests im Leistungssport. Öst. J. Sportmed. Sonderheft 1987 März.

BENSON, R.: The art and science of swim choaching. Swimming Technique May/July 1984, 25.

BENZI, G.; E. ARRIGONI; E. MERLATI: Zur Bedeutung enzymatischer Veränderungen in den Mitochondrien durch Ausdauertraining. Leistungssport 1 (1976), 55–57.

BERGH, U. et al.: Maximal oxygen uptake and muscle fiber types in trained and untrained humans. Med. and Scie. in Sports 3 (1978), 151–154.

BERGH, U.; I. L. KANSTRUP; B. EKBOLM: Maximal oxygen uptake during exercise with various combinations of arm and leg work. J. appl. Physiol. 41 (1976), 191.

BERNETT, P.; F. ZINTL: Bergmedizin – Ernährung – Training (Alpin-Lehrplan 7 des DAV), München 1987.

BLÖDORN, M.; P. SCHMIDT: Trablaufen. Training, Technik, Taktik. Reinbek 1977.

BÖHMER, D.: Die Beurteilung von Leistungsfähigkeit und Trainingszustand im Blutserum. Sportarzt und Sportmedizin 1 (1972), 6–8.

BÖHMER, D. et al.: Das sportmedizinische Untersuchungssystem. Beiheft zum Leistungssport (1975).

BÖHMER, D. et al.: Sollwerte zur Beurteilung der Dauerleistungsfähigkeit von Hochleistungssportlern unter besonderer Berücksichtigung des Körpergewichts und der Sportart bzw. -disziplin. Leistungssport 11 (1981) 4, 260–264.

BORMANN, T.; U. PAHLKE; H. PETERS: Blutlaktatkonzentrationen nach Wettkampfbelastungen im Schwimmen und Laufen bei 9jährigen Kindern. Medizin und Sport 21 (1981), 198–201.

BOYD, A. et al.: Lactate inhibition of lipolysis in exercising man. Metabolism (1974), 531–542.

BRAUMANN, K.; M. BUSSE; N. MAASSEN: Zur Interpretation von Laktat-Leistungskurven. Leistungssport 4 (1987, 35.

BREMER, D.: Aktuelle Tendenzen im Triathlontraining. Leistungssport (1990) 1, 40.

BÜHRLE, M. (Hrsg.): Grundlagen des Maximalkraft- und Schnellkrafttrainings. Schorndorf 1985.

BUENO, M.: Die anaerobe Schwelle. Leistungssport 20 (1990), 1, 13 ff.

BUHL, H.; R. HÄCKER; D. APPELT: Adaptationsmechanismen im aerob-anaeroben Übergangsbereich bei Kindern und Jugendlichen im Vergleich zu hochtrainierten Sportlern. Medizin und Sport 22 (1982) 2/3, 40–43.

BUSCHMANN, J.: Ausdauertraining für Kinder. Aachen 1986.

BUSKIES, W.; G. KLÄGER; H. RIEDEL: Möglichkeiten zur Steuerung der Belastungsintensität für ein breitensportlich orientiertes Laufausdauertraining. Dt. Zschr. f. Sportmedizin (1992), 6, 248 ff.

BUSSE, M. et al.: Neuorientierung in der Laktatdiagnostik: Laktat als Glykogenindikator. Leistungssport 5 (1987), 33.

BUSSE, M.; N. MAASSEN; D. BÖNING: Die Leistungslaktatkurve – Kriterium der aeroben Kapazität oder Indiz für das Muskelglykogen? In: RIECKERT, H. (Hrsg.): Sportmedizin-Kursbestimmung Berlin 1987.

CAI DA YU; P. NOWACKI; S. SCHÜLKE: Vergleichende Untersuchung über den Wert der sportartspezifischen Leistungsdiagnostik im Feldtest und im Labor bei Skilangläufern der deutschen Spitzenklasse. In: RIECKERT, H. (Hrsg.): Sportmedizin-Kursbestimmung Berlin 1987.

CARL, K.: Training und Trainingslehre in Deutschland. Schorndorf 1983.

CARL, K.; M. GROSSER: Trainingssteuerung. In: RÖTHIG, P. (Red.): Sportwissenschaftliches Lexikon. Schorndorf 1983, 5. Aufl., 424–426.

CHRUSTSCHOW, S. et al.: Der Einfluß von Sport auf den kardiorespiratorischen Apparat von Jugendlichen. Medizin und Sport 12 (1975), 365–369.

CLASING, D.; J. SIEGFRIED (Hrsg.): Sportärztliche Untersuchung und Beratung. Erlangen 1986.

CONCONI, F. et al.: Determination of the anaerobic threshold by a noninvasive field test in runners. J. Appl. Physiol. 52 (1982), 869–873.

COOPER, K. H.: Bewertungstraining. Frankfurt 1984.

COSTILL, D. et al.: Muscle glycogen utilization during exhaustive running. J. Appl. Physiol. 3 (1971), 353–356.

COSTILL, D. et al.: Determination of marathon running sucess. Int. Z. Angew. Physiol. 29 (1971), 249–254.

COSTILL, D. et al.: Glykogen depletion pattern in human muscle fibers during distance running. Acta Physiol. Scand. 3 (1973), 374–383.

COSTILL, D.; W. FINK; M. POLLOCK: Muscle fiber composition and enzyme activities of elite distance runners. Med. and Scie. in Sports 2 (1976), 96–100.

COUNSILMAN, J. E.: Schwimmen. Bad Homburg 1977.

CRETI, C.: Nuove prospettive per il mezzofondo femminile: la maniera di intendere il mezzofondo e l'allenamento alle specialitá del mezzofondo in Romania e URSS. Athleticastudi 2–3 (1987), 77–91.

DEMETER, A.: Sport im Wachstums- und Entwicklungsalter. Leipzig 1981.

DI PRAMPERO, P.: Grundlagen der anaeroben Energiebereitstellung und der Sauerstoffschuld bei körperlichen Höchstbelastungen. Medizin und Sport 1 (1973), 1–12.

DIETRICH, R. et al.: Die Trainierbarkeit von Jugendlichen im Alter von 14–19 Jahren. Medizin und Sport 4./5./6. (1974), 142–147.

DITTER, H. et al.: Kardiopulmonale Reaktionen von 10jährigen untrainierten Jungen und Mädchen bei einem 3000-m-Lauf auf dem Laufband. Dt. Zschr. f. Sportmedizin (1978), 127–135.

DÖPP, H.: Trainingssteuerung in der nordischen Kombination. Leistungssport 15 (1985) 5, 27–29.

DREISBACH, W. et al.: Untersuchungen zur Frage einer trainingsbedingten Verbesserung der Sauerstoffsituation im Skelettmuskel des Menschen. Dt. Zschr. f. Sportmedizin 12 (1979), 377–384.

DROGHETTI, P. et al.: Noninvasive determination of the anaerobic threshold in canoeing, cross-country skiing, cyclin, roller and ice-skating, rowing and walking. Eur. J. Appl. Physiol. 53 (1985), 299–303.

ENDERT, T.: Sportspiele für die planmäßige Ausdauerschulung nutzen. Körpererziehung 4 (1979), 160–162.
ENGELHARDT, M.: Erfolgreiches Triathlontraining. München 1994.
ENGELHARDT, M.; G. NEUMANN: Sportmedizin. München 1994.
FINDEISEN, D.; P. LINKE; L. PICKENHAIN: Grundlagen der Sportmedizin für Studenten, Sportlehrer und Trainer. Leipzig 1976, und Leipzig 1980 (2. Aufl.).
FÖHRENBACH, R.: Umfang und Intensität im Dauerlauftraining von Mittelstreckenläuferinnen des DLV und Maßnahmen zur individuellen Trainings- und Wettkampfoptimierung. Lehre d. LA. 34/35 (1981), 1343–1388.
FÖHRENBACH, R. et al.: Wettkampf und Trainingssteuerung von Marathonläuferinnen und -läufern mittels leistungsdiagnostischer Felduntersuchungen. In: FRANZ, I.-W. et al. (Hrsg.): Training und Sport zur Prävention und Rehabilitation in der technisierten Umwelt. Berlin 1985.
FÖHRENBACH, R.: Leistungsdiagnostik, Trainingslehre und -steuerung bei Läuferinnen und Läufern verschiedener Laufdisziplinen. Konstanz 1986.
FÖHRENBACH, R. et al.: Schnelligkeit und Ausdauer bei Fußballspielern unterschiedlicher Spielklassen. (Unveröffentl. Forschungsbericht des Instituts für Kreislaufforschung und Sportmedizin der Dt. Sporthochschule Köln, 1986).
FRANZ, I.-W. et al.: Zur Methodik der Bestimmung der PWC 170. In: MELLEROWICZ, H.; I.-W. FRANZ.: Standardisierung, Kalibrierung und Methodik in der Ergonomie. Erlangen (1983), 145–152.
FRANZ, W.; G. GAISL: Die Bestimmung des aerob-anaeroben Übergangs bei den Skilangläufern in der Vorbereitungsperiode im Feldtest. Leistungssport 13 (1983) 6 38–40.
FRITSCH, W.: Handbuch für das Rennrudern. Aachen 1990.
FRITSCH, W.: Zur Entwicklung der speziellen Ausdauer im Rudern. Beiheft zu Leistungssport (1986), 26.
FUCHS, U.; M. REISS.: Höhentraining. Münster 1990 (DSB-Trainerbibliothek).
GAISL, G.: Der aerob-anaerobe Übergang und seine Bedeutung für die Trainingspraxis. Leistungssport 4 (1979), 235–243.
GAISL, G. et al.: Schätzung der Laktatwerte bei erfahrenen und unerfahrenen Mittel- und Langstreckenläufern. Leistungssport 15 (1985) 1, 13–14.
GAISL, G.; J. BUCHBERGER: Der aerob-anaerobe Übergang bei 10–11jährigen Sportschülern. Leistungssport 3 (1979), 202–205.
GAISL, G.; J. BUCHBERGER: Veränderung des aerob-anaeroben Übergangs bei 13–14jährigen Sportschülerinnen nach 3 Jahren Training. Leistungssport (1986) 3, 34–36.
GAISL, G.; WIESSPEINER: Eine unblutige Methode zur Bestimmung der anaeroben Schwelle bei Kindern. Leistungssport (1987) 3, 27.
GAMBRIL, D.; A. BAY: Handbuch für den Schwimmsport. Aachen 1988.
GERISCH, G.; H.-J. TRITSCHOKS: Cooper-Test und Sprintausdauer-Tests mit und ohne Ball im Fußball. Leistungssport 15 (1985) 5, 42–48.
GOLF, S. et al.: Schutzeffekt von Magnesium für die Membran der Muskelzelle beim Marathonläufer. Dt. Zschr. f. Sportmedizin (1987) 2, 51.
GOTTSCHALK, K.; S. ISRAEL; A. BERBALK: Neue Aspekte der Kardiodynamik und der Adaptation des Herz-Kreislauf-Systems. Medizin und Sport 22 (1982), 56–59.
GROSSER, M.; P. BRÜGGEMANN; F. ZINTL: Leistungssteuerung im Training und Wettkampf. München 1986.
GROSSER, M.; S. STARISCHKA: Konditionstests. München 1986, 2. Aufl.
GROSSER, M.; S. STARISCHKA; E. ZIMMERMANN: Konditionstraining. München 1985, 3. Aufl.
GÜRTLER, H. et al.: Die Entwicklung des Ausdauervermögens im frühen Schulalter. Medizin und Sport (1974), 137–141.
GÜRTLER, H. et al.: Erkenntnisse zur Ausdauerleistungsfähigkeit bei Schulkind und Ableitungen für die Gestaltung der Belastung im Schulkindalter. Theorie und Praxis der KK, Beiheft 1 (1979), 16–19.
GÜRTLER, H.; H. BUHL; S. ISRAEL: Neuere Aspekte der Trainierbarkeit des anaeroben

Stoffwechsels bei Kindern im jüngeren Schulalter. Theorie und Praxis der KK, Beiheft 1 (1979), 69–70.
Greiter, F. et al.: Performance Economy, ein Index zur einfachen Bestimmung der Leistungsökonomie. Medizin und Sport (1983) 8, 254–257.
Harre, D. et al. (Autorenkollektiv): Trainingslehre. Berlin-Ost 1971.
Harre, D. et al. (Autorenkollektiv): Trainingslehre. Berlin-Ost 1979.
Harre, D. et al. (Autorenkollektiv): Trainingslehre. Berlin-Ost 1982.
Hageloch, W.; H. Weicker: Methodik der Blutammoniakbestimmung unter sportmedizinischen Aspekten. Dt. Zschr. f. Sportmedizin (1988) 5, 180.
Heck, H.: Energiestoffwechsel und medizinische Leistungsdiagnostik. Schorndorf 1990. (Studienbrief 8 Trainerakademie Köln)
Heck, H. et al.: Vorschlag zur Standardisierung leistungsdiagnost. Untersuchungen auf dem Laufband. Dt. Zschr. f. Sportmedizin (1982) 9, 304.
Heck, H. et al.: Vergleichende Untersuchung zu verschiedenen Laktat-Schwellenkonzepten. Dt. Zschr. f. Sportmedizin (1985) 1, 19–25.
Heck, H. et al.: Verhalten von Pulsfrequenz und Laktat bei unterschiedlicher Beschaffenheit der Laufstrecke im Vergleich z. Laufband. In: Franz, I.-W. et al. (Hrsg.): Training und Sport zur Prävention und Rehabilitation in der technisierten Umwelt. Berlin 1985, 789–797.
Herren, D.; I. Charrière; H. Howald: Conconi-Test und anaerobe Schwelle. Schweiz. Zschr. Sportmedizin (1987), 107.
Hirsch, L.: Maßnahmen zur Verbesserung der aeroben Kapazität. Lehre der Leichtathletik 4 (1977), 123–126.
Hopf, H.: Zum Marathonlauf im Kindes- und Jugendalter. Leichtathletik-Magazin 28 u. 29 (1984), 17.
Howald, H.: Auswirkungen von Höhentraining auf die Leistungsfähigkeit im Flachland. Jugend und Sport 28 (1971), 273–276.
Howald, H.: Morphologische und funktionelle Veränderungen der Muskelfasern durch Training. In: Bührle, M. (Hrsg.): Grundlagen des Maximal- und Schnellkrafttrainings. Schorndorf 1985, 35–52.
Hollmann, W.; Th. Hettinger: Sportmedizin – Arbeits- und Trainingsgrundlagen. Stuttgart 1980, 2. Aufl.
Hottenrott, K.: Trainingssteuerung im Ausdauersport. Ahrensburg 1993.
Israel, S. et al.: Ausdauertraining und Gesundheit. Dresden 1979.
Israel, S.: Körperliche Leistungsfähigkeit und Gesundheit. Medizin und Sport 19 (1979), 267–269.
Israel, S.: Die bewegungsbedingte Energiebereitstellung als Basis für ein allgemeingültiges Ausdauerkonzept. Med. u. Sport (1991), 5, 101ff.
Israel, S. et al.: Die Trainierbarkeit in späteren Lebensabschnitten. Medizin und Sport 22 (1982), 90–93.
Israel, S.; B. Buhl: Die sportliche Trainierbarkeit in der Pubeszenz. Theorie und Praxis der KK, Beiheft 2 (1980), 33–36.
Jablonski, D. et al.: Intensitätssteuerung und Leistungsbeurteilung beim Jogging. Fortschr. Med. (1985) 4, 27–32.
Jakob, E. et al.: Die Bestimmung der anaeroben Schwelle mittels Conconi-Tests in Labor- und Feldversuchen. In: Rieckert, H. (Hrsg.): Sportmedizin-Kursbestimmung. Berlin 1987.
Jakowlew, N.: Die Bedeutung der Homöostasestörung für die Effektivität des Trainingsprozesses. Medizin und Sport 12 (1972), 367f.
Jakowlew, N.: Sportbiochemie. Leipzig 1977.
Jakowlew, N.: Die biochemische Grundlage der Ermüdung und ihre Bedeutung in der sportlichen Praxis. Leistungssport 6 (1978), 513–516.
Jeschke, D. et al.: Zur Beurteilung der sportartspezifischen Ausdauerleistungsfähigkeit bei Tennisspielern. Leistungssport 15 (1985) 4, 22–26.

JOCH, W. (Hrsg.): DLV-Rahmentrainingsplan für Aufbautraining – Lauf –. Aachen 1992.
JONATH, U. (Hrsg.): Lexikon Trainingslehre. Reinbek bei Hamburg 1986.
JONATH, U.; R. KREMPEL: Konditionstraining. Reinbek bei Hamburg 1986.
KARLSSON, J.; B. SALTIN: Diet. Muscle Glycogen and Endurance Performance. J. of Appl. Physiol. 2 (1971), 203–206.
KARVONEN, J.; T. VUORIMAA: Heart Rate and Exercise Intensity During Sports Activities. Sports Medicine (1988), 303ff.
KEUL, J.: Die Bedeutung des aeroben und anaeroben Leistungsvermögens für Mittel- und Langstreckenläufer(innen). Lehre der Leichtathletik 17 + 18 (1975), 593–632.
KEUL, J. et al.: Bestimmung der individuellen anaeroben Schwelle zur Leistungsbewertung und Trainingsgestaltung. Dt. Zschr. f. Sportmedizin 30 (1979), 212–218.
KEUL, J. et al.: Vergleich von Herzvolumen myographisch ermittelter Sauerstoffaufnahme und Wettkampfleistung bei Ausdauersportarten. Dt. Zschr. f. Sportmedizin (1980) 5, 148–154.
KEUL, J. et al.: Der Einfluß eines fünfjährigen Ausdauertrainings auf Kreislauf und Stoffwechsel bei Kindern. Dt. Zschr. f. Sportmedizin 33 (1982) 8, 264–270.
KEUL, J. et al.: Erschöpfung und Regeneration des Muskels bei sportl. Belastungen. In: HARTOGH, H. (Hrsg.): I. Internat. Kongreß der Sportphysiotherapie. Erlangen 1986, 66–84.
KEUL, J.; E. DOLL; D. KEPPLER: Muskelstoffwechsel. München 1969.
KEUL, J.; G. HUBER; W. KINDERMANN: Unterschiedliche Wirkung des Skilanglaufes und des Skiabfahrtslaufes auf Kreislauf und Stoffwechsel. Sportarzt und Sportmedizin 3 (1975), 49–58.
KEUL, J.; W. KINDERMANN; G. SIMON: Die aerobe und anaerobe Kapazität als Grundlage für die Leistungsdiagnostik. Leistungssport 1 (1978), 22–32.
KINDERMANN, W.: Regeneration und Trainingsprozeß in den Ausdauersportarten aus medizin. Sicht. Leistungssport 8 (1978) 4, 348–357.
KINDERMANN, W.: Problemfelder im internistisch-leistungsphysiologischen Bereich sportmedizinischer Betreuung. Lehre der Leichtathletik (1987) 23, 1039.
KINDERMANN, W.: Ammoniak – quo vadis? Deutsche Zeitschrift für Sportmedizin (1988) 5, 171.
KINDERMANN, W. et al.: Dauertraining. Ermittlung der optimalen Trainingsherzfrequenz und Leistungsfähigkeit. Leistungssport 8 (1978) 1, 34–39.
KINDERMANN, W. et al.: Anpassungserscheinungen durch Schul- und Leistungssport im Kindesalter. Sportwissenschaft 2/3 (1978), 222–234.
KINDERMANN, W. et al.: Verhalten von Herzfrequenz und Metabolismus beim Tennis und Squash. Dt. Zschr. f. Sportmedizin (1981) 9, 229–238.
KINDERMANN, W.; G. HUBER; J. KEUL: Anaerobe Energiebereitstellung und Herzfrequenz während und nach verschiedenen Trainingsmethoden des Mittelstrecklers. Leistungssport 1 (1975), 66–70.
KINDERMANN, W.; J. KEUL: Anaerobe Energiebereitstellung im Hochleistungssport. Schorndorf 1977.
KLIMT, F. et al.: Körperliche Belastung 8–9jähriger Kinder durch einen 800-m-Lauf. Schweiz. Zschr. Sportmedizin 2 (1973), 57–70.
KLIMT, F. et al.: Wie tolerieren Vorschulkinder ein »Bergaufgehen« auf dem Laufband? Sportarzt und Sportmedizin 8 (1975), 163–169.
KÖHLER, E.: Zur Trainierbarkeit von Schülern im Alter von 6–16 Jahren. Theorie und Praxis der KK 8 (1977), 606–608.
KÖHLER, H. et al.: Ausdauerschulung im Sportunterricht und außerunterrichtl. Sport. Körpererziehung (1978), 5, 204–211.
KOINZER, K.: Zur Dynamik des herzfrequenzbezogenen Sauerstoffausnahmevermögens (VO_2 170) bei Jungen und Mädchen zwischen 10 und 14 Lebensjahren. Medizin und Sport 20 (1980), 202–207.
KOINZER, K.: Energetischer Metabolismus und dessen hormonelle Steuerung bei Kindern

und Jugendlichen während Ausdauerbelastungen. Medizin und Sport 27 (1987) 7, 208–210.

KOINZER, K. et al.: Untersuchungen zur Abhängigkeit der W_{170} vom Kalenderalter, vom biologischen Entwicklungsstand und vom Übungszustand bei 10–14jährigen Jungen und Mädchen mittels dreifaktorieller Varianzanalyse. Medizin und Sport 21 (1981), 201–206.

KOINZER, K.; D. GNÜCHTEL; H. SCHINKITZ: Zum Stand und zur Dynamik der Langzeitausdauerfähigkeit von Jungen im 6. Schuljahr in Abhängigkeit vom Schuljahresabschnitt und Übungszustand. Theorie und Praxis der KK (1981), 654–659.

KOINZER, K.; U. KRÜGER: Die Altersspezifik von Anpassungen an physische Belastungen. Medizin und Sport 22 (1982), 82–85.

KONOPKA, P.: Richtig Rennradfahren. München 1987.

KONOPKA, P.: Sporternährung. München 1985.

KUSNECOVA, S.; V. MJAKISEV: Langsame Läufe zur Entwicklung der Ausdauer im Sportunterricht. Theorie und Praxis der KK (1976), 830–831.

LAGERSTRÖM, D.; R. ROST; W. HOLLMANN: Ein neues Lauftraining für die Prävention und Rehabilitation. Sportarzt und Sportmedizin 8 (1975), 169–172.

LEGER, L.; D. MERCIER; C. GAUVIN: The relationship between %VO_2max and running performance time. In: LANDERS, D. (Hrsg.): Sport and Elite Performers, vol. 3, (1986), 113ff.

LEHMANN, M. et al.: Plasmakatecholamine, Glukose, Laktat und Sauerstoffaufnahmefähigkeit von Kindern bei aeroben und anaeroben Belastungen. Dt. Zschr. f. Sportmedizin 8 (1980), 230–236.

LEHMANN, M.; H.-H. DICKHUTH; E. JAKOB; W. STOCKHAUSEN; G. HUBER; W. GENDRICH; J. KEUL (1990): Sympathicus, Training und Übertraining. Leistungssport (20) 2, 19–24.

LEHMANN, M.; W. SCHNEE; R. SCHEU; G. STOCKHAUSEN; G. HUBER; J. KEUL (1992): Basale nächtliche Katecholaminausscheidung mit dem Harn: eine Kenngröße zur Trainingssteuerung? Sportmedizin 2, 36–41.

LEHNERTZ, K.: Ammoniak-Checker – eine simple Methode zur Ermittlung der psychophysischen Belastung. Leistungssport (1986) 5, 53.

LENNARTZ, K.; E. POHL: Ergebnisse einer sportmedizinischen Untersuchung acht- bis neunjähriger ausdauertrainierter Jungen. Leistungssport 3 (1977), 242–243.

LENZI, G.: Moderne Trainingsmethoden für den Marathonlauf. Lehre der Leichtathletik (1987) 21, 943f.

LETZELTER, M.: Trainingsgrundlagen. Reinbek bei Hamburg 1978.

LIESEN, H.: Schnelligkeitsausdauertraining im Fußball aus sportmedizinischer Sicht. In: Fußballtraining 1 (1983) 5, 27–31.

LIESEN, H.: Die Bedeutung trainingsbegleitender leistungsphysiolog. Untersuchungen in der Vorbereitung auf die Olympischen Spiele. In: HARTOGH, H. (Hrsg.): I. Internationaler Kongreß der Sportphysiotherapie. Erlangen 1986, 178–192.

LIESEN, H. et al.: Trainingssteuerung im Hochleistungssport: einige Aspekte und Beispiele. Dt. Zschr. f. Sportmedizin (1985) 1, 8–18.

LINDNER, W.: Erfolgreiches Radsporttraining. München 1993.

DE MARÉES, H.: Sportphysiologie. Troponwerke Köln 1992 (7. Aufl.).

DE MARÉES, H.; J. MESTER: Sportphysiologie I, Frankfurt 1981. Sportphysiologie II, Frankfurt 1982. Sportphysiologie III, Frankfurt 1984.

MARTI, B. et al.: Maximale aerobe Kapazität und anaerobe Schwelle bei 16-km-Volksläufern. Schweiz. Zschr. Sportmedizin (1985), 41–46.

MARTIN, D.: Die Belastungsmerkmale des breitensportlichen Ausdauertrainings. Sportwissenschaft 19 (1989), 4, 378ff.

MARTIN, D.: Grundlagen der Trainingslehre. Teil II. Schorndorf 1982, 2. Aufl.

MARTIN, D.: Zur sportlichen Leistungsfähigkeit von Kindern. Sportwissenschaft 12 (1982), 255–274.

MARTIN, D.: Training im Kindes- und Jugendalter (Studienbrief zur Fort- und Weiterbildung von Trainern des Deutschen Sportbundes). Trainerakademie Köln 1983.

MARTIN, D.: Probleme und Fragestellungen der Trainingssteuerung bei der Ausdauerentwicklung. Leistungssport 15 (1985) 1, 7.
MARTIN, D.; K. CARL; K. LEHNERTZ: Handbuch Trainingslehre. Schorndorf 1991.
MARTIN, D. E.; P. N. COE: Mittel- und Langstreckentraining. Aachen 1992.
MATTHEWS, P. (Hrsg.): Athletics. 1990.
MATWEJEW, L. P.: Periodisierung des sportlichen Trainings. Berlin 1972.
MATWEJEW, L. P.: Grundlagen des sportlichen Trainings. Berlin-Ost (1981).
MELLER, W.; H. MELLEROWICZ: Vergleichende Untersuchung über Dauertraining mit gleicher Arbeit, aber unterschiedlicher Leistung an eineiigen Zwillingen. Sportarzt und Sportmedizin 1 (1970), 1–4.
MELLEROWICZ, H.; I.-W. FRANZ: Trainig als Mittel der präventiven Medizin. Erlangen 1981.
MELLEROWICZ, H.; W. MELLER: Training. Berlin 1972.
MÜHLFRIEDEL, B.: Trainingslehre. Frankfurt 1987.
MÜLLER, E.; E. KORNEXL; W. LEITENSTORFER.: Fußballspezifischer Ausdauertest. Leistungssport 22 (1992), 2, 22ff.
MONA, D. et al.: Test zur Bestimmung der Ausdauerleistungsfähigkeit und Trainingsgestaltung beim jugendlichen Eishockeyspieler. SchweizZtschr. Sportmed. (1989) 37, 157.
NABATNIKOWA, M.: Die spezielle Ausdauer des Sportlers. Berlin 1974.
NADOR, L.: Analyse der Ausdauer bei 4–12jährigen Kindern. Theorie und Praxis der KK, Beiheft 1 (1979), 61–63.
NEUMANN, G.: Ausdauerbelastung. Leipzig 1991.
NEUMANN, G.: Metabole Regulation bei Langzeitausdauerleistungen. Medizin und Sport (1983) 6, 169–175.
NEUMANN, G.: Stoffwechselprobleme beim Ausdauerlauf. Medizin und Sport (1984) 2, 49–56.
NEUMANN, G.: Sportmedizin. Grundlagen der Ausdauerentwicklung. Medizin und Sport (1984) 6, 174–178.
NEUMANN, G.; L. BEYER: Biolog. Anpassungen in ausgewählten Organsystemen bei erwachsenen Sporttreibenden. Medizin und Sport (1981) 10, 296–302.
NEUMANN, G.; A. PFÜTZNER; K. HOTTENROTT: Alles unter Kontrolle. Aachen 1993.
NEUMANN, G.; K.-P. SCHÜLER: Sportmedizinische Funktionsdiagnostik. Leipzig 1989.
NOWACKI, P.: Zur Standardisierung der Laufbandergometrie. In: MELLEROWICZ, H., I.-W. FRANZ: Standardisierung, Kalibrierung und Methodik in der Ergometrie. Erlangen 1983, 259.
NURMEKIWI, A.: Hügelläufe, über welche Streckenlänge? Lehre der Leichtathletik 39 (1975), 1358–1386.
OBERHOLZER, F. et al.: Ultrastrukturelle und energetische Analyse einer extremen Dauerleistung (100-km-Lauf). Schweiz. Zschr. Sportmedizin 24 (1976), 71.
PABST, H.: Überlegungen zur beschleunigten Regeneration im Leistungssport. In: HARTOGH, H. (Hrsg.): I. Internat. Kongreß der Sportphysiotherapie. Erlangen 1986, 54–57.
PACH, M.: Empirische Untersuchung zur Abgrenzung verschiedener Kraftausdauerfähigkeiten. Diss. München 1990 (unveröffentlicht).
PAFFENBERG, R. S.: Die Rolle der körperl. Aktivität in der primären und sekundären Prävention der coronaren Herzkrankheit. In: WEIDEMANN, H.; L. SAMEK: Bewegungstherapie in der Kardiologie. Darmstadt 1982, 1–12.
PAHLKE, U.; H. PETERS: Einfluß laufausdauerakzentuierten Sportunterrichts auf Parameter der körperlichen Leistungsfähigkeit von Schülern der Klasse 7–10. Theorie und Praxis der KK (1977), 697–700.
PAHLKE, U.; H. PETERS: Ausdauer und Kenngrößen der körperlichen Leistungsfähigkeit im Schulalter. Medizin und Sport (1979) 12, 353–360.
PANSOLD, B. et al.: Alaktazide und laktazide Energiebereitstellung bei Schwimmbelastungen. Medizin und Sport 4 (1973), 107–112.
PANSOLD, B. et al.: Die Laktat-Leistungs-Kurve – ein Grundprinzip sportmedizinischer Leistungsdiagnostik. Medizin und Sport (1982) 4, 107–112.

PAUL, P.: Effects of long lasting physical exercise and training on lipid metabolism. In: HOWALD, W.; J. R. POORTMANS: Metabolic adaptation to prolonged physical exercise. Basel 1975.

PESSENHOFER, H.; G. SCHWABERGER; P. SCHMID: Zur Bestimmung des individuellen aerob-anaeroben Übergangs. Dt. Zschr. f. Sportmedizin 1 (1981), 15–17.

PÉRONNET, F.; G. THIBAULT: Mathematical analysis of running performance and world running records. J. Appl. Physiol. 67 (1989), 453ff.

PETERS, H.; U. PAHLKE: Zu einigen Fragen der Entwicklung der Ausdauer im Schulalter. Theorie und Praxis der KK 7 (1977), 533f.

PETERS, H.; U. PAHLKE; H. WURSTER: Theoretische Positionen und Erkenntnisse zur Ausbildung der Langzeitausdauer im Sportunterricht. Theorie und Praxis der KK 9 (1981), 681–688.

PIEHL, K.: Glykogenvorrat und -schwund in menschlichen Skelettmuskelfasern. Medizin und Sport 2 (1975), 33–42.

PIRNAY, F. et al.: Effect of glucose ingestion on energy substrate utilisation during prolonged muscular exercise. Eur. J. Appl. Physiol. 36 (1977), 247.

PÖHLITZ, L.: Aufbautraining im Mittel- und Langstreckenlauf. Lehre der Leichtathletik (1986) 33–34, 1437.

PÖHLITZ, L.: Eine moderne Methode zur computergestützten Erfassung und Auswertung von Trainings- u. Wettkampfdaten für die Ausdauerdisziplinen. Lehre der Leichtathletik (1988) 12, 407f.

POLLER, TH.: Untersuchungen zur Ermittlung effektiver Belastungsintensitäten für die Schulung der Grundlagenausdauer bei Schülern der Klassen 6 und 7. Theorie und Praxis der KK 4 (1980), 271–274.

PROBST, H.: Conconi-Test. Lehre der Leichtathletik (1988) 5, 183.

PROBST, H.; L. NONELLA: Praktische Durchführung des Conconi-Tests. Der Läufer (1986), 40.

RACZEK, J.: Zur Optimierung der Trainingsbelastungen im Mittel- und Langstreckenlauf. Leistungssport (1989), 3, 2ff.

REINDELL, H. et al.: Herz, Kreislaufkrankheiten und Sport. München 1960.

RIBEIRO, J. P. et al.: Heart rate break point may coincide with anaerobic and not aerobic threshold. J. Sports Med (1985), 22ff.

RIECKERT, H. (Hrsg.): Sportmedizin-Kursbestimmung (Dt. Sportärztekongreß 1986). Berlin 1987.

ROTH, W. et al.: Untersuchungen zur Dynamik der Energiebereitstellung während maximaler Mittelzeitausdauerbelastungen. Medizin und Sport (1983) 4, 107–114.

SALO, D.: High intensity training and freestyle performance. Swimming Technique May/July (1984), 20.

SALTIN, B.: Physiological effects of physical conditioning. Med. and Scie. in Sports 1 (1973), 50–56.

SALTIN, B.; B. ESSEN; P. PEDERSEN: Intermittent exercise: its physiology and some practical application. In: Advances in exercise physiology. pp. 23–51. JOKL (ed.): Basel–München 1976.

SAZIORKIS, V.: Die Körperlichen Eigenschaften des Sportlers. Berlin 1972.

SAZIORKIS, V.: Biomechanische Grundlagen der Ausdauer. Berlin-Ost 1987.

SAZIORKIS, V.; N. KULIK; J. SMIRNOW: Die Wechselbeziehungen zwischen den körperlichen Eigenschaften. Theorie und Praxis der KK (1970), 141ff.

SCHARSCHMIDT, F.; K. S. PIEPER: Adaptabilität und Adaptation an sportliches Training bei Heranwachsenden. Medizin und Sport 22 (1982), 37–43.

SCHMITH, G.; S. ISRAEL: Herzschlagfrequenz beim gesundheitsstablisierenden Ausdauertraining: 170 -½ Lebensalter (Jahre) ± 10 min^{-1}. Medizin und Sport (1983) 5, 158–161.

SCHMIDT, P.: Leitlinien für die Gestaltung des Grundlagentrainings im Block-Lauf. Lehre der Leichtathletik (1986) 11, 335–339; 12, 367–370.

SCHMIDT, P.; M. BLÖDORN: Trablaufen. Reinbek b. Hamburg 1978.

SCHMOLINSKY, G.: Leichtathletik. Berlin-Ost 1980.
SCHÜRCH, P.: Talent und Training im Ausdauersport. Schweiz. Zschr. f. Sportmedizin 4 (1976), 263–267.
SCHÜRCH, P.: Leistungsdiagnostik. Erlangen 1987.
SCHWABERGER, G. et al.: Die Beziehung der PWC 170 zum aerob-anaeroben Übergang. – Laufbandergometrische Untersuchungen. In: MELLEROWICZ, H.; I.-W. FRANZ (Hrsg.): Standardisierung Kalibrierung und Methodik in der Ergometrie. Erlangen 1983, 246–253.
SCHWABERGER, G. et al.: Vergleichende Labor- und Felduntersuchungen zur trainingsbegleitenden Leistungsdiagnostik bei Mittelstreckenläufern und Schwimmern. Leistungssport 14 (1984) 4, 25.
SCHWABERGER, G. et al.: PWC 170 und aerob-anaerober Übergang (fahrradergometrische Untersuchungen). In: FRANZ, I.-W. et al. (Hrsg): Training und Sport zur Prävention und Rehabilitation in der technisierten Umwelt. Berlin 1985, 655–659.
SHEPHARD, R. J.; P. ÅSTRAND (Hrsg.): Ausdauer im Sport. Köln 1993.
SICHELSCHMIDT, P.; G. KLEIN: Belastungssteuerung im Training. Handballtraining (1989), 7.
SIMON, G. et al.: Herzfrequenzen und Laktatverhalten von Skilangläufern bei Laufbandergometrie und wettkampfspezifischem Training. Leistungssport 2 (1979), 117–120.
SIMON, G. et al.: Ergometrie im Wasser – eine neue Methode zur Leistungsdiagnostik. In: HECK, H. et al. (Hrsg.): Sport: Leistung und Gesundheit. Köln 1983.
SIMON, G.; M. THIESMANN: Ermittlung der aeroben Leistungsfähigkeit im Schwimmsport. Leistungssport 16 (1986) 3, 29–31.
SLEAMAKER, R.: Systematisches Leistungstraining. Aachen 1991.
SPRYNAROVA, S. et al.: Veränderungen der spezifischen maximalen Sauerstoffaufnahme bei Kanuten im Verlauf eines ganzjährigen Trainingszyklus. Medizin und Sport (1983) 6, 185–189.
STARISCHKA, S.: Trainingsplanung. Schorndorf 1988. (Studienbrief 19 Trainerakademie Köln).
STEGEMANN, J.: Leistungsphysiologie. Stuttgart 1984.
STRAUSS, H. (Hrsg.): Sportmedizin und Leistungsphysiologie. Stuttgart 1983, 7. Aufl.
STRAUZENBERG, S.: Grundbedingungen für die Belastungsgestaltung zur gerichteten Beeinflussung der Herz-Kreislauf- und Stoffwechselfunktion bei Erwachsenen durch Freizeit- und Erholungssport. Medizin und Sport 1/2 (1979), 36–42.
STRAUZENBERG, S.; H. CLAUSNITZER: Beitrag zur Beeinflussung des Serumcholesterolspiegels durch Körperübungen und Sport 8 (1972), 239–241.
SVEDENHAG, J.; B. SJÖDIN: Maximal und Submaximal Oxlygen Uptakes and Blood Lactate Levels in Elite Male Middle- and Long-Distance Runners. Int. J. Sports Med. (1984) 5, 255–261.
SZÖGY, A. et al.: Anaerobe Kapazität bei Radrennfahrern. Dt. Zschr. f. Sportmedizin (1984) 5, 153.
SZÖGY, A.: Sportärztliche Trainingsberatung anhand von aeroben und anaeroben Feldtests. In: RIECKERT, H. (Hrsg.): Sportmedizin-Kursbestimmung. Berlin 1987.
TANAKA, H.; M. SHINDO: Running velocity and blood lactate threshold of boys aged 6–15 years compared with untrained young males. Int. J. Sports Med. 6 (1985), 90–94.
TAYLOR, H.; E. BUSKIRK; A. HENTSCHEL: Maximal oxygen uptake as an objektive measure of cardiorespiratory performance. J. Appl. Physiol. 8 (1955), 73.
THIESS, G.; G. SCHNABEL (Autorenkollektiv): Grundbegriffe des Trainings. Berlin-Ost 1986.
TSCHERNJAK, A. W.; S. T. BUTINCINOW: Das Training der Gewichtheber unter Berücksichtigung der Entwicklung seiner allgemeinen und speziellen Ausdauer. Tjasholaja Atletika, Moskau 1978.
TSCHIENE, P.: Ausdauerschulung als Grundlage der Verbesserung früher Sprintleistungen. Lehre der Leichtathletik 16 (1980), 423; 430.
TSCHIENE, P.: Der aktuelle Stand der Theorie des Trainings. – Konvergenzen und Divergenzen –. Leistungssport (1990), 3, 5ff.

URHAUSEN, A.; B. COEN; W. KINDERMANN: Kritische Anmerkungen zum Conconi-Test in der Leistungssteuerung bei Leistungssportlern. Lehre der Leichtathletik (1988) 19, 605.

VAN AAKEN, E.: Die Ausdauer des Kindes. Hilden 1982.

VÖLKER, K. et al.: Über die Notwendigkeit der Steuerung der Belastungsintensität im Breitensport. In: FRANZ, I.-W. et al. (Hrsg.): Training und Sport zur Prävention und Rehabilitation in der technisierten Umwelt. Berlin 1985, 547–552.

WASMUND, U.; P. NOWACK: Untersuchungen über Laktatkonzentrationen im Kindesalter bei verschiedenen Belastungsformen. Dt. Zschr. f. Sportmedizin 3 (1978), 66–75.

WEICKER, H.: Purinnukleotidzyklus und muskuläre Ammoniakproduktion. Dt. Zschr. f. Sportmedizin (1988) 5, 172.

WEILER, B. et al.: Beurteilung der aeroben Kapazität im Feldtest (12-Minuten-Lauftest) im Vergleich zur Laufbandergometrie. In: FRANZ, I.-W. et al. (Hrsg.): Training und Sport zur Prävention und Rehabilitation in der technisierten Umwelt. Berlin 1985.

WEILER, B. et al.: Anaerobe Leistungsdiagnostik bei Eisschnelläufern. In: RIECKERT, H. (Hrsg.): Sportmedizin-Kursbestimmung. Berlin 1987.

WEINECK, J.: Optimales Training. Erlangen 1987.

WEISS, M.: Ausdauertraining. Trainerinformation Magglingen 1980.

WEISS, M. et al.: Das Stoffwechselverhalten und seine hormonelle Regulation auf kurzen und langen Wettkampfstrecken im Schwimmen. Schweiz. Zschr. Sportmedizin 1985, 5ff.

WEISS, M.; K. REISCHLE: Energieumsatz und Leistungsmessung bei Schwimmern. Die Bedeutung der aeroben Kapazität im Schwimmsport und deren Erfassung mit verschiedenen Methoden (eine Literaturübersicht). Leistungssport 16 (1986), 5–8.

WESSINGHAGE, E. u. T.: Laufen. München 1987.

WILKE, K.: Schwimmsportpraxis. Reinbek b. Hamburg 1992.

WILMORE, J. H.: The assessment of and variation in aerobic power in world class athletes as related to specific sports. Am. J. Sports Physiol. (1984) 12, 120–127.

WINKLER, W.: Spielbeobachtung bei Fußballspielern. Leistungsfußball (1983), 63ff.

WÖLLZENMÜLLER, F.; B. GRÜNEWALD: Ausdauersport. München 1977.

WOROBJEWA, E.; A. WOROBJEW: Die Adaptation im sportlichen Training als eine der Formen der biologischen Anpassung des Organismus an Umwelt und Entwicklungsbedingungen. Leistungssport 2 (1978), 145–150.

WYNDHAM, C. H. et al.: Physiological requirements for world-clas performance in endurance running. Med. J. S. Afr. Vol. 43 (1969).

ZIMMERMANN, E.; M. DONIKE; W. SCHÄNZER: Katecholaminspiegel, psychische Aktivierung und Wettkampfstabilität. In: FRANZ, I.-W. et al. (Hrsg.): Training und Sport zur Prävention und Rehabilitation in der technisierten Welt. Berlin, Heidelberg 1985, 377–382.

ZIMMERMANN, E.; W. SCHÄNZER; M. DONIKE: Streßfaktoren vor und nach dem Wettkampf- bzw. Trainingsbelastungen. In: HECK, H. et al. (Hrsg.): Sport: Leistung und Gesundheit. Köln 1983, 277–282.

Sachwortverzeichnis